Ensaios filosóficos

FUNDAÇÃO EDITORA DA UNESP

Presidente do Conselho Curador
Mário Sérgio Vasconcelos

Diretor-Presidente
Jézio Hernani Bomfim Gutierre

Superintendente Administrativo e Financeiro
William de Souza Agostinho

Conselho Editorial Acadêmico
Danilo Rothberg
João Luís Cardoso Tápias Ceccantini
Luiz Fernando Ayerbe
Marcelo Takeshi Yamashita
Maria Cristina Pereira Lima
Milton Terumitsu Sogabe
Newton La Scala Júnior
Pedro Angelo Pagni
Renata Junqueira de Souza
Rosa Maria Feiteiro Cavalari

Editores-Adjuntos
Anderson Nobara
Leandro Rodrigues

ADAM SMITH

Ensaios filosóficos

Organização

Alexandre Amaral Rodrigues
Pedro Fernandes Galé

Tradução

Alexandre Amaral Rodrigues
Pedro Fernandes Galé
Pedro Paulo Pimenta

© 2019 Editora Unesp

Tradução de: *Essays on Philosophical Subjects and Other Texts*

Direitos de publicação reservados à:

Fundação Editora da Unesp (FEU)
Praça da Sé, 108
01001-900 – São Paulo – SP
Tel.: (0xx11) 3242-7171
Fax: (0xx11) 3242-7172
www.editoraunesp.com.br
www.livrariaunesp.com.br
feu@editora.unesp.br

Dados Internacionais de Catalogação na Publicação (CIP) de acordo com ISBD
Elaborado por Vagner Rodolfo da Silva – CRB-8/9410

S642e

Smith, Adam
    Ensaios filosóficos / Adam Smith; organizado por Alexandre Amaral Rodrigues, Pedro Fernandes Galé; traduzido por Alexandre Amaral Rodrigues, Pedro Fernandes Galé, Pedro Paulo Pimenta. – São Paulo: Editora Unesp, 2019.

    Tradução de: *Essays on Philosophical Subjects and Other Texts*
    Inclui bibliografia.
    ISBN: 978-85-393-0788-3

    1. Filosofia. 2. Século XVIII. 3. Reino Unido. 4. Smith, Adam. 5. Economia. 6. Ensaios filosóficos. I. Rodrigues, Alexandre Amaral. II. Galé, Pedro Fernandes. III. Pimenta, Pedro Paulo. IV. Título.

2019-449   CDD 100
                                                                                CDU 1

Editora afiliada:

Sumário

Apresentação – Adam Smith filósofo . 7

Carta aos editores da *Edinburgh Review* . 17

Resenha do dicionário de Johnson . 37

Considerações sobre a primeira formação das línguas . 45

Da natureza da imitação que ocorre nas chamadas
artes imitativas . 79

Da afinidade entre a música, a arte de dançar e a poesia . 127

Dos sentidos externos . 135

História da Astronomia . 187

História da Física antiga . 291

História da Lógica e da Metafísica antigas . 309

A riqueza das nações: primeiro esboço . 327

Nota bibliográfica . 375

Apresentação
Adam Smith filósofo

Algumas semanas antes de morrer, no ano de 1790, Adam Smith, já muito doente, pedia, com grande pressa, que seus amigos e testamenteiros designados, o químico Joseph Black e o geólogo James Hutton, atendessem imediatamente a um pedido que lhes fora feito por ele dois anos antes: queimar todos os seus manuscritos. Alguns textos, no entanto, deveriam ser poupados, ensaios que pareciam ser partes de um antigo projeto do filósofo, porém jamais realizado, uma "história inter-relacionada das ciências liberais e das artes elegantes". Smith deixou a seus testamenteiros que fizessem deles o que julgassem melhor. Publicados em 1795, cinco anos após sua morte, com o título *Ensaios sobre assuntos filosóficos*, esses textos, na opinião dos editores, poderiam ser "lidos com satisfação e prazer", como objetos de ilustrada curiosidade, embora, na verdade, "pouco pudessem acrescentar à justa fama" de seu autor — já então consolidada pela *Teoria dos sentimentos morais* e pela *Investigação sobre a natureza e as causas da riqueza das nações* (1776). De fato, os ensaios permanecem até hoje negligenciados, com o que foi condenada ao silêncio uma parte considerável do legado de Smith. Pode-se afirmar sem qualquer hesitação que a importância desses textos está não apenas em lançar luz sobre o espectro das ocupações intelectuais do autor, mas também, e principalmente, em permitir que se apreenda a profunda coerência do conjunto de sua *filosofia* — por mais que permaneça fragmentária e lacunar a sua *obra filosófica*.

Os *Ensaios filosóficos* não são extravagâncias de um economista ou distrações de um moralista. Descortinam um pensamento original e vigoroso. Oferecem ao leitor investigações sobre variados objetos; em cada uma de suas linhas de investigação, distingue-se a marca do autor em busca do sistema. Não têm nada de errático. Lendo-os, descobrimos com prazer um escritor interessante, que nem sempre se sente tão à vontade em suas obras mais conhecidas, e adentramos um pensamento cuja firmeza se coloca diante dos debates de seu tempo. Como explicar a negligência por parte dos estudiosos e leitores de Smith?

É provável que esse destino pouco auspicioso se deva menos à ideia de que os ensaios são meras curiosidades do que ao fato de Adam Smith ter se notabilizado sobretudo como pensador da economia política — um anacronismo, tendo em vista que, em sua época, esse domínio do saber não tinha autonomia própria e estava vinculado à filosofia moral. Essa noção redutora não faz jus a um autor que foi um grandes filósofos de seu tempo. Aliás, Smith encarnava perfeitamente a missão filosófica da Ilustração, tão bem indicada por Franklin de Mattos: "Uma fórmula célebre do tempo, acolhida pela *Encyclopédie* de Diderot e d'Alembert, afirma que o filósofo 'é um homem de bem que quer agradar e se tornar útil'. Como já se disse, o século XVIII inclinou-se a ver nessa figura menos o teólogo, o metafísico ou o sábio do que o *honnête homme* atualizado com os avanços

Ensaios filosóficos

da ciência, imiscuído na vida política, interessado por todas as querelas que envolvem a sociedade".[1]

A menção à *Enciclopédia* é pertinente, tendo em vista que Smith se propôs em seus ensaios apresentar uma recapitulação e uma revisão de certas ideias e conceitos que se encontram por toda parte nos verbetes da obra dirigida por Diderot e d'Alembert, da qual foi leitor assíduo, a ponto de adquirir, a expensas próprias, uma coleção completa dos volumes, doando-a à Universidade de Glasgow (onde até hoje se encontra). A estreia de Smith na arena pública se deu em 1755, com duas peças de crítica nas quais o enciclopedismo está fortemente presente. Na primeira, uma carta à *Edinburg Review*, ele recomenda a empreitada de Diderot e d'Alembert nos mais vivos termos aos leitores escoceses de língua inglesa (uma elite restrita, em sua época, quando a população da Escócia ainda falava os dialetos celtas tradicionais). Na segunda, ele submete ao crivo dos critérios expostos por d'Alembert no verbete "Dicionário" (vol. 4) nada menos que o célebre *Dicionário lexicográfico* do grande crítico inglês Samuel Johnson — notoriamente avesso à influência "gálica" sobre sua língua nativa. Tendo recomendado a *Enciclopédia* pela aliança entre ciência experimental e rigor analítico que nela se encontra, Smith não hesitou em pôr em prática esse mesmo ensinamento.[2]

Em 1761, ele volta à carga, explorando por conta própria e de maneira original aquele que talvez seja o objeto mais importante da obra de Diderot e d'Alembert, a linguagem — código de

---

1 Franklin de Mattos, *O filósofo e o comediante*. Belo Horizonte: Editora UFMG, 2001. p.20.

2 Adotamos aqui a perspicaz observação de Leonardo Paes Müller.

signos verbais responsável, segundo o verbete "Enciclopédia", escrito por Diderot (vol. 4), pela organização e sistematização dos conhecimentos. Essa tarefa onerosa, a filosofia francesa vinha atribuindo aos signos pelo menos desde o *Ensaio sobre a origem dos conhecimentos humanos*, de Condillac (1746). Quanto a Smith, suas "Considerações sobre a formação primeira das línguas"[3] propõem uma história conjectural com o intento de mostrar que as línguas nada mais são que sistemas, e compreender como elas funcionam é uma via privilegiada de acesso à ideia geral de sistema filosófico — que será desenvolvida por ele no item IV da "História da Astronomia", certamente a peça central dos ensaios filosóficos que surgirão postumamente, em 1795.

Se Smith tivesse se limitado a escrever uma história da ciência da astronomia, não teria feito mais do que emular os verbetes de d'Alembert dedicados ao assunto. Sua proposta, no entanto, é bem mais ambiciosa que a do acadêmico francês. Trata-se de mostrar, por meio da reconstituição das condições históricas nas quais essa ciência se formou e se desenvolveu através do tempo, o modo de operação da imaginação humana em sua tarefa mais fundamental, a organização dos fenômenos sensíveis, com o intuito de torná-los regulares em sua apreensão e previsíveis em seu trato cotidiano com eles. Quanto a isso, pode-se dizer que Smith foi, antes de tudo, um seguidor dos preceitos de seu grande amigo David Hume, e a vertente mais filosófica de sua reflexão pode ser tomada como um

---

3 Sua primeira edição foi na revista cultural escocesa *Philological Miscellany* (1761), sendo posteriormente publicada como anexo à segunda edição (1767) da *Teoria dos sentimentos morais*.

Ensaios filosóficos

prolongamento das doutrinas de Hume no *Tratado da natureza humana* e, não menos importante, na *História natural da religião*.

O curioso exercício histórico-filosófico de Smith a propósito da astronomia traça um panorama peculiar e fascinante da evolução das ciências. Seu principal interesse, contudo, não está no eventual rigor ou exatidão com que as representa, mas sim no modo claro e refinado com que nos remete à concepção dos conhecimentos humanos que estava em jogo no período da Ilustração. Adepto, como Hume, e como os enciclopedistas, da visão de mundo legada por Newton, não interessa a Smith, no entanto, fazer a apologia da gravitação universal, mas mostrar como, desde a Antiguidade, olhar para o céu é buscar por uma ordem. E não importa, no fundo, se o sistema obtido é ptolomaico, copernicano ou newtoniano, pois, em todo caso, trata-se de dispositivos pelos quais a imaginação estabiliza as representações dos fenômenos, ao inserir suas percepções em uma grade coerente. É verdade que, quanto a isso, o sistema de Newton foi exemplar, na medida em que permitiu uma expansão da ideia de leis gerais obtidas a partir de experimentação e observação aos mais diferentes domínios da experiência, como mostram as investigações de Adam Smith nos campos da moral, das leis, das artes, da literatura, da economia política e da história das ciências. Para o autor, contudo, observação se associa em larga medida, como se destaca nesses escritos, à reflexão histórica. A história desempenha um papel que não pode ser negligenciado, quer nas instituições humanas, quer nas mais diversas áreas de conhecimento.

O melhor exemplo disso é o capítulo da "História da Astronomia" dedicado a mostrar como os homens só chegaram aos primeiros esboços de filosofia e de ciência quando a ordem política se consolidou nas cidades antigas, respaldada em princípios jurídicos e reiterada por práticas regulares. É apenas então que os terrores da superstição, que mantêm a imaginação em um estado de permanente sobressalto, podem ser paulatinamente aplacados, com o hábito de discernir, por trás dos eventos mais espantosos e inesperados, uma ordem que se deixa confirmar, medir, analisar, à medida que a atenção humana se torna mais apurada.

Dado que, para Smith, deve-se buscar a unificação da diversidade não segundo um plano metafísico, mas segundo o modo como os princípios gerais da imaginação atuam em interação com as circunstâncias, a unidade do conhecimento se apresentaria, no âmbito de suas investigações, como o entendimento fundado na conjunção entre princípios da natureza humana e contingências históricas. O ideal científico instituído por Newton é o da superação das especulações obscuras e fantásticas, com a mais estrita adesão à observação e à análise da experiência. A partir disso, poder-se-ia chegar, com um exercício metódico da imaginação, a alguns poucos e bem conhecidos princípios gerais, capazes de conectar com precisão os mais diversos efeitos observados. Eis o que Smith define como sistema teórico. Todo conhecimento teórico é um sistema que representa a natureza de modo a reunir os eventos aparentemente irregulares mediante a suposição de princípios plausíveis, restabelecendo, enquanto representação, a sua regularidade.

Haveria aí uma tintura de ceticismo, é verdade que ainda mais mitigado que o de Hume, mas mesmo assim presente, na medida em que não acessamos os "bastidores do teatro da natureza", mas apenas supomos a sua existência, a partir de critérios razoáveis, e já que esses critérios não trazem mais que o

Ensaios filosóficos

reconforto da imaginação, transtornada por lacunas entre uma sequência esperada de eventos e aqueles efetivamente observados. Smith não aponta qualquer possibilidade conceitual de se superar a distância entre natureza e representação teórica. Porém, de modo bem humeano, Smith observa que algumas teorias nos convencem, outras não. Teorias que se mostram com o tempo onerosas são substituídas por outras, quiçá melhores, capazes de, ao menos por algum tempo, explicar com maior exatidão mais fenômenos por meio de menor quantidade e maior simplicidade de princípios. O caráter provisório do conhecimento não anula sua objetividade, ao contrário, vem confirmá-la. Filósofos como Hume, Smith e Diderot, adeptos da probabilidade, não tinham problema nenhum em admitir que o aprimoramento do conhecimento experimental vem com o tempo revisar a síntese anteriormente estabelecida.

Portanto, não se trata de projetar nossas próprias representações no plano de uma natureza "objetiva", impondo conceitos a intuições ou promovendo sínteses entre esses termos. Nos *Ensaios filosóficos*, trata-se de compreender, processualmente, o lugar da natureza humana nos avanços das ciências, da sociedade e das artes. Smith a um só tempo constata e estabelece como norma uma economia da compreensão, em que à parcimônia quanto aos princípios explicativos combina-se a multiplicidade dos objetos explicados. Como uma máquina que se torna mais simples e executa mais tarefas conforme incorpora diversos avanços, o pensamento tende naturalmente a convergir para a simplicidade, ao mesmo tempo que deve mantê-la como ideal. Exemplo disso é a própria "História da Astronomia". Pois, enquanto a astronomia busca ao longo dos tempos aperfeiçoar-se como sistema teórico, essa narrativa his-

Adam Smith

tórica não deixa de ser uma síntese explicativa de uma série de eventos complexos, e, portanto, deve ela própria constituir-se como sistema.

A compreensão da filosofia não é "ilustrada" pela História da Astronomia meramente em sentido didático. Essa ilustração é um esclarecimento, parte imprescindível da própria compreensão do objeto. E isso se aplica igualmente às "artes elegantes", que são objeto de Smith na extensa peça intitulada "Das artes imitativas". O valor dessas artes consiste em realizar a cópia de um objeto utilizando-se, para tanto, de meios e materiais estranhos a ele. O exemplo emblemático é o da pintura: algo tridimensional é representado em um meio bidimensional, e o prazer que essas artes causam não vem do objeto imitado, mas da destreza da imitação. Outro critério será utilizado para a música e a dança. A música, diz Smith, não imita nem expressa nada, é uma composição ordenada de sons com o objetivo de produzir em nós uma gama de paixões indeterminadas, sem objeto, tais como tristeza, alegria ou seriedade em geral. O prazer que sentimos pela música decorre tanto de seu caráter sistemático quanto das paixões em nós produzidas. Estabelecida essa singularidade, a ideia de analogia ou aproximação entre as artes deve ser repensada, pelo crivo de uma diferença inesperada. Smith marca assim certa distância em relação a importantes teóricos do tempo, notadamente Dubos e Rousseau.

É o suficiente, por certo, para que Smith ocupe um lugar nos "debates estéticos" do século XVIII, mas não devemos esquecer que a estética, nessa época, é sobretudo uma teoria da sensibilidade. Daí a preocupação de Smith em escrever sobre os cinco sentidos, seguindo, mais uma vez, a pista enciclopedista e desenvolvendo, porém, a ideia exposta por Condillac no *Tratado das sensações* (1754) de que há uma analogia entre os sentidos, e que essa afinidade governa não apenas a síntese das diferentes sensações na imaginação como também orienta a formação dos sistemas que, como a linguagem verbal e a matemática, organizam a experiência. Não há dúvida, portanto, de que Smith foi empirista, se por essa palavra entende-se um filósofo disposto a confinar as representações ao domínio da sensação.

Encerram este volume importantes fragmentos que contêm o esboço de uma teoria ampla, que seria exposta por Smith em *A riqueza das nações*. A ideia de inseri-los por último, após todos os ensaios filosóficos, é sugerir que a obra mais conhecida do escritor escocês pode e deve ser lida à luz dos princípios expostos em seus escritos considerados menores. Em comparação a tudo o que foi dito sobre *A riqueza das nações* e ao que vem sendo proposto, nos últimos anos, a respeito da *Teoria dos sentimentos morais*, são pouquíssimos os estudos que privilegiam os *Ensaios filosóficos*, muitas vezes tratados como exercícios intelectuais secundários em relação às principais preocupações de Smith. Mas, numa época que continua sem saber ao certo do que se trata quando se fala em liberalismo, e num país onde essa palavra sempre foi usada com muita facilidade, talvez seja o momento de recuperar Adam Smith filósofo, pensador original e rigoroso, que nos propõe, nestes *Ensaios filosóficos*, os lineamentos de um sistema que abrange suas obras mais conhecidas — que poderão ser relidas em toda a sua complexidade, ao abrigo das platitudes que costumam reduzir esse grande filósofo a mestre-escola de uma doutrina ou, não se sabe o que é pior, a inventor de uma ideologia.

***

Adam Smith

Os textos utilizados para a tradução são os da edição crítica das obras de Smith, *The Oxford Edition of the Works of Adam Smith*. 6 vols. Oxford: University Press, 1976-1983. As notas de Smith e as notas de autoria dos tradutores serão identificadas, respectivamente, por (N. A.) e (N. T.). O leitor encontrará no final deste volume uma breve lista de leituras críticas complementares.

Alexandre Amaral Rodrigues (UFMS)
Pedro Fernandes Galé (UFSCar)
Pedro Paulo Pimenta (USP)

Carta aos editores da Edinburgh Review[1]

Senhores,

Constato com prazer que uma tarefa tão útil vem sendo tão bem executada em nosso país graças aos vossos esforços. Receio, porém, que vosso jornal logo se torne enfadonho, se continuardes a vos restringir quase inteiramente à resenha de livros publicados na Escócia. Este país, que dá seus primeiros passos no mundo do conhecimento, produz ainda poucas obras de reputação; dificilmente um periódico dedicado a criticá-las poderia interessar ao público por muito tempo. O absurdo de certas obras representadas no primeiro número de vosso jornal pode ter repelido leitores mais exigentes. Eloquência alguma poderia sustentar um periódico formado principalmente pela resenha de produções dessa lavra.

Por essa razão, tomo a liberdade de propor, em meu nome e no de outros leitores, que amplieis o vosso plano, que conti-

---

1 "A Letter to the Authors of the *Edinburgh Review*." Publicado na *Edinburgh Review* (1756). Tradução de Pedro Paulo Pimenta. (N. T.)

nueis a dar atenção, com humanidade e candura, a toda produção escocesa toleravelmente decente, mas observeis, ao mesmo tempo, em relação à Europa em geral, o mesmo plano adotado em relação à Inglaterra, examinando aquelas realizações que, por mais que não passem à posteridade, têm alguma chance de serem lembradas pelos próximos trinta ou quarenta anos e de, nesse ínterim, realizar acréscimos ao estoque de diversão literária atualmente à disposição do mundo. Poderíeis assim dar o devido encorajamento aos esforços necessários para que o nosso país venha a adquirir reputação no mundo do conhecimento, como imagino que seja a intenção de vosso periódico, ao mesmo tempo que agradaríeis ao público ao resenhar livros dignos de sua atenção em vez de lotar vosso jornal com notas literárias insignificantes, das quais apenas um item em cem será lembrado poucos dias após ter sido publicado.

Essa tarefa é menos laboriosa do que se possa imaginar. Pois, embora o conhecimento seja cultivado em algum grau em quase toda parte da Europa, somente na França e na Inglaterra chega a sê-lo com êxito suficiente para atrair a atenção de nações estrangeiras. Na Itália, país em que primeiro renasceu, extinguiu-se quase por completo. Na Espanha, onde, depois da Itália, surgiram os primeiros esboços de um gênio moderno, extinguiu-se por completo. Mesmo a arte de imprimir parece negligenciada nesses países, suponho que por conta da reduzida demanda por livros. Essa arte renasceu, é verdade, nos últimos tempos, na Itália; mas as edições caras dos clássicos italianos ali publicadas são destinadas, obviamente, às bibliotecas de príncipes e monastérios, não à satisfação da demanda de indivíduos privados. Os alemães nunca cultivaram sua própria língua, e enquanto os eruditos continuarem a pensar

Ensaios filosóficos

e a escrever numa língua diferente da sua própria, dificilmente poderão pensar ou escrever com acerto e precisão sobre objetos delicados ou sutis. Na Medicina, na Química, na Astronomia, na Matemática, ciências que não requerem mais do que juízo sadio aliado a dedicação e trabalho, e que não exigem o que se chama de gosto ou gênio, os alemães foram, e continuam a ser, bem-sucedidos. As obras das academias, da Alemanha bem como da Itália, e mesmo da Rússia, são objeto de alguma curiosidade em toda parte; mas dificilmente as obras de um indivíduo alemão, italiano ou russo são perscrutadas fora de seu próprio país. As obras de muitos homens franceses ou ingleses são mais estudadas fora de seus próprios países do que as de qualquer uma dessas academias.

Se fosse possível emitir um juízo sobre o respectivo mérito literário de França e Inglaterra, essas duas grandes rivais na erudição, no comércio, na política e na guerra, diríamos que imaginação, gênio e invenção parecem ser os talentos dos ingleses, gosto, juízo, propriedade e ordem, os dos franceses. Nos poetas ingleses antigos, em Shakespeare, em Spenser, em Milton, frequentemente desponta, em meio a irregularidades e extravagâncias, uma força de imaginação tão vasta, tão gigantesca e tão sobrenatural, que assombra e confunde o leitor, que, tomado de admiração por seu gênio, é levado a desprezar, como menores e insignificantes, as críticas sobre a irregularidade de seus escritos. Nos autores franceses eminentes, tais rompantes de gênio são mais raros, mas, em seu lugar, há um arranjo justo, uma exata propriedade e decoro, aliados a regular e estudada elegância de sentimento e dicção, que não ferem o coração como as violentas e súbitas centelhas de imaginação, não repelem o juízo com o absurdo ou artificioso, nem chamam a atenção por grosseiras irregularidades no estilo ou pela falta de conexão no método. Em vez disso, entretêm a mente com a constante sucessão de objetos agradáveis, regulares e reciprocamente conectados.

Na Filosofia Natural, ciência que em tempos modernos tem sido cultivada com os mais exitosos resultados, quase todas as descobertas importantes que não vieram da Itália ou da Alemanha foram realizadas na Inglaterra. A França mal produziu algo de considerável no gênero. Quando a ciência reviveu na Europa, um interessante sistema, engenhoso e elegante, porém falacioso, foi adotado naquele país. E não admira que o tenha sido. Pode-se dizer da filosofia cartesiana, agora que ela foi quase universalmente demolida, que, na simplicidade, precisão e perspicuidade de seus princípios e conclusões, ela foi tão superior ao sistema peripatético quanto a ela é superior a filosofia newtoniana.[2] A filosofia cartesiana, quando surgiu, mostrou tantas vantagens em relação ao sistema que ela combatia que os franceses a adotaram com orgulho e admiração, ainda mais por ter sido produzida por um compatriota cujo renome contribuiu para a glória de sua nação. Mas esse apego retardou e impediu o verdadeiro avanço da ciência da natureza. Tudo indica, porém, que os franceses deixaram de se iludir com o encanto dessa filosofia, e com prazer observo, na nova *Enciclopédia* francesa, as ideias de Bacon, Boyle e Newton explicadas com a ordem, a perspicuidade e o juízo correto que distinguem todos os autores eminentes daquela nação. Desde a união [entre a Escócia e a Inglaterra, em 1707], tendemos a considerarmo-nos, em alguma medida, compatriotas desses

---

2 Ver *Lições de retórica*, seção II; e *História da Astronomia*, seção IV. (N. T.)

Ensaios filosóficos

grandes homens, e envaideceu-me, como britânico, constatar que a nação rival reconhece a superioridade da Filosofia inglesa. Os dois principais autores dessa vasta e variada coleção de literatura, o sr. Diderot e o sr. Alembert, exprimem por toda parte a admiração mais passional pela ciência e erudição da Inglaterra, e inserem em sua obra não somente as descobertas e observações dos renomados filósofos que acabei de citar como também as de muitos outros autores ingleses cujos nomes e obras foram esquecidos em seu próprio país. Mortificou-me considerar que a posteridade e as nações estrangeiras provavelmente conhecerão melhor a Filosofia inglesa pelos escritos de outros que não os dos próprios ingleses. O talento peculiar da nação francesa parece consistir em arranjar cada objeto na ordem simples e natural que sem esforço algum leva consigo a atenção. Os ingleses parecem ter se dedicado inteiramente a inventar, e desdenharam o trabalho mais inglório, embora não menos útil, de arranjar e metodizar suas descobertas e de expressá-las da maneira mais simples e natural. Não apenas não há sistema tolerável de Filosofia Natural em língua inglesa como não há, nessa língua, um único sistema tolerável de parte alguma da Filosofia Natural. Os tratados latinos de Keill e Gregory,[3] dois escoceses, sobre os princípios da Mecânica e da Astronomia, podem ser considerados o que de melhor se escreveu no gênero em toda a Grã-Bretanha, por mais que tais obras sejam, sob muitos aspectos, imprecisas e superficiais.

---

3 John Keill (1671-1721), autor de *Introductio ad Veram Physicam* (1701) e *Introductio ad Veram Astronomiam* (1718). David Gregory (1661-1708), autor de *Astronomiae Physicae et Geometriae Elementa* (1702). (N. T.)

Adam Smith

Na *Ótica* do dr. Smith,[4] todas as grandes descobertas realizadas nessa ciência se encontram registradas, com numerosas correções e melhorias introduzidas pelo próprio autor. Mas, embora seja muito superior àqueles escoceses no conhecimento da própria ciência, esse autor é inferior mesmo a eles, que estão longe de serem perfeitos no que se refere à ordem e à disposição de sua obra. Espero que não se impute a algum motivo mesquinho que eu observe esse defeito, que em tais obras não é de grande importância e que, ouso dizê-lo, o próprio dr. Smith reconheceria. Tenho o maior respeito por seu conhecimento e capacidade, que recomendam suficientemente o seu livro, e creio que, ao lado do dr. Bradley,[5] o dr. Smith é praticamente o único na Inglaterra que pode ser comparado a seus ilustres predecessores. O mundo erudito foi altamente instruído pelos trabalhos e pelos talentos de ambos esses cavalheiros, e eu arriscaria dizer que teria sido ainda mais se houvesse, em nosso, país, mais rivais e mais juízes. Os ingleses da época presente desistiram de ultrapassar as invenções ou de igualar o renome de seus antecessores, desdenham ocupar o segundo lugar numa ciência em que poderiam ser os primeiros e parecem ter abandonado por completo o seu estudo.

A obra francesa que mencionei promete ser a mais completa no gênero jamais publicada em qualquer língua. Consistirá de muitos volumes *in folio*, ilustrados com mais de seiscentas pranchas, em dois volumes à parte. Mais de vinte cavalheiros estão envolvidos nela, todos de destaque em diferentes profis-

---

4 Robert Smith (1689-1768), autor de *Compleat System of Opticks* (1738) e *Harmonics or the Philosophy of Musical Sounds* (1749). (N. T.)

5 James Bradley (1693-1762), autor de diversos tratados sobre Ótica e Astronomia. (N. T.)

Ensaios filosóficos

sões e muitos deles conhecidos em nações estrangeiras por suas valiosas obras, como o sr. d'Alembert, o sr. Diderot, o sr. Daubenton, o sr. Rousseau de Genebra, o sr. Formey, secretário da academia de Berlim, e muitos outros. No discurso preliminar, o sr. d'Alembert oferece uma explicação da conexão entre as diferentes artes e ciências, de sua genealogia, ou filiação, como ele prefere dizer. Exceto por umas poucas alterações e correções, essa explicação é quase a mesma oferecida por Lorde Bacon.[6] No corpo da obra, é constantemente assinalado a que arte ou ciência e a que ramo dela pertence um artigo em particular. Nos artigos, o leitor não encontrará, como em outras obras do gênero, um seco resumo do que um estudioso superficial da ciência já sabe, mas um exame completo, ponderado e mesmo crítico de cada objeto. Nessa obra quase não há omissão. Não somente a Matemática, a Filosofia Natural e a História Natural, que em geral respondem pelo grosso dos artigos de enciclopédias, são exaustivamente examinadas, como todas as artes mecânicas são integralmente descritas, com as muitas máquinas por elas utilizadas. Teologia, Moral, Metafísica, a arte da crítica, a história das belas letras, a Filosofia, a história literária de seitas, opiniões e sistemas de todo gênero, as principais doutrinas da Jurisprudência antiga e moderna, até as sutilezas da Gramática, tudo isso é explicado com uma minúcia espantosa, fora do comum. Poucos serão os homens tão versados numa ciência que não encontrarão nessa obra algo para instruí-los ou entretê-los. Quanto aos demais, dificilmente não se sentirão satisfeitos em relação ao que esperavam encontrar. Essa enciclopédia promete ser digna do magnífico elogio feito a ela

---

6 Francis Bacon, *Novum Organum*, 1620. (N. T.)

pelo sr. Voltaire, que, na conclusão de seus capítulos sobre os artistas que viveram sob Luís XIV, diz o seguinte: "O século passado deu ao presente condições para que se reunisse num único corpo e se transmitisse à mais remota posteridade o sagrado repositório de todas as artes e ciências, levadas até onde alcança a indústria humana"; a uma obra como essa, prossegue ele, "dedica-se hoje uma sociedade de eruditos, cheios de gênio e de conhecimento: obra imensa e imortal, que parece declarar a brevidade da vida humana".[7]

Essa obra, tantas vezes interrompida por intromissão dos governos civil ou eclesiástico da França, sem que os autores tivessem dado motivos para tanto, ainda não está terminada. Os volumes a serem publicados merecem especial atenção da parte de vosso periódico. Observareis que, embora nenhum dos autores dessa coleção seja menor ou desprezível, nem todos têm o mesmo nível. O estilo de alguns é mais declamatório do que seria recomendável para um dicionário, em que não somente a eventual declamação como também a composição frouxa não têm lugar, e foram inseridos artigos que poderiam ter sido deixados de fora, pois servem apenas para ridicularizar uma obra calculada para a propagação de conhecimentos úteis. O artigo "Amour",[8] por exemplo, pouco ou nada con-

---

7 *Le Siècle de Louis XIV*, II, 438 (1751): "Enfin le siècle passé a mis celui où nous sommes en état de rassembler en un corps, et de transmettre à la postérité le dépôt de toutes les sciences et de tous les arts, tous poussés aussi loin que l'industrie humaine a pu aller; et c'est à quoi travaille aujourd'hui une société de savans, remplis d'esprit et de lumières. Cet ouvrage immense et immortel semble accuser la brièveté de la vie des hommes". (N. T.)

8 De autoria do abade Yvon (1714-1791). (N. T.)

tribuirá para edificar o leitor comum ou erudito, e poderia ter sido omitido mesmo de uma enciclopédia que incluísse todas as artes, ciências e ofícios. Essa censura se aplica, porém, a uns poucos artigos, nenhum deles de grande importância. As partes restantes da obra mereceriam muitas outras observações, de maior consequência, sobre o candor e a parcialidade com que são representados os diferentes sistemas de Filosofia ou de Teologia, antigos ou modernos; sobre a pertinência de críticas endereçadas a autores franceses ou estrangeiros; sobre a medida em que foi observada ou negligenciada a justa proporção entre a extensão de cada artigo e a importância da matéria nele contida; sobre a conveniência de abordar certas matérias numa obra desse gênero; além de muitas outras observações de mesma natureza.

Essa não é, porém, a única coleção volumosa de ciência e literatura atualmente empreendida na França a atrair a atenção de nações estrangeiras. A descrição do gabinete do rei[9] é uma obra quase tão extensa quanto a *Enciclopédia*, e promete edificar um sistema completo de História Natural. Foi iniciada sob a direção do conde de Maurepas, ministro que a França gostaria de ter restaurado ao posto de comandante da Marinha e que a Europa agradece por ter permanecido como comandante das ciências. São responsáveis por ela dois cavalheiros de mérito universalmente reconhecido, o sr. Buffon e o sr. Daubenton. Apenas uma pequena parte da obra foi publicada até aqui. A organização e a parte filosófica, sobre a formação das plantas, a geração dos animais, a formação dos fetos, o desenvolvi-

---

9 *Histoire Naturelle, générale et particulière, avec la description du Cabinet du Roi*, I-XIV, 1749-1767. (N. T.)

mento dos sentidos etc., são de autoria do sr. Buffon. O sistema desse cavalheiro pode ser considerado quase inteiramente hipotético, e mal se poderia formar uma ideia determinada das causas do que ele entende por geração. É preciso reconhecer, no entanto, que é exposto com uma eloquência agradável, rica e natural, e é sustentado com muitas observações singulares e experimentos de lavra própria do autor. A nitidez, a distinção e a propriedade das descrições do sr. Daubenton parecem não dar margem a críticas sobre a parte da obra que lhe coube, e que, embora menos pomposa, é de longe a mais importante.

Nenhuma ciência parece ser cultivada na França com tanto afinco quanto a História Natural. Descrição perspícua e justo arranjo constituem boa parte do mérito do historiador da natureza, e esse estudo é, por isso, particularmente adequado ao gênio dessa nação. Na história dos insetos, do sr. Reaumur,[10] obra da qual esperamos ainda alguns volumes, vossos leitores encontrarão essas qualidades na mais alta perfeição, aliadas à mais atenta observação, auxiliada pelos mais sofisticados dispositivos para a inspeção da economia e da administração desses pequenos animais, com descobertas que alguém poderia julgar impossíveis. Os que o acusam de ser tedioso nunca leram devidamente sua obra, apenas partes dela. Por desprezível que o objeto pareça, o autor nunca deixa de levar consigo nossa atenção, e o acompanhamos em todas as suas observações e experimentos com a mesma curiosidade inocente e o mesmo ingênuo prazer que ele sentiu ao realizá-las. Vossos leitores se surpreenderão ao serem informados de que esse cavalheiro,

---

10 René Antoine Ferchault de Réaumur (1683-1757), *Mémoires pour servir à l'histoire des insectes* (1734-1742). (N. T.)

Ensaios filosóficos

entre outros laboriosos estudos e ocupações, ao mesmo tempo que compunha, a partir de experimentos próprios, outras obras curiosas e de valor, tenha encontrado tempo para redigir oito volumes *in quarto* com suas próprias observações sobre insetos sem recorrer a um desfile de erudição e de citações. Obras como essa, que aumentam o estoque de observações à disposição do público e reúnem exaustivamente ou reorganizam em ordem apropriada observações já existentes não poderiam deixar de agradar ao público de vossa revista, que escutará com atenção vossas observações sobre os defeitos e as perfeições de um gênero merecedor da mais apurada crítica. Obras produzidas nas academias de diferentes partes da Europa são objeto de curiosidade universal, e embora seja impossível relatar tudo o que elas contêm, não é difícil assinalar os avanços e observações mais consideráveis a terem sido comunicados ao público por essas sociedades, nos seis meses precedentes à publicação de cada edição da vossa revista.

O gênio inglês para a originalidade e a invenção revelou-se não somente na Filosofia Natural como também na Moral, na Metafísica e em parte das ciências abstratas. As poucas tentativas realizadas em tempos modernos para aprimorar, em relação ao que nos legaram os antigos, essa filosofia contenciosa e infrutífera, foram realizados na Inglaterra. Com exceção das *Meditações* de Descartes, não conheço nada em francês que aspire a originalidade em tais assuntos. A filosofia do padre Malebranche não passa de um refinamento das meditações de Descartes. Mas o sr. Hobbes, o sr. Locke, o sr. Mandeville, Lorde Shaftesbury, o dr. Butler, o dr. Clarke e o sr. Hutcheson pelo menos tentaram, em alguma medida, ser originais, contribuindo, apesar da incoerência e inconsistência de seus sistemas, para aumentar o estoque de observações de que o mundo dispunha antes deles.[11] Esse ramo da Filosofia inglesa, que hoje parece negligenciado pelos próprios ingleses, foi recentemente transposto para a França. Encontro vestígios dele não só na *Enciclopédia* como na *Teoria dos sentimentos agradáveis*, do sr. de Pouilly, obra original sob muitos aspectos, e, principalmente, no *Discurso sobre a origem e fundamento da desigualdade entre os homens*, do sr. Rousseau de Genebra.

Quem quer que leia com atenção esta última obra perceberá que o segundo volume da *Fábula das abelhas*, do sr. Mandeville,[12] ocasionou o sistema do sr. Rousseau, por mais que nele os princípios do autor inglês se encontrem amenizados, aprimorados e embelezados, despidos da tendência para a corrupção e licenciosidade que o tornaram infame. O sr. Mandeville representa o estado primitivo do gênero humano como o mais desgraçado e miserável que se possa imaginar. O sr. Rousseau, ao contrário, pinta-o como o mais feliz e mais adequado à natureza humana. Ambos, no entanto, supõem que não há no homem um instinto poderoso, que necessariamente o determina a buscar a sociedade por si mesma. De acordo com o primeiro, é a miséria de seu estado original que compele o homem a recorrer a esse desagradável remédio, a sociedade; já para o último, o mesmo efeito fatal foi produzido por acidentes infortunados que geraram as inaturais e vãs paixões de ambição e desejo de

---

11 Compare-se Hume, *Tratado da natureza humana* (1739-1741), introdução. Tradução de Deborah Danowski. 2ª edição. São Paulo: Unesp, 2012. (N. T.)

12 Mandeville, *Fábula das abelhas, ou: vícios provados, benefícios públicos*. Tradução de Bruno Simões. São Paulo: Unesp, 2018. (N. T.)

Ensaios filosóficos

superioridade que o homem antes desconhecia. Ambos supõem o lento e gradual progresso e desenvolvimento de todos os talentos, hábitos e artes que tornam o homem apto a viver em sociedade, ambos descrevem esse progresso praticamente da mesma maneira. De acordo com eles, as leis de justiça, que mantêm a atual desigualdade entre os homens, foram originalmente inventadas pelos astutos e poderosos para manter ou adquirir uma superioridade desnaturada e injusta em relação ao resto de seus semelhantes. Mas o sr. Rousseau critica o sr. Mandeville. Observa que a *piedade*, único princípio amigável que o autor inglês reconhece ser natural ao homem, é capaz de produzir todas as outras virtudes cuja realidade o sr. Mandeville nega. O sr. Rousseau parece ao mesmo tempo pensar que esse princípio não é em si uma virtude, pois é possuído por selvagens e pelo mais baixo vulgo com um grau de perfeição maior do que pelos homens das mais polidas e cultivadas maneiras, e nisso ele concorda perfeitamente com o autor inglês.

A vida do selvagem, quando a observamos à distância, parece ser ou de profunda indolência ou de grandes e incríveis aventuras, qualidades que servem igualmente para tornar sua descrição agradável para a imaginação. A paixão dos jovens pela poesia pastoral, que descreve as distrações da indolente vida do pastor, e por livros de cavalaria e romance, que descrevem as mais perigosas e extravagantes aventuras, é efeito desse gosto natural por dois objetos aparentemente incompatíveis. Em descrições de maneiras dos selvagens esperamos encontrar ambos, e nenhum autor que tenha se proposto a tratar desse objeto deixou de excitar a curiosidade do público. O sr. Rousseau, com a intenção de pintar a vida selvagem como a mais feliz de todas, apresenta à vista apenas o lado indolente, que ele exibe, de fato, com as cores mais belas e agradáveis, num estilo que, embora elaborado e deliberadamente elegante, é por toda parte suficientemente nervoso e chega a ser sublime e patético. Com a intervenção desse estilo, aliado a certa alquimia filosófica, os princípios e ideias do infame Mandeville parecem adquirir a altivez e a pureza da moral de um Platão, de um espírito verdadeiramente republicano, ainda que um pouco exaltado. A obra do sr. Rousseau se divide em duas partes. Na primeira, ele descreve o estado solitário dos homens; na segunda, os primeiros começos e o gradual progresso da sociedade. Seria despropositado oferecer uma análise de cada uma delas, pois análise alguma poderia dar a justa ideia de uma obra que consiste quase inteiramente de retórica e descrição. Tentarei oferecer a vossos leitores um exemplar de sua eloquência, traduzindo uma ou duas curtas passagens.[13]

Diz ele à p.117 (ed. 1755),

> Enquanto os homens contentaram-se com suas primeiras rústicas habitações, enquanto sua indústria não tinha outro objetivo que o de permitir que se cobrissem com peles de animais, que se adornassem com penas e conchas, pintassem o corpo com diferentes cores, afiassem ou embelezassem suas flechas e arpões, e talhassem, com pedras pontiagudas, umas canoas de pesca ou rudimentares instrumentos musicais, em suma, enquanto se aplicaram a trabalhos que uma pessoa poderia executar sozinha e a

---

13 As citações de Rousseau são traduzidas literalmente a partir da versão inglesa de Smith. O leitor poderá consultar, a título de comparação, a tradução de Iracema Gomes Soares e Maria Cristina Roveri Nagle, realizada diretamente do francês (Brasília: UnB/Ática, 1989). (N. T.)

Ensaios filosóficos

artes que não requerem a participação de muitos braços, eles viveram livres, saudáveis, tranquilos e felizes, na medida em que sua natureza assim permitia, e continuaram a desfrutar as doçuras de uma sociedade independente. Mas, a partir do momento em que um homem precisou da assistência de outro, e percebeu a vantagem de dispor de provisões suficientes para dois, a igualdade desapareceu, a propriedade foi introduzida, o trabalho se tornou necessário e as vastas florestas da natureza foram transformadas em agradáveis planícies, a serem fertilizadas com o suor dos homens, nas quais o mundo viu a escravidão e a servidão crescerem e florescerem com a colheita.[14]

Na p. 126, observa:

E, assim, desabrocharam todas as nossas faculdades, a memória e a imaginação começaram a funcionar, o amor por si passou a

---

14 *"Tant que les hommes se contentérent de leurs cabanes rustiques, tant qu'ils se bornérent à coudre leurs habits de peaux avec des épines ou des arrêtes, à se parer de plumes et de coquillages, à se peindre le corps de diverses couleurs, à perfectionner ou embellir leurs arcs et leurs fleches, à tailler avec des pierres tranchantes quelques Canots de pêcheurs ou quelques grossiers instrumens de Musique; En un mot tant qu'ils ne s'appliquérent qu'à des ouvrages qu'un seul pouvoit faire, et qu'à des arts qui n'avoient pas besoin du concours de plusieurs mains, ils vécurent libres, sains, bons, et heureux autant qu'ils pouvoient l'être par leur Nature, et continuérent à joüir entre eux des douceurs d'un commerce independant: mais dès l'instant qu'un homme eut besoin du secours d'un autre; dès qu'on s'apperçut qu'il étoit utile à un seul d'avoir des provisions pour deux, l'égalité disparut, la propriété s'introduisit, le travail dévint nécessaire et les vastes forêts se changérent en des Campagnes riantes qu'il falut arroser de la sueur des hommes, et dans lesquelles on vit bientôt l'esclavage et la misére germer et croître avec les moissons."* (N. T.)

31

ser interessado, a razão se tornou ativa, e o entendimento avançou até quase chegar à perfeição. E, assim, exerceram-se todas as nossas qualidades naturais, e a classe e a condição de cada homem foram estabelecidas, com base não apenas em sua fortuna ou em seu poder de se submeter ou de dominar, mas também em seu gênio, em sua beleza, na beleza de seu corpo, em seu porte, em seu mérito ou em seus talentos. E, como unicamente essas qualidades são capazes de atrair consideração, deve tê-las ou fingir que as tem, deve, para vantagem própria, mostrar-se como algo diferente do que na realidade é. Ser e parecer tornam-se duas coisas inteiramente diferentes, e dessa distinção surgem a imponente ostentação, o ardil dissimulado e todos os vícios concomitantes. E, assim, o homem, que era livre e independente, torna-se, por uma multidão de novas necessidades, submisso, de certa maneira, à natureza como um todo e acima de tudo a seus semelhantes, dos quais é escravo, em certo sentido, mesmo quando deles é o senhor: rico, ele contrata os seus serviços; pobre, necessita da sua assistência; nem mesmo a condição mediana permite que viva sem eles. É constrangido, portanto, a fazer que se sintam interessados por sua própria situação e a constatarem que é vantajoso, na realidade ou em aparência, trabalhar em seu benefício. Isso o torna falso e artificial com alguns, imperioso e insensível com outros, e o submete à necessidade de enganar todos os que puder enganar, se não conseguir aterrorizá-los ou não for interessante servi-los. Para concluir, uma insaciável ambição, o ardor de aumentar sua fortuna pessoal, não tanto por necessidade quanto para se erguer acima dos outros, inspira os homens com a detestável propensão de se ferirem uns aos outros, com a secreta ambição, tão mais perigosa, de dar o golpe certeiro sob a máscara da boa vontade, disputa e rivalidade de um lado, oposição de interesses do outro, em ambos com o secreto desejo de lucrar às expensas alheias.

Esses males são os primeiros efeitos da propriedade e são, desde o início, inseparáveis da desigualdade.[15]

Mais à frente, na p.179, acrescenta ele:

O homem em estado de natureza e o homem em estado civilizado diferem essencialmente por suas paixões e inclinações, a su-

---

15 "*Voilà donc toutes nos facultés développées, la mémoire et l'imagination en jeu, l'amour propre intéressé, la raison rendüe active, et l'esprit arrivé presqu'au terme de la perfection, dont il est susceptible. Voilà toutes les qualités naturelles mises en action, le rang et le sort de chaque homme établi, non seulement sur la quantité des biens et le pouvoir de servir ou de nuire, mais sur l'esprit, la beauté, la force ou l'adresse, sur le mérite ou les talens, et ces qualités étant les seules qui pouvoient attirer de la consideration, il falut bientôt les avoir ou les affecter; il falut pour son avantage se montrer autre que ce qu'on étoit en effet. Etre et paraître devinrent deux choses tout à fait différentes, et de cette distinction sortirent le faste imposant, la ruse trompeuse, et tous les vices qui en sont le cortége. D'un autre côté, de libre et independant qu'étoit auparavant l'homme, le voilà par une multitude de nouveaux besoins assujéti, pour ainsi dire, à toute la Nature, et surtout à ses semblables dont il devient l'esclave en un sens, même en devenant leur maître; riche, il a besoin de leurs services; pauvre, il a besoin de leur secours, et la médiocrité ne le met point en état de se passer d'eux. Il faut donc qu'il cherche sans cesse à les intéresser à son sort, et à leur faire trouver en effet ou en apparence leur profit à travailler pour le sien: ce qui le rend fourbe et artificieux avec les uns, imperieux et dur avec les autres, et le met dans la nécessité d'abuser tous ceux dont il a besoin, quand il ne peut s'en faire craindre, et qu'il ne trouve pas son intérêt à les servir utilement. Enfin l'ambition dévorante, l'ardeur d'élever sa fortune relative, moins par un veritable besoin que pour se mettre au-dessus des autres, inspire à tous les hommes un noir penchant à se nuire mutuellement, une jalousie secrete d'autant plus dangereuse que, pour faire son coup plus en sûreté, elle prend souvent le masque de la bienveillance; en un mot, concurrence et rivalité d'une part, de l'autre opposition d'intérêt, et toujours le désir caché de faire son profit au depends d'autrui; Tous ces maux sont le premier effet de la propriété et le cortége inséparable de l'inégalité naissante.*" (N. T.)

prema felicidade de um levaria o outro ao desespero. O selvagem respira pura liberdade e repouso; só quer viver e ter tempo livre; a *ataraxia* dos estoicos não se compara à sua profunda indiferença por todo outro objeto. O cidadão, ao contrário, trabalha, sua e sofre perpetuamente para obter empregos ainda mais laboriosos: trabalha até a morte, apressa a chegada desta para ter condição de viver ou renuncia à vida para se tornar imortal. Corteja os grandes, que detesta, e os ricos, que despreza; não poupa esforços para ter a honra de servi-los; cheio de si, gaba-se de sua própria vilania e da proteção que recebe, e, orgulhoso de ser escravo, refere-se com desdém aos que não têm a honra dessa condição. Que espetáculo não seriam para um caraíba os penosos ofícios de um ministro de Estado europeu! Quantas mortes cruéis não preferiria sofrer o indolente selvagem a suportar o horror de uma vida como essa! Seria preciso que as palavras *poder* e *reputação* tivessem em seu entendimento um significado inteligível para que ele pudesse compreender que há uma espécie de homem para os quais vale alguma coisa o olhar dos outros, que são felizes e contentes consigo mesmos mais pelo testemunho alheio do que pelo próprio. Pois tal é a verdadeira causa de todas essas diferenças: o selvagem vive em si mesmo; o homem em sociedade, sempre fora de si mesmo, só consegue viver da opinião dos outros, e é apenas do juízo alheio que ele por assim dizer deriva o sentimento de sua própria existência. Não é meu objetivo mostrar aqui como dessa disposição surge a indiferença pelo bem e pelo mal, com tantos finos discursos morais, como tudo, uma vez reduzido a aparências, torna-se fingido e dissimulado, a honra, a amizade, a virtude, às vezes o próprio vício, como, numa palavra, cobrando que os outros sejam como nós, sem nunca nos interrogarmos sobre nós mesmos, com tanta filosofia, com tantos sentimentos de humanidade, com tanta polidez e com tantas máximas su-

Ensaios filosóficos

blimes, não temos mais que uma máscara enganadora e frívola: honra sem virtude, razão sem sabedoria, prazer sem felicidade.[16]

Acrescento apenas que a dedicatória à república de Genebra, de que o sr. Rousseau se orgulha de ser cidadão, é um panegírico agradável, sincero e, creio eu, justo, pois exprime aquela

---

16 *"L'homme sauvage et l'homme policé différent tellement par le fond du coeur et des inclinations, que ce qui fait le bonheur suprême de l'un, réduiroit l'autre au désespoir. Le premier ne respire que le repos et la liberté, il ne veut que vivre et rester oisif, et l'ataraxie même du Stoïcien n'approche pas de sa profonde indifférence pour tout autre objet. Au contraire, le Citoyen toujours actif suë, s'agite, se tourmente sans cesse pour chercher des occupations encore plus laborieuses: il travaille jusqu'à la mort, il y court même pour se mettre en état de vivre, ou renonce à la vie pour acquérir l'immortalité. Il fait sa cour aux grands qu'il hait et aux riches qu'il méprise; il n'épargne rien pour obtenir l'honneur de les servir; il se vante orgueilleusement de sa bassesse et de leur protection, et fier de son esclavage, il parle avec dédain de ceux qui n'ont pas l'honneur de le partager. Quel Spectacle pour un Caraïbe que les travaux pénibles et enviés d'un Ministre Européen! Combien de morts cruelles ne préféreroit pas cet indolent Sauvage à l'horreur d'une pareille vie qui souvent n'est pas même adoucie par le plaisir de bien faire? Mais pour voir le but de tant de soins, il faudroit que ces mots, puissance et réputation, eussent un sens dans son esprit, qu'il apprît qu'il y a une sorte d'hommes qui comptent pour quelque chose les regards du reste de l'univers, qui savent être heureux et contens d'eux mêmes sur le témoignage d'autrui plûtôt que sur le leur propre. Telle est, en effet, la véritable cause de toutes ces différences: le Sauvage vit en lui-même; l'homme sociable toûjours hors de lui ne sçait vivre que dans l'opinion des autres, et c'est, pour ainsi dire, de leur seul jugement qu'il tire le sentiment de sa propre existence. Il n'est pas de mon sujet de montrer comment d'une telle disposition naît tant d'indifférence pour le bien et le mal, avec de si beaux discours de morale; comment tout se réduisant aux apparences, tout devient factice et joüé; honneur, amitié, vertu, et souvent jusqu'aux vices mêmes, dont on trouve enfin le secret de se glorifier; comment, en un mot, demandant toujours aux autres ce que nous sommes et n'osant jamais nous interroger là-dessus nous mêmes, au milieu de tant de Philosophie, d'humanité, de politesse et de maximes Sublimes, nous n'avons qu'un extérieur trompeur et frivole, de l'honneur sans vertu, de la raison sans sagesse, et du plaisir sans bonheur."* (N. T.)

ardorosa e apaixonada estima que o bom cidadão deve ter pelo governo de seu país e pelo caráter de seus compatriotas.

Longe de mim sugerir que vos confineis a notas sobre obras filosóficas publicadas entre nós ou em outros países. Os poetas de nosso tempo parecem ser inferiores aos de outrora, mas na Inglaterra, na França, e mesmo na Itália, não faltam os que estão à altura de seus renomados predecessores. As obras de Metastásio[17] são admiradas em toda a Europa; e o sr. Voltaire, talvez o gênio mais universal que a França já produziu, atingiu em quase todos os gêneros da arte de escrever quase o mesmo nível de autores da época anterior que se dedicaram principalmente a um gênero. O gênio desse cavalheiro para a originalidade e a invenção nunca se mostrou tão conspícuo como em sua tragédia mais recente, *O órfão da China*. É agradável e surpreendente observar a atrocidade da virtude chinesa e a rusticidade da barbárie tártara introduzidas no palco francês sem violar o sutil decoro que essa nação com tanta delicadeza e escrúpulo observa. O sr. Voltaire nega, numa carta ao sr. Rousseau, que a história da guerra mais recente, publicada na Holanda sob seu nome, possa ser considerada de sua autoria, ao menos não no estado em que ela se encontra. Há, de fato, um grande número de representações equivocadas da conduta da Grã-Bretanha na guerra, pelas quais o sr. Voltaire não pode responder, e que certamente serão corrigidas na edição genuína da obra, a ser publicada com o consentimento do autor.

De seu mais humilde criado,
Adam Smith

---

17 Pietro Metastásio (1698-1782), libretista italiano autor de numerosas óperas. (N. T.)

Resenha de A Dictionary of the English Language, *de Samuel Johnson*[1]

Um projeto como este é necessariamente muito abrangente. Um dicionário da língua inglesa, por mais útil que seja, não foi até hoje realizado com êxito tolerável. Explicar palavras difíceis e termos de arte parece ter sido o principal propósito de todas as obras precedentes que portaram o título *Dicionário de inglês*. O sr. Johnson ampliou consideravelmente sua perspectiva e reuniu uma coleção bastante completa de todos os diferentes significados de cada palavra inglesa, justificando-os com exemplos de autores de boa reputação. Quando comparamos este livro a outros dicionários, vemos que o mérito do autor é extraordinário. Os mais admirados dicionários de línguas modernas são o da Academia Francesa e o da Academia Della Crusca.[2] Cada um deles foi composto por numerosas associações de erudi-

---

1 "Review of *Johnson's Dictionary*." Publicado na *Edinburgh Review* (1755). Tradução de Pedro Paulo Pimenta. A resenha de Smith é pautada pelas considerações feitas por d'Alembert no verbete "Dicionário" da *Enciclopédia*, como foi observado a mim por Leonardo Paes Müller. (N. T.)

2 *Le Dictionnaire de l'Académie Françoise*, 1694, 3.ed., 1740; *Vocabolario degli Accademici della Crusca*, 1612, 5.ed., 1746-1748. (N. T.)

tos e levou mais tempo para ser feito do que poderia durar a vida de um indivíduo. O presente dicionário da língua inglesa é obra de uma única pessoa e foi composto em um período de tempo bem curto, comparado à extensão do livro. A coleção de palavras parece, de fato, bastante acurada, e certamente é exaustiva. Encontram-se no dicionário, ao que nos parece, a maioria das palavras que se poderia suspeitar serem inglesas. Teria sido desejável, porém, que o autor não confiasse tanto no juízo daqueles que porventura venham a consultá-lo e censurasse com mais frequência as palavras cujo uso não é aprovado, por mais que se encontrem em autores de reputação. Dizer de uma obra tão útil quanto esta que ela poderia ser ainda mais útil não chega a ser uma censura. O mérito do Dicionário de Johnson é tão grande que não chega a ser diminuído pela observação de alguns defeitos, cuja correção, em nosso entender, acrescentaria consideravelmente ao mérito que já possui. Esses defeitos estão principalmente no plano, que não nos parece suficientemente gramatical. As diferentes significações de cada palavra são coletadas, mas raramente são dispostas em classes gerais ou sob o significado que a palavra principalmente exprime. Não houve cuidado suficiente ao distinguirem-se palavras aparentemente sinônimas. O único método para explicar o que queremos dizer com isso é inserir um artigo ou dois do Dicionário de Johnson e opor a cada um deles o mesmo artigo, disposto da maneira que gostaríamos que ele tivesse observado.

BUT [mas], conj. [buze, buzan, Saxão]. I. Exceto. *Algo como uma emissão de virtudes imateriais, nós hesitamos em propor,* mas *há muitos que afirmam algo assim, sem hesitação.* Dryden.

Ensaios filosóficos

BUT, partícula da língua inglesa que denota oposição, e que, de acordo com as diferentes modificações do sentido geral de oposição, ora ocupa o lugar de um advérbio, ora de uma preposição, por vezes até de uma interjeição. Serve como conjunção de quatro espécies diferentes: adversativa, alternativa, condutiva e transitiva. Seu significado original e mais apropriado, entretanto, parece ser o de conjunção adversativa, no sentido sinônimo de *however*, expressado por *sed* em latim e *mais* em francês. *I should have done this,* but *was prevented*: *I should have done this, I was* however *prevented*. A diferença entre essas duas partículas é dupla: *but* deve vir sempre no início da sentença cuja oposição é assinalada em relação à sentença anterior, *however* é introduzido mais graciosamente após o início da segunda sentença. Esta pode se prolongar, quando utilizamos *but*, deve ser interrompida, quando utilizamos *however*.

O uso de *but* parece frequentemente assinalar a ânsia de denotar oposição, talvez excessiva, comparado ao uso de *however*. Se, em meio a uma discussão, uma pessoa disser, *I should have made some apology for my conduct,* but *was prevented by his insolence,* sua maneira de se exprimir pareceria mais passional do que se dissesse, *I should have made some apology for my conduct, I was* however *prevented by his insolence*.

2. *But* é também uma conjunção alternativa, no sentido quase sinônimo de *unless* e *except* em inglês, de *nisi* em latim, de *sinon* em francês. *The people are not to be satisfied,* but *by remitting them some of their taxes*; unless *by remitting them*; except *by remitting them*. A primeira dessas expressões assinala precisamente a insuficiência de outros meios que não o proposto para apaziguar o povo. A segunda assinala precisamente que, se esse meio não for empre-

gado, os tumultos prosseguirão, e é, portanto, uma conjunção mais acentuadamente alternativa do que a primeira. A terceira expressão assinala o sentido de uma escolha que é a mais efetiva dentre as possíveis. Quando utilizamos *unless*, sublinhamos que não consideramos outro meio além do proposto. Quando utilizamos *but* ou *except*, mostramos que consideramos outros meios. *But* assinala uma rejeição negativa de todo outro meio que não o proposto. *Except* assinala a escolha positiva do meio proposto. *Unless* não assinala nem uma coisa nem outra, denota apenas uma alternativa: ou isto é feito, ou tal se seguirá.

3. *But* é também uma conjunção condutiva, quase no sentido sinônimo de *quin* em latim, de *que* em francês, de *than* ou *that* em inglês (um deles precedido da partícula de negação *no*, o outro seguido da partícula de negação *not*). *The full moon was no sooner up*, than *he privately opened the gate of paradise*; but *he privately opened. It cannot be doubted*, that *the King of Spain will not reform most of the abuses*; but *the King of Spain will reform. Who shall believe*, but *you misuse the reverence of your place*; that *you do not misuse etc. It cannot be* but *nature hath some director*; *it cannot be* that *nature has not some director*.

4. *But* pode ser uma conjunção transitiva no sentido sinônimo de *sed* em latim e de *or* em francês. *All animals are mortal*, but *all men are animals*.

5. *But* como advérbio de quantidade significa *no more than*, quase sinônimo do latim *tantum* e do inglês *only*. *I saw no more than three plants*; *I saw but three plants*; *I saw three plants only*. *A genius so elevated and unconfined as Mr. Cowley's was* no more than *necessary to make Pindar speak English*; *was* but *necessary*; *was* only *necessary*. Alguém poderia considerar essa expressão inapropriada, por ser ambígua: pode significar que só um gênio como esse seria capaz de fazer Píndaro falar inglês ou que nada mais seria re-

querido para esse propósito. Mas, exceto por essa ambiguidade, a expressão é apropriada.

6. *But* ocorre como preposição, uso em que é sinônimo de *except*. Seria expressada em latim por *praeter*, em francês por *hors*. *They are all dead* but *three*; *they are all dead* except *three*.

7. *But* é utilizado como uma interjeição, embora não o seja com frequência, como na frase, *Good God*, but *she is handsome!* "Céus, mas como ela é bela!"

HUMOUR, n.s. (*humeur*, francês, *humor*, latim). I. Umidade. *The aqueous* humour *of the eye will not freeze; which is very admirable, seeing it hath the perspicuity and fluidity of common water.* "O humor aquoso do olho não congela, o que é admirável, pois ele tem transparência e fluidez como as da água." *Ensaios* de Bacon. **HUMOUR**, do latim *humor*, significa, originalmente, umidade em geral; posteriormente, o significado foi restringido à mistura dos espíritos animais ou dos fluidos em que eles circulam. Como a têmpera da mente dependeria, supõe-se, do estado dos fluidos do corpo, *humor* tornou-se sinônimo de têmpera e disposição.

O humor de uma pessoa, entretanto, é diferente de sua disposição, pois humor parece ser a convalescença da disposição. É apropriado dizer que pessoas de um temperamento ou disposição mais séria são vítimas de humores melancólicos, que pessoas de disposição delicada e terna são vítimas de humores inconvenientes.

O humor pode ser agradável ou desagradável, mas é sempre humor, algo excêntrico, caprichoso, instável: um homem de má índole pode ter surtos de bom humor que lhe ocorrem acidentalmente, sem ter consideração moral por circunstâncias decisivas para a felicidade ou miséria alheia.

Um surto de animação constitui o bom humor, e um homem que tem muitos surtos é bem-humorado; mas não necessariamente de boa índole, caráter que supõe algo mais constante, estável e uniforme do que se requer para uma constituição bem-humorada.

Humor é frequentemente utilizado para expressar a qualidade da imaginação que tem considerável semelhança com engenho.

Engenho expressa algo mais intencional, deliberado, regular e artificial; humor, algo mais livre, solto, extravagante e fantástico, que acomete o homem em surtos, que não se pode conter nem represar, e que não é perfeitamente consistente com a verdadeira polidez. Humor, costuma-se dizer, é mais divertido do que engenho; mas um homem engenhoso está tão acima de um homem bem-humorado quanto o cavalheiro está acima do bufão. Um bufão, porém, pode ser mais divertido do que um cavalheiro.

Esses exemplos oferecem uma ideia do plano de dicionário que nos ocorreu. Não é um desdouro para o Dicionário do sr. Johnson que o tópico seja considerado por outros a partir de uma ótica diferente, e é ao menos curioso examinar novas perspectivas. Quem quer que se ponha a redigir um dicionário ou uma Gramática da língua inglesa deve reconhecer seu débito para com o sr. Johnson por ter realizado ao menos metade da tarefa. O mesmo vale para todos os que tiverem alguma dúvida em relação a palavras ou frases em particular. O Dicionário oferece uma coleção completa de exemplos, a partir dos quais cabe ao leitor determinar o significado, mas graças aos quais essa determinação é fácil. Neste país [a Escócia], a utilidade

Ensaios filosóficos

dessa obra logo se fará sentir, pois não temos um padrão de linguagem correto de conversação. Se pudéssemos incitar ao seu uso, não hesitaríamos em recomendar que consultem com frequência o Dicionário todos aqueles que queiram melhorar e corrigir sua linguagem. O mérito de uma obra é determinado pela frequência com que é consultada; esse é o teste mais infalível do seu valor. Críticas podem ser falsas, juízos privados podem ser infundados; mas, se uma obra dessa natureza puder se tornar de uso corrente, terá recebido a chancela da aprovação pública.

Considerações sobre a primeira formação das línguas e sobre o diferente gênio das línguas originais e das línguas compostas[1]

A atribuição de nomes particulares para denotar objetos particulares, ou seja, a instituição de nomes substantivos, foi provavelmente um dos primeiros passos rumo à formação da linguagem. É natural que dois selvagens[2] que cresceram longe das sociedades humanas e nunca foram ensinados a falar começassem a formar a língua pela qual tentariam tornar inteligíveis suas mútuas necessidades pela emissão de certos sons, sempre que quisessem denotar certos objetos. Receberiam nomes particulares apenas os objetos mais familiares e mencionados com mais frequência. A caverna cujo teto os protegia do clima, a árvore cujos frutos aplacavam sua fome, a fonte cuja água saciava sua sede seriam denominadas por palavras como *caverna*,

---

1 "Considerations Concerning the First Formation of Languages, and the Different Genius of Original and Compounded Languages." Publicado pela primeira vez em 1761, na *Philological Miscellany*, e subsequentemente como suplemento à terceira edição da *Teoria dos sentimentos morais* (1767). Tradução de Pedro Paulo Pimenta. (N. T.)

2 Ver Condillac, *Ensaio sobre a origem dos conhecimentos humanos*, 1746, parte II. (N. T.)

árvore, fonte, ou qualquer outra denominação que considerassem apropriada para designá-las em seu jargão primitivo. Posteriormente, quando a ampliação de sua experiência levasse esses selvagens a observar outras cavernas, árvores e fontes, mencionadas por eles nas ocasiões necessárias, é natural que dessem, a esses novos objetos, o mesmo nome com o qual estivessem acostumados a expressar o objeto similar previamente conhecido. Os novos objetos não teriam nomes próprios, cada um seria exatamente similar a objetos previamente denominados. Tais selvagens não poderiam contemplar os novos objetos sem recordar os anteriores, tão similares a eles, bem como os seus nomes. Portanto, sempre que se oferecesse a ocasião para que um deles mencionasse ou indicasse o novo objeto para o outro, naturalmente emitiria o nome do objeto anterior correspondente, cuja ideia não poderia deixar de se apresentar, no mesmo instante, à sua memória, da maneira mais forte e mais viva possível. E, assim, cada uma daquelas palavras, originariamente nomes próprios de indivíduos, se tornaria o nome comum a uma multidão de indivíduos. Uma criança que está aprendendo a falar chama de papai ou mamãe todas as pessoas que vêm à sua casa, ou seja, dá à espécie como um todo os nomes ensinados para aplicar a dois indivíduos. Conheci um pobre homem que não sabia o nome próprio do rio que corria à porta de sua casa. Era simplesmente *rio*, pois ele não sabia de outro nome. Ao que parece, sua experiência não lhe permitira observar nenhum outro rio, e, por isso, a palavra geral *rio* era, em sua acepção, um nome próprio que significava um objeto individual. E, se outro rio fosse mostrado a essa pessoa, ela o chamaria prontamente de *rio*. Inversamente, uma pessoa que vive à margem do Tâmisa e ignora a palavra geral *rio*, embora conheça a palavra particular

Ensaios filosóficos

Tâmisa, se conhecesse outro rio não hesitaria em chamá-lo de Tâmisa. E, na verdade, também procedem assim os que conhecem a palavra *rio* em sentido geral. Um inglês que queira descrever um grande rio que conheceu num país estrangeiro diz com naturalidade, *este é outro Tâmisa*. Quando chegaram à costa do México e observaram a riqueza, a densidade populacional e a quantidade de habitações daquele fino país, tão superiores às das nações selvagens com que há pouco haviam travado conhecimento, os espanhóis exclamaram, *eis uma nova Espanha!* Desde então, chamaram o México de Nova Espanha, nome que aderiu a esse país de triste fortuna. Da mesma maneira, dizemos de um herói que ele *é um Alexandre*, de um orador que ele *é um Cícero*, de um filósofo que ele *é um Newton*. Esse jeito de falar, que os gramáticos chamam de *antonomásia*, e que, embora não seja mais necessário, permanece extremamente comum, mostra a predisposição dos homens a denominar um objeto a partir de outro semelhante a ele, dando assim a uma multidão um nome originalmente destinado a exprimir um único indivíduo.

A aplicação do nome de um indivíduo a uma multidão de objetos cuja semelhança com ele naturalmente recorda sua ideia e o nome que a exprime parece estar na origem da formação das classes e sortimentos que as escolas chamam de gêneros e espécies e cuja origem tanto desconcerta o sr. Rousseau de Genebra.[3] Uma espécie é formada por certo número de objetos com algum grau de semelhança entre si, e que por isso são denominados por um mesmo nome que pode ser aplicado para exprimir qualquer um deles.

---

3 Ver Rousseau, *Discurso sobre a origem da desigualdade entre os homens*, §§25-6. (N. T.)

Pois bem, quando a maior parte dos objetos estivesse arranjada sob classes e sortimentos próprios distinguidos por nomes gerais, seria impossível que a maioria do quase infinito número de indivíduos compreendidos sob cada um dos sortimentos ou espécies particulares pudesse ter nomes próprios peculiares distintos do nome geral da espécie. Por isso, sempre que houvesse ocasião para mencionar um objeto particular seria com frequência necessário distingui-lo de outros objetos compreendidos sob o mesmo nome geral, seja por suas qualidades peculiares, seja pela relação peculiar entre ele e outra coisa. Daí a necessária origem de dois outros conjuntos de palavras, um deles para exprimir qualidade, o outro, relação.

Nomes adjetivos[4] são palavras que exprimem uma qualidade considerada qualificadora, ou, como dizem os homens da escola, a qualidade concreta de um objeto particular. Assim, a palavra *verde* exprime certa qualidade, tomada ou como qualificadora, ou como qualidade concreta do objeto particular a que pode ser aplicada. É evidente que palavras desse gênero podem servir para distinguir certos objetos particulares de outros compreendidos sob a mesma denominação geral. As palavras *árvore verde*, por exemplo, servem para distinguir uma árvore particular de outras secas ou murchas.

Preposições são palavras que exprimem uma relação entre dois objetos considerada em concreto. Assim, as preposições *de, para, por, com, acima, abaixo* etc. denotam uma relação subsistente entre os dois objetos exprimidos pelas palavras entre as quais a preposição é colocada, e o fazem em concreto. Palavras

---

4 Os termos utilizados por Smith derivam do latim, *nomen adiectivum* e *nomen substantivum*. (N. T.)

Ensaios filosóficos

desse gênero servem para distinguir objetos particulares de outros da mesma espécie, quando tais objetos particulares não podem ser propriamente assinalados por qualidades que lhes são peculiares. Quando dizemos, por exemplo, *a árvore verde do prado*, distinguimos uma árvore particular não apenas pela qualidade que pertence a ela como também pela relação entre ela e outro objeto.

Como a qualidade e a relação não podem existir em abstrato, é natural supor que as palavras que as denotam em concreto, do modo como as encontramos subsistentes, tenham sido inventadas muito antes das palavras que as exprimem em abstrato, ou seja, de um modo que não as encontramos enquanto tais. É muito provável que as palavras *verde* e *azul* tenham sido inventadas antes das palavras *verdejante* e *azulado*, e o mesmo para as palavras *acima* e *abaixo*, *superior* e *inferior*. Inventar palavras desta última espécie requer um esforço muito maior do que inventar palavras da primeira. Por isso, é provável que termos abstratos como esses tenham sido instituídos bem depois, como sugere de resto a sua etimologia, pois em geral eles derivam de termos concretos.

Embora a invenção de nomes adjetivos seja muito mais natural que a dos nomes abstratos substantivos derivados deles, ela também requer considerável grau de abstração e generalização. Por exemplo, o inventor das palavras *verde*, *azul*, *vermelho* e outros nomes de cores teria de observar e comparar entre si um grande número de objetos, notar semelhanças e diferenças na cor como qualidade, e arranjá-los em sua própria mente em diferentes classes e sortimentos, de acordo com tais semelhanças e diferenças. Um adjetivo é, por natureza, uma palavra geral, em alguma medida abstrata, que necessariamente pressupõe a ideia de uma certa

49

espécie ou sortimento de coisas às quais é aplicável sem distinção. Diferentemente do que supusemos no caso da *palavra caverna*, a palavra *verde* não poderia ter sido originalmente o nome de um indivíduo e depois, em virtude do que os gramáticos chamam de *antonomásia*, tornar-se o nome de uma espécie. Pois, como a palavra *verde* não denota o nome de uma substância, mas a qualidade peculiar de uma substância, ela seria desde o início uma palavra geral indistintamente aplicável a toda outra substância dotada dessa mesma qualidade. Quem primeiro distinguisse um objeto particular pelo epíteto *verde* teria de observar outros objetos que não fossem verdes e dos quais pretendesse separá-lo com essa denominação. Portanto, a instituição desse nome pressupõe uma comparação, e pressupõe, igualmente, algum grau de abstração. Quem primeiro inventasse essa denominação teria de distinguir a qualidade do objeto a que ela pertencia e conceber o objeto como capaz de subsistir sem essa qualidade. Portanto, mesmo a invenção do mais simples dos nomes adjetivos requereria mais Metafísica do que se costuma imaginar. Operações mentais como arranjo e classificação, comparação e abstração teriam de ser empregadas antes mesmo que os nomes das diferentes cores, que são adjetivos menos metafísicos, pudessem ser instituídos. Disso eu infiro que na primeira formação das línguas os nomes adjetivos não foram as primeiras palavras a ser inventadas.

Outro expediente que permite denotar as qualidades das diferentes substâncias e que, por não requerer abstração e tampouco que se conceba separação entre a qualidade e o objeto, parece mais natural do que a invenção de nomes adjetivos, e que, assim, poderia muito bem ter sido concebido antes destes, na formação primeira da linguagem, consiste em variar o nome

Ensaios filosóficos

substantivo de acordo com a variação das qualidades deste. Assim, em muitas línguas, as qualidades de gênero sexual ou de sua ausência são exprimidas por diferentes terminações nos nomes substantivos que denotam os objetos qualificados. Em latim, por exemplo, *lúpus/lupa, equus/equa, juvencus/juvenca, Julius/Julia, Lucretius/Lucretia* etc. denotam as qualidades masculina e feminina nos animais, sem que para tanto seja preciso acrescentar um adjetivo. Por outro lado, as palavras *forum, pratum, plaustrum* denotam, por sua terminação peculiar, a total ausência de gênero sexual nas diferentes substâncias que elas representam. Tanto o gênero sexual quanto sua ausência são naturalmente considerados como qualidades modificadoras inseparáveis das substâncias particulares a que pertencem, e seria natural exprimi-las antes por uma modificação no nome substantivo do que por uma palavra geral e abstrata que exprimisse essa espécie de qualidade em particular. Desse modo, a expressão traz, evidentemente, uma analogia muito mais precisa com o objeto ou ideia por ela denotado. A qualidade aparece na natureza como uma modificação da substância, e, por ser exprimida na linguagem por uma modificação do nome substantivo que denota a substância, na expressão ela como que adere ao objeto, afigurando-se como se se encontrasse nele ou na ideia. Daí a origem, nas línguas antigas, dos gêneros masculino, feminino e neutro. Por meio de tais gêneros, as distinções mais importantes — entre substâncias animadas e substâncias inanimadas, entre animais masculinos e animais femininos — parecem ter sido suficientemente assinaladas sem que fosse preciso recorrer ao auxílio de adjetivos ou de quaisquer nomes gerais para denotar essas qualificações mais extensivas.

Nas línguas que conheço, há somente três gêneros. Vale dizer que a formação de nomes substantivos não pode por si mesma, sem a companhia de adjetivos, exprimir outras qualidades além das três mencionadas: masculino, feminino ou nem uma coisa nem outra. Não me surpreenderia, porém, se em outras línguas que não conheço as diferentes formações de nomes substantivos fossem capazes de exprimir muitas outras qualidades diferentes. Os diminutivos do italiano e de algumas outras línguas por vezes exprimem grande variedade de diferentes modificações nas substâncias denotadas pelos nomes que sofrem tais variações.

Seria impossível, contudo, que nomes substantivos variassem tanto que pudessem exprimir o número quase infinito de qualidades necessárias para especificá-los e distingui-los em diferentes ocasiões, sem que com isso perdessem sua forma original. Assim, embora a diferente formação de nomes substantivos pudesse, por algum tempo, suprimir a necessidade de inventar nomes adjetivos, seria impossível que o fizesse em definitivo. Quando os homens se inventassem nomes adjetivos, seria natural que os formassem mantendo alguma similaridade com os nomes substantivos a que eles serviriam como epítetos ou qualificações. Seria natural que recebessem as mesmas terminações dos substantivos a que teriam sido de início aplicados, e, graças à afinidade com sons similares e ao deleite com o retorno das mesmas sílabas – coisas que estão no fundamento da analogia em todas as línguas – poderiam variar a terminação dos adjetivos conforme fosse oportuno aplicá-los ao substantivo, não importa se masculino, feminino ou neutro. Diriam *magnus lupus, magna lupa, magnum patrum* para exprimir *um lobo grande, uma loba grande, um prado grande*.

Ensaios filosóficos

A variação na terminação do nome adjetivo de acordo com o gênero do substantivo ocorre nas línguas antigas e parece ter sido introduzida principalmente em prol de uma certa similaridade de sons, de certa espécie de rima que agrada naturalmente ao ouvido humano. O gênero sexual, deve-se observar, não pertence propriamente ao nome adjetivo, cuja significação é sempre exatamente a mesma, independente da espécie de substantivo a que é aplicado. Quando dizemos *um homem grande* ou *uma mulher grande*, a palavra *grande* tem em ambos os casos o mesmo significado preciso, e a diferença de sexo no objeto a que ela pode ser aplicada não implica diferença em sua significação. Da mesma maneira, *magnus*, *magna*, *magnum* que exprimem precisamente a mesma qualidade, e a mudança de terminação não é acompanhada de nenhuma variação de significado. O gênero sexual é uma qualidade que pertence a substâncias, mas que não às qualidades de substâncias. Em geral, nenhuma qualidade, considerada concretamente, como qualificando um objeto particular, pode ser concebida em si mesma no objeto mesmo, por mais que o seja, considerada em abstrato. Por isso, nenhum adjetivo poderia qualificar outro adjetivo. *Homem grande bom* significa um homem que é grande, e é bom. Ambos os adjetivos qualificam o substantivo, mas não qualificam um ao outro. Por outro lado, quando dizemos *a bondade de um homem grande*, a palavra *bondade* denota uma qualidade considerada em abstrato que pode, em si mesma, ser objeto de outras qualidades, e que é, por isso, suscetível de ser qualificada pela palavra *grande*.

Se a invenção original de nomes adjetivos teria de superar dificuldades consideráveis, a de preposições seria ainda mais difícil. Toda preposição, como já observei, denota uma relação

53

entre dois objetos considerada em concreto. A preposição *acima*, por exemplo, denota relação de superioridade, não em abstrato, como exprimida na palavra *superioridade*, mas em concreto, ou seja, em relação a dois objetos. Nesta frase, por exemplo, *a árvore acima da caverna*, a palavra *acima* exprime certa relação entre árvore e caverna, e o faz em concreto. Para que a proposição tenha sentido completo, requer-se outra palavra, que venha depois da que exprime a relação, como se vê no exemplo mencionado. Pois bem, afirmo que a invenção original dessas palavras exigiria um esforço ainda maior de abstração e generalização do que o requerido para a invenção de nomes adjetivos. Isso pelas seguintes razões. Em primeiro lugar, uma relação é por si mesma um objeto mais metafísico do que uma qualidade. Ninguém teria dificuldade de explicar o que se entende por uma qualidade, mas poucas pessoas conseguiriam exprimir distintamente o que se entende por uma relação. Qualidades são quase sempre objetos de nossos sentidos externos, relações nunca o são. Não admira, portanto, que o conjunto daqueles objetos seja muito mais compreensível que o destes. Em segundo lugar, embora preposições exprimam sempre a relação concreta que representam, não poderiam ter sido originalmente formadas sem um considerável esforço de abstração. Uma preposição denota uma relação e nada mais que uma relação. Mas, antes que os homens pudessem instituir uma palavra que significasse uma relação e nada mais, eles teriam, em alguma medida, de considerar tal relação em abstrato, separada dos objetos relacionados, pois a ideia desses objetos não entra na significação da preposição. A invenção de uma palavra como essa requereria, portanto, considerável grau de abstração. Em terceiro lugar, uma preposição é, por natureza, uma palavra geral, que deve ser considerada, desde

Ensaios filosóficos

sua primeiríssima instituição, como aplicável indistintamente para denotar outras relações similares. O homem que primeiro inventasse a palavra *acima* precisaria distinguir, em alguma medida, não somente a relação de superioridade dos objetos por ela relacionados como também essa relação de outras, como a de inferioridade, denotada pela palavra *abaixo*, a de justaposição, exprimida pela palavra *ao lado*, e assim por diante. Em suma, ele teria de conceber essa palavra como exprimindo uma sorte ou espécie particular de relação distinta de toda outra, o que só seria possível mediante um esforço considerável de comparação e generalização.

Portanto, apesar de todas as dificuldades a serem superadas na invenção primeira de nomes adjetivos, muitas outras se apresentariam à invenção de preposições. E se, na formação primeira das línguas, os homens parecem ter contornado, por algum tempo, a necessidade de nomes adjetivos pela variação da terminação dos nomes de substância conforme estas variem em suas qualidades mais importantes, maior e mais difícil seria a necessidade de inventar preposições. Os diferentes casos que ocorrem nas línguas antigas são exemplos desse dispositivo. No grego e no latim, os casos genitivo e dativo obviamente suprem o lugar de preposições, e, por uma variação do nome substantivo, que representa o termo correlato, exprimem a relação entre o que é denotado pelo nome substantivo e o que é exprimido por outra palavra da sentença. Por exemplo, nas expressões *fructus arboris*, "o fruto da árvore", e *sacer Herculi*, "consagrado a Hércules", as variações nas palavras correlatas, *arbor* e *Herculi*, exprimem as mesmas relações exprimidas em inglês pelas preposições *of* e *to* [*de* e *para*].

Exprimir dessa maneira uma relação não teria requerido esforço algum de abstração. Pois sua expressão depende não de uma palavra peculiar que denote relação e nada mais, mas de uma variação do termo correlato. Ela é exprimida tal como aparece na natureza, como algo não à parte, mas que adere e se mistura por completo ao objeto correlato.

Exprimir assim uma relação não teria requerido esforço algum de generalização. As palavras *arboris* e *Herculi*, embora incluam em sua significação a mesma relação exprimida nas preposições inglesas *of* e *to*, não são, como estas, palavras gerais que possam ser aplicadas para exprimir a mesma relação entre não importa quais outros objetos.

Tampouco seria necessário qualquer esforço de comparação. As palavras *arboris* e *Herculi* não são palavras gerais designadas para denotar uma espécie particular de relação que os inventores dessas expressões quisessem, a propósito de uma comparação, distinguir ou separar de toda outra sorte de relação. Um dispositivo como esse provavelmente não tardaria a ser adotado como um exemplo, e qualquer um que tivesse de exprimir uma relação similar entre outros objetos poderia fazê-lo com uma variação similar do nome dos objetos correlatos. É provavelmente ou certamente o que teria acontecido, mesmo sem a inteligência ou a previsão daqueles que primeiro dessem o exemplo e que não tinham a intenção de estabelecer uma regra geral. A regra geral se estabeleceria imperceptivelmente por si mesma, e gradualmente, em consequência da afinidade de analogia e da similaridade de sons que está no fundamento da imensa maioria das regras da Gramática.

Portanto, exprimir uma relação por meio da variação do nome do objeto correlato não requereria abstração, generalização ou comparação de qualquer gênero, e seria, de início, algo muito mais fácil e mais natural do que exprimir relação por meio de preposições, ou de palavras gerais cuja primeira invenção requereria, em algum grau, todas aquelas operações.

O número de casos é diferente nas diferentes línguas. São cinco no grego, seis no latim, e, segundo se diz, dez no armênio. Parece natural que o número de casos seja maior ou menor, conforme os primeiros formadores de uma língua tenham estabelecido, nas terminações de nomes substantivos, um maior ou menor número de variações para exprimir as diferentes relações que puderam notar, o que deve ocorrer antes que se inventem preposições mais gerais e abstratas que ocupem o lugar das terminações.

Observe-se a propósito que tais preposições, que ocupam, nas línguas modernas, o lugar dos antigos casos, são, de todas as palavras, as mais gerais, mais abstratas e mais metafísicas, e, por conseguinte, provavelmente seriam inventadas por último. Pergunte a um homem de inteligência mediana, Que relação é exprimida na preposição *acima*?, e ele prontamente responderá, de superioridade, e pela preposição *abaixo*?, de inferioridade. Mas, se perguntar a ele que relação é exprimida na preposição *de*, a não ser que ele já tenha pensado no assunto, certamente levará uma semana para lhe responder. As preposições *acima* e *abaixo* não denotam nenhuma relação exprimida por casos nas línguas antigas. Mas a preposição *de* denota a mesma relação exprimida pelo caso genitivo, de natureza eminentemente metafísica. A preposição *de* denota uma relação em geral, considerada concretamente entre objetos correlatos. Assinala que o nome substantivo que vem antes dela está de algum modo relacionado com o que vem depois, sem com isso afirmar, como na preposição *acima*, qual a natureza peculiar da relação. Com frequência a aplicamos para expressar as relações mais opostas entre si, pois relações como essas concordam na medida em que elas compreendem a ideia geral ou a natureza de uma relação. Dizemos *o pai do filho* e *o filho do pai, os abetos da floresta, a floresta de abetos*. A relação do pai para o filho é oposta àquela do filho para o pai, a relação em que as partes estão para o todo é oposta daquela em que o todo está para as partes. Mas a palavra *de* denota todas essas relações, pois em si mesma não denota nenhuma relação particular, apenas relação em geral, e, na medida em que uma relação particular pode ser apreendida em expressões como essas, a mente a infere não da preposição mesma, mas sim da natureza e arranjo dos substantivos entre os quais a proposição é colocada.

O que eu disse sobre a preposição *de* aplica-se, em alguma medida, às preposições *a, com, para, por* e outras, utilizadas nas línguas modernas para suprir a ausência dos antigos casos. Todas elas exprimem relações bastante metafísicas e abstratas, que, como qualquer um pode verificar por si mesmo, são extremamente difíceis de exprimir por nomes substantivos, ou ao menos da maneira como exprimimos a relação denotada pela preposição *acima*, com o nome substantivo *superioridade*. Todas elas, porém, exprimem uma relação específica e são, por conseguinte, menos abstratas que a preposição *de*, que pode ser considerada, de longe, a mais metafísica de todas. Portanto, como as preposições que podem suprir a ausência dos antigos casos são mais abstratas do que outras, seria naturalmente as mais difíceis de inventar. Ao mesmo tempo, as relações que essas preposições exprimem são as que mais temos ocasião de mencionar. As preposições *acima, abaixo, dentro, fora, contra* etc. são muito mais raras nas línguas modernas do que *a, de, com, para, por*. As da primeira espécie não ocorrem duas vezes numa mesma página; mas mal conseguimos compor uma única sentença sem o auxílio de uma ou duas da última. Se estas, portanto, que suprem o lugar dos casos, teriam sido tão difíceis de inventar, por serem abstratas, seria indispensável encontrar um dispositivo que suprisse sua ausência, devido à frequência com que os homens assinalam as relações por elas denotadas. O expediente mais óbvio é variar a terminação de uma das palavras principais.

Desnecessário acrescentar que, por razões particulares, alguns casos das línguas antigas, como o nominativo, o acusativo e o vocativo, não se deixam representar por preposições. Nas línguas modernas, que não admitem variação nas terminações dos nomes substantivos, as relações correspondentes são exprimidas pela posição das palavras na sentença e pela ordem e construção desta.

Como os homens mencionam com frequência tanto as multidões de objetos quanto os objetos individuais, seria necessário um método para exprimir o número. É possível fazê-lo seja com uma palavra particular, que exprima número em geral, como *muito, pouco, mais, menos* etc., seja por uma variação das palavras que exprimem as coisas enumeradas. É mais provável que este último expediente tenha ocorrido aos homens na infância da linguagem. O número, considerado em geral, sem relação com um conjunto particular de objetos numerados, é uma das ideias mais abstratas e mais metafísicas que a mente humana é capaz de formar, e, por conseguinte, não é uma ideia que ocorreria prontamente a rudes mortais que estivessem começando a forjar uma língua. Em sua fala, eles naturalmente distinguiriam um objeto de muitos objetos não por um adjetivo metafísico, como *a, an* e *many* em inglês, mas por uma variação na terminação da palavra que significasse os objetos numerados. Daí a origem dos números singular e plural nas línguas antigas, distinção preservada nas línguas modernas, ou ao menos na maioria de suas palavras.

Todas as línguas primordiais e não compostas parecem ter número dual, além de número plural. É o caso do grego, e, fui informado, do hebraico, do gótico e de muitas outras línguas. Nos rudes primórdios da sociedade, *um*, *dois* e *mais* seriam, possivelmente, as únicas distinções numerais que os homens tinham ocasião de assinalar. Teria lhes parecido mais natural se exprimir com a variação dos nomes substantivos particulares do que com palavras gerais e abstratas como *um*, *dois*, *três*, *quatro* etc., que, por mais que o costume nos tenha familiarizado com elas, expressam talvez as mais sutis e mais refinadas abstrações de que a mente humana é capaz. Que cada um considere por si mesmo, por exemplo, o que significa a palavra *três*, que não quer dizer três xelins, três centavos, três homens, ou três cavalos, mas três em geral, e logo perceberá que uma palavra que denota uma abstração tão metafísica não poderia ser uma invenção óbvia ou primitiva. Ouvi falar de certas nações selvagens cuja língua é capaz de exprimir somente as três primeiras distinções numerais. Faltam-me elementos, porém, para determinar se essas distinções são exprimidas por três palavras gerais ou por variações dos nomes substantivos que denotam as coisas numeradas.

Como as mesmas relações que subsistem entre objetos individuais poderiam igualmente subsistir entre mais objetos, é evidente que há ocasião, nos números dual e plural, para casos paralelos aos do número singular. Daí as intricadas e complexas declinações das línguas antigas. Na língua grega, há cinco casos em cada um dos três números, perfazendo um total de quinze.

Ensaios filosóficos

Nas línguas antigas, as terminações dos nomes adjetivos variavam de acordo com o gênero do substantivo a que eram aplicados, e o mesmo ocorria segundo o caso e o número. Ora, como cada nome adjetivo da língua grega tinha três gêneros, três números e cinco casos em cada número, conclui-se que era suscetível a 45 diferentes variações. Os que primeiro formaram a linguagem parecem ter variado as terminações do adjetivo de acordo com o caso e o número do substantivo pela mesma razão que os fez variá-las de acordo com o gênero: a afinidade de analogia e certa regularidade de sons. Na significação dos adjetivos, não há caso nem número, e o significado dessas palavras é sempre precisamente o mesmo, apesar das mais variadas terminações com que ocorrem. *Magnus vir*, *magni viri*, *magnorum virorum*, "um grande homem", "de um grande homem", "de grandes homens": em todas essas expressões, as palavras *magnus*, *magni*, *magnorum* têm, assim como a palavra *grande*, precisamente uma única e mesma significação, ao contrário do substantivo a que são aplicadas. As diferentes terminações dos nomes adjetivos não são acompanhadas de diferença de significado. Um adjetivo denota a qualificação de um nome substantivo; mas as diferentes relações com que o nome adjetivo eventualmente ocorre não implicam diferença em sua qualificação.

Se as declinações das línguas antigas são extremamente complexas, suas conjugações o são ainda mais, e essa complexidade está fundada no mesmo princípio que explica aquela, a saber, a dificuldade de formar, nos primórdios da linguagem, termos abstratos e gerais.

Os verbos teriam de coincidir com as primeiríssimas tentativas de formação da linguagem. Nenhuma afirmação pode ser exprimida sem a assistência de algum verbo. Se falamos, é para exprimir nossa opinião de que algo é ou não é. Mas a palavra que denota esse evento, ou essa questão de fato que é o objeto de nossa afirmação, é sempre um verbo.

Verbos impessoais, que exprimem um evento completo em uma única palavra, que preservam na expressão a perfeita simplicidade e unidade que invariavelmente existem no objeto e na ideia e que não pressupõem abstração alguma, ou nenhuma divisão metafísica do evento em seus membros constituintes, sujeito e atributo, tais verbos, eu digo, seriam, muito provavelmente, a primeira espécie a ser inventada. Os verbos *pluit*, "chove", *ningit*, "neva", *tonat*, "troveja", *lucet*, "é dia", *turbatur*, "há tumulto" etc. exprimem uma afirmação completa, a totalidade de um evento, com a perfeita simplicidade e unidade com que a mente o concebe na natureza. Ao contrário, frases como *Alexandre ambulat*, "Alexandre anda", *Petrus sedet*, "Pedro se senta", decompõem o evento, como se fosse em duas partes, a pessoa ou sujeito e seu atributo ou a questão de fato a seu respeito. Mas, na natureza, a ideia ou concepção de Alexandre andando é uma concepção perfeita e completamente simples, tanto quanto de Alexandre, sem o andar. A divisão do evento em duas partes é, portanto, inteiramente artificial, um efeito da imperfeição da linguagem que, em muitas ocasiões, supre com algumas palavras a ausência de uma única que pudesse expressar, de maneira simultânea e integral, a questão de fato de que se trata. Todos percebem que a expressão natural *pluit* é muito mais simples e menos artificial do que outras como *imber decidit*, "a chuva cai", ou *tempestas est pluvia*, "o tempo está chuvoso". Nestas, o evento simples ou questão de fato é artificialmente dividido e decomposto em duas ou em três partes, e é exprimido por uma espécie de circunlocução gramatical cuja significação funda-se numa análise metafísica determinada das partes componentes da ideia exprimida pela palavra *pluit*. Portanto, os primeiros verbos, talvez mesmo as primeiras palavras utilizadas nos primórdios da linguagem, seriam, com toda probabilidade, verbos impessoais. Essa teoria está de acordo com o que me foi dito por gramáticos a respeito do hebraico, língua cujas palavras radicais, de que todas as outras derivam, são, sem exceção, verbos, e impessoais.

É fácil conceber como, no progresso da linguagem, os verbos impessoais teriam se tornado pessoais. Suponhamos, por exemplo, que a palavra *venit*, "vem", tenha sido originalmente um verbo impessoal e que não denotasse, como para nós, que algo em geral se aproxima, mas a aproximação de um objeto particular, como um leão, por exemplo. Supõe-se que os selvagens que inventaram a linguagem tenham se acostumado a gritar, quando da aproximação desse terrível animal, *venit*, ou seja, "o leão vem". Essa palavra exprimiria um evento completo sem o auxílio de qualquer outra. Posteriormente, com ulteriores progressos da linguagem, eles dariam nomes a substâncias particulares, e quando observassem a aproximação de um objeto terrível, naturalmente uniriam o seu nome à palavra *venit* e gritariam *venit ursus*, *venit lupus*, "o urso vem", "o lobo vem". E, assim, gradualmente a palavra *venit* viria a significar a aproximação de todo objeto terrível e não somente de um leão, exprimiria não a vinda de um objeto particular, mas de um objeto de um gênero em particular. E, por ter adquirido uma significação mais geral, só poderia representar um objeto particular distinto com o auxílio de um nome substantivo que servisse para certificar e determinar sua significação, deixando assim de ser um verbo impessoal, tornando-se pessoal. Podemos facilmente conceber como, no ulterior progresso da sociedade, se tornaria ainda mais geral, vindo a significar, como para nós, a aproximação de uma coisa qualquer, boa, má ou indiferente.

É provável que, de maneira similar, quase todos os verbos tenham se tornado pessoais, que os homens tenham aprendido, gradualmente, a dividir e a decompor, em partes metafísicas, quase todos os eventos, exprimindo-os com as diferentes partes do discurso, diferentemente combinadas nos diversos membros de cada frase ou sentença.[5] Progresso de mesma sorte parece ter sido realizado tanto na arte de falar como na de escrever. Quando os homens realizaram as primeiras tentativas de exprimir suas ideias por escrito, cada caractere representava um mundo inteiro. Mas, como o número de palavras é quase infinito, a memória se viu sobrecarregada e oprimida pela multidão de caracteres que era obrigada a reter. A necessidade os teria ensinado, portanto, a decompor as palavras em elementos, e a inventar caracteres que representassem não as palavras mesmas, mas os elementos de que elas são compostas. Consequentemente, cada palavra particular teria sido representada não por um único caractere, mas por uma multidão de caracteres, e a

---

5 Como a maioria dos verbos em uso atualmente expressa não um evento, mas o atributo de um evento, e por isso requer, para completar sua significação, um sujeito, ou um caso nominativo, alguns gramáticos, que não prestaram atenção ao progresso da natureza aqui reconstituído, ansiosos por tornarem universais e sem exceção as suas próprias regras, insistiram que todos os verbos requerem um nominativo, expresso ou subentendido, e passaram à tortuosa busca de inusitados nominativos para aqueles poucos verbos que, por expressarem um evento completo, não admitem nominativo algum. De acordo com Sanctius, por exemplo, *pluit* significa *pluvia pluit*, ou em inglês *the rain rains*, "a chuva chove". Ver *Minerva*, III, 1, 8. (N. A.)

Ensaios filosóficos

sua expressão na escrita teria se tornado muito mais intricada e complexa do que antes. Mas, embora palavras particulares fossem assim representadas por um maior número de caracteres, a língua como um todo seria expressada por um número bem menor, cerca de 24 letras, que, constatou-se, seriam suficientes para ocupar o lugar da imensa multidão de caracteres antes requeridos. Da mesma maneira, nos primórdios da linguagem os homens tentaram, ao que parece, exprimir com uma palavra particular cada evento particular que tinham ocasião de notar, palavra essa que exprimia de uma vez o evento como um todo. Mas, como o número de palavras só poderia, nesse caso, ter se tornado realmente infinito como consequência da realmente infinita variedade de eventos, os homens, em parte compelidos pela necessidade, em parte conduzidos pela natureza, passariam a decompor todos os eventos no que se pode chamar de seus elementos metafísicos, instituindo palavras que denotassem não tanto os eventos como os elementos de que são compostos. A expressão de cada evento particular tornar-se-ia, dessa maneira, mais intricada e mais complexa, mas o sistema da língua como um todo se tornaria mais coerente, mais interconectado, mais fácil de se reter e de se compreender.

Quando os verbos, originalmente impessoais, se tornassem mais pessoais, com a decomposição do evento em seus elementos metafísicos, é natural supor que fossem utilizados na terceira pessoa do singular. Em nossa língua, e, ao que se saiba, nas demais línguas modernas, os verbos jamais são utilizados impessoalmente. Nas línguas antigas, porém, quando um verbo é utilizado impessoalmente, é na terceira pessoa do singular. A terminação desses verbos, que permanecem sempre impessoais, é constantemente igual à da terceira pessoa do singular em verbos pessoais. A consideração dessas circunstâncias, unida à naturalidade da coisa mesma, pode servir para nos convencer de que, quando os verbos se tornaram pessoais, isso ocorreu na terceira pessoa do singular.

Mas, como o evento ou questão de fato exprimida por um verbo pode ser afirmada ou a respeito da pessoa que fala ou daquela da qual se fala, ou ainda a respeito de uma terceira pessoa ou objeto, seria necessário encontrar um método para expressar as relações peculiares ao evento. Na língua inglesa isso ocorre, em geral, mediante a variação da terminação do termo correlato, prefixando-se os chamados pronomes pessoais à palavra geral que exprime o evento afirmado. *I came*, *you came*, *he or it came*, "Eu vim, tu vieste, ele ou isto veio": nessas frases, o evento *vir* é, na primeira, afirmada em relação ao falante, na segunda, em relação à pessoa de que se fala, na terceira, em relação a alguma outra pessoa ou objeto. Imagina-se que os pioneiros na formação da linguagem teriam procedido assim, e, prefixando da mesma maneira os dois primeiros pronomes pessoais à mesma terminação do verbo que expressa a terceira pessoa do singular, poderiam dizer *ego venit*, *tu venit* ou então *ille* ou *illud venit*. E não tenho dúvida de que o fizeram de fato, supondo-se que, quando houveram por bem exprimir essas relações verbais, houvesse em sua língua palavras como *ego* ou *tu*. No entanto, é altamente improvável que, nos primórdios que estamos tentando descrever, palavras como essas fossem já conhecidas. Embora o costume as tenha tornado familiares para nós, elas exprimem ideias metafísicas abstratas. A palavra *eu*, por exemplo, é de espécie muito particular. Quem quer que fala tem de denotar a si mesmo por esse pronome pessoal. Portanto, a palavra *eu* é uma palavra geral, passível de ser predicada, como dizem os lógicos, por uma infinita variedade de objetos. Difere, porém, das outras palavras gerais quanto a isto: os objetos que podem predicá-la não formam uma espécie particular de objetos distinta das demais. A palavra *eu* não denota, como a palavra *homem*, uma classe particular de objetos separados dos demais por qualidades próprias que lhes são peculiares. Longe de ser o nome de uma espécie, denota sempre, ao contrário, não importa qual o seu uso, um indivíduo determinado, a pessoa particular que fala. Pode-se dizer que é, a um só tempo, no linguajar dos lógicos, *termo singular* e *termo comum*, o que acrescenta à sua significação as qualidades aparentemente opostas da mais precisa individualidade e da mais extensiva generalidade. Por isso, uma palavra como essa, que exprime uma ideia tão acentuadamente abstrata e metafísica, não poderia ocorrer sem mais aos que primeiro formaram a linguagem. Os chamados pronomes pessoais, observe-se, estão entre as últimas palavras que as crianças aprendem a utilizar. Quando uma criança fala de si mesma, ela diz, *Guilherme anda, Guilherme senta* em vez de *eu ando, eu sento*. E, como nos primórdios da linguagem os homens parecem ter contornado a invenção de preposições mais abstratas exprimindo, com a variação da terminação do termo correlato, as mesmas relações que estas hoje representam, é natural que tentassem contornar, pela variação da terminação dos verbos, a necessidade de inventar pronomes mais abstratos, segundo quisessem afirmar o evento da primeira, da segunda ou da terceira pessoa. Parece ter sido essa a prática universal de todas as línguas antigas. No latim, *veni, venisti, veniti* denotam, sem outra adição, os diferentes eventos expressados pelas frases inglesas *I came, you came, he or it came*, "eu vim, você veio, ele ou isso veio". Pela mesma razão, o verbo teria variada a sua terminação, segundo se quisesse afirmar o evento da primeira, da segunda ou da terceira pessoa do plural, e o que é expresso em inglês pelas frases *we came, ye came, they came*, "nós viemos, vós viestes, eles vieram" seria denotado pelas palavras latinas *venimus, venistis, venerunt*. Também as línguas primitivas que, por causa da dificuldade de inventar nomes numerais, introduzissem número dual e número plural na declinação de seus nomes substantivos, provavelmente fariam o mesmo, por analogia, nas conjugações de verbos. Portanto, em todas as línguas originárias é de esperar pelo menos seis, senão oito ou nove variações na terminação de cada verbo, segundo se queira afirmar o evento denotado a respeito da primeira, da segunda ou da terceira pessoa, do singular, do dual ou do plural. E essas variações, repetidas com outras, nos diferentes tempos, modos e vozes, tornariam as conjugações ainda mais intricadas e complexas do que as declinações.

É provável que a linguagem tivesse se mantido nesse pé em todos os países, sem se tornar mais simples nas declinações e conjugações, não fosse pelo fato de ter se tornado mais complexa na composição, em consequência à mistura entre as línguas, ocasionada pela mistura entre diferentes nações. Enquanto uma língua permanecesse sendo falada apenas por usuários que a aprenderam na infância, suas intricadas declinações e conjugações não seriam um problema. A grande maioria de seus usuários a teriam adquiriram tão cedo em suas vidas, e de maneira tão imperceptível e gradual, que não se dariam conta de como ela é difícil. Mas a situação é bem diferente, quando duas nações se misturam entre si, seja por conquista, seja por migração. Duas nações que tenham necessidade de se relacionar devem aprender a língua uma da outra. E, como

Ensaios filosóficos

a maioria dos indivíduos aprende a nova língua não por meio da arte, remontando a seus rudimentos e primeiros princípios, mas de ouvido, a partir do que ouvem na conversação, é inevitável que as intricadas declinações e conjugações pareçam desconcertantes. Empenhar-se-iam, portanto, para suprir essa ignorância com um expediente qualquer que a língua lhes oferecesse. Sua ignorância das declinações seria naturalmente suprida pelo uso de preposições. Um lombardo que tentasse falar latim e quisesse dizer que fulano de tal é um cidadão romano ou um amigo de Roma, mas não conhecesse os casos genitivo e dativo da palavra *Roma*, naturalmente se exprimiria prefixando as preposições *ad* e *de* ao nominativo, e diria, em vez de *Roma*, *ad Roma* e *de Roma*. Os atuais italianos, descendentes dos antigos lombardos e romanos, dizem *al Roma* e *di Roma* para exprimir essas e outras relações similares. O que mostra que as preposições parecem ter sido introduzidas no lugar das antigas declinações. A mesma alteração, fui informado, teria sido produzida na língua grega após a tomada de Constantinopla pelos turcos. As palavras da língua permaneceram, em grande medida, as mesmas, mas a Gramática se perdeu inteiramente, e preposições ocuparam o lugar das antigas declinações. Essa mudança é, indubitavelmente, uma simplificação da língua quanto aos rudimentos e princípios, e introduz, no lugar de uma grande variedade de declinações, uma única e universal, que é a mesma em todas as palavras, não importa o gênero, o número ou a terminação.

Um expediente similar a esse permitiria aos homens, na situação antes mencionada, prescindir quase que por completo das conjugações mais intricadas. Em todas as línguas há um verbo, conhecido como verbo substantivo; em latim *sum*, em inglês *I am*, "eu sou". Esse verbo denota não a existência de algum evento particular, mas existência em geral. É, por isso, o mais abstrato e mais metafísico dos verbos, e, por conseguinte, não poderia, de modo algum, ser uma das primeiras palavras inventadas. Mas, uma vez inventado, teria os mesmos tempos e modos que os demais verbos, e, unido ao particípio passado, poderia substituir a voz passiva, tornando essa parte das conjugações tão simples e uniforme quanto o uso de preposições tornara as declinações. Um lombardo que quisesse dizer *eu sou amado* mas não recordasse a palavra *amor*, naturalmente supriria sua ignorância dizendo *ego sum amatus*, ou, em italiano, *io sono amato*.

Outro verbo que, da mesma maneira, ocorre em todas as línguas, é conhecido como verbo possessivo; em latim *habeo*, em inglês *I have*, "eu tenho". Este é outro verbo que denota um evento de natureza abstrata e metafísica, e, por conseguinte, não se deve supor que tenha sido uma das primeiras palavras inventadas. Mas, uma vez inventada, poderia substituir parte da voz ativa, ao ser aplicada ao particípio passivo, assim como o verbo substantivo substituíra a voz passiva. Um lombardo que quisesse dizer *eu amara*, mas não recordasse a palavra *amaveram*, tentaria suprir sua ausência dizendo *habebam amatum* ou *ego habui amatum*. As atuais expressões italianas correspondentes são *io avevá amato* e *io ebbi amato*. E, assim, pela mistura entre diferentes nações, as conjugações aproximaram-se, por meio de diferentes verbos auxiliares, da simplicidade e da uniformidade das declinações.

Pode-se estabelecer como máxima geral que, quanto mais simples a composição de uma língua, mais complexas suas declinações e conjugações, e, inversamente, quanto mais simples as suas declinações e conjugações, mais complexa a sua composição.

O grego clássico parece ser uma língua simples, não composta, formada a partir do jargão primitivo de nômades selvagens, os helenos e os pelasgos, dos quais essa nação teria descendido. Todas as suas palavras derivam de cerca de trezentas raízes, evidência de que os gregos formaram-na quase inteiramente por si mesmos. Quando havia ocasião para uma nova palavra, não tinham, como nós, o hábito de tomá-la de empréstimo de uma língua estrangeira, formavam-na por composição ou por derivação de uma ou mais palavras de sua própria língua. Por outro lado, as declinações e conjugações do grego são muito mais complexas do que as de qualquer outra língua europeia que eu conheça.

O latim é um composto da língua grega e de antigas línguas toscanas. Suas declinações e conjugações são, por isso, muito menos complexas que as do grego. O número dual é suprimido em ambos os tempos verbais; os verbos não têm um modo optativo distinguido por uma terminação peculiar; há apenas um futuro; não existe um aoristo distinto do pretérito perfeito; não há voz média; e muitos dos tempos em voz passiva são suprimidos, à maneira das línguas modernas, pelo recurso ao verbo substantivo unido ao particípio passivo. Em ambas as vozes, o número de infinitivos e de particípios é muito menor em latim do que em grego.

As línguas francesa e italiana são ambas compostas, a primeira pelo latim e pela língua dos antigos francos, a segunda pelo latim e pela língua dos antigos lombardos. E, assim como ambas são mais complexas na composição do que o latim, também são, do mesmo modo, mais simples nas declinações e conjugações. Quanto às declinações, ambas perderam os casos;

quanto às conjugações, ambas perderam a voz passiva e parte da voz ativa dos verbos. A ausência de voz passiva é suprida pelo verbo substantivo unido ao particípio passivo; a da voz ativa, da maneira análoga, pelo verbo possessivo unido ao mesmo particípio passivo.

O inglês é um composto da língua francesa e da antiga língua dos saxões. O francês foi introduzido nas ilhas bretãs pela conquista normanda, e permaneceu, até a época de Eduardo III, como a única língua do direito e a principal língua da corte. O inglês, que começou a ser falado nessa época e continua a sê-lo até hoje, é uma mistura entre o antigo saxão e o francês normando. Por ter uma composição mais complexa que o francês ou o italiano, tem também declinações e conjugações mais simples. O francês e o italiano retêm ao menos uma parte da distinção de gênero, e a terminação de seus adjetivos varia conforme sejam aplicados a um substantivo masculino ou feminino. Essa distinção não existe em inglês, onde os adjetivos não admitem variação na terminação. O francês e o italiano têm vestígios de conjugação, e os tempos da voz ativa que não podem ser exprimidos pelo verbo possessivo unido ao particípio passivo, bem como os que podem, são assinalados, nessas línguas, pela variação de terminação do verbo principal. Em inglês, porém, quase todos os demais tempos são supridos por verbos auxiliares, de modo que mal há nessa língua vestígios de conjugação. *I love*, *I loved*, *loving*, "eu amo", "eu amei", "amando", eis as terminações admitidas pela maior parte dos verbos em inglês. Todas as diferentes modificações de sentido que não sejam exprimidas por essas três terminações são supridas por diferentes verbos auxiliares unidos a um ou mais verbos. Dois verbos auxiliares suprem todas as deficiências das conjugações

Ensaios filosóficos

francesa e italiana; requer-se mais de meia dúzia para suprir a inglesa, que, além dos verbos substantivo e possessivo, utiliza *do, did, will, would, shall, should, can, could, may, might.*

Dessa maneira, os rudimentos e princípios de uma língua se tornam mais simples quanto mais complexa seja a sua composição. Acontece aqui o mesmo que em dispositivos mecânicos.[6] Todas as máquinas em geral têm, quando de sua invenção, princípios extremamente complexos, e com frequência encontra-se um princípio particular de movimento para cada movimento particular a ser realizado. Observa-se, com o tempo, que um mesmo princípio pode ser aplicado para produzir muitos movimentos, e assim a máquina se torna cada vez mais simples e produz os mesmos efeitos com menos mecanismos e princípios de movimento. Da mesma maneira na linguagem, cada caso de nome e tempo de cada verbo seria exprimido originalmente por uma palavra particular distinta, que serviria a esse e a nenhum outro propósito. A observação sucessiva descobriria que um conjunto de palavras poderia ocupar o lugar desse número infinito, e que quatro ou cinco preposições e meia dúzia de verbos auxiliares são suficientes para responder à finalidade de todas as declinações e conjugações, como se verifica nas línguas antigas.

Mas a simplificação das línguas, embora talvez surja de causas similares às que atuam na correspondente simplificação das máquinas, não tem, de modo algum, os mesmos efeitos que exerce nestas. A simplificação de máquinas as aperfeiçoa cada vez mais, ao passo que a simplificação dos rudimentos das línguas as torna cada vez mais imperfeitas, e menos apropria-

---

6 Ver a respeito *História da Astronomia*, seção IV. (N. T.)

das aos muitos propósitos da linguagem. Isso pelas seguintes razões.

Em primeiro lugar, com essa simplificação as línguas se tornam mais prolixas, e são necessárias muitas palavras para exprimir o que antes era dito por uma única. Palavras como *Dei* e *Deo*, em latim, mostram suficientemente a relação subentendida entre o objeto significado e aqueles exprimidos por outras palavras na mesma sentença. Mas, para exprimir a mesma relação em inglês ou em qualquer outra língua moderna, precisamos utilizar ao menos duas palavras, e dizer, por exemplo, *of God, to God*, "de Deus", "para Deus". Isso mostra que, quanto a declinações, as línguas modernas são muito mais prolixas que as antigas. A diferença é ainda maior quanto a conjugações. O que um romano expressava por uma única palavra, *amavissem*, um inglês é obrigado a expressar por quatro palavras diferentes, *I should have loved*, "quisera eu ter amado". Não é necessário se dar ao trabalho de mostrar como essa prolixidade só poderia debilitar a eloquência de todas as línguas modernas. Os versados na arte da composição sabem que a beleza de uma expressão depende da concisão.

Em segundo lugar, essa simplificação dos princípios das línguas as torna menos agradáveis ao ouvido. A variedade de terminações do grego e do latim, decorrente de suas declinações e conjugações, confere a essas línguas uma doçura desconhecida em nossa língua e uma variedade ausente de todas as línguas modernas. Em doçura, talvez o italiano seja superior ao latim e se aproxime do grego; em variedade, é muito inferior a ambos.

Em terceiro lugar, essa simplificação não apenas torna os sons de nossa língua menos agradáveis como também impede que sejam dispostos de maneira mais agradável. Há muitas palavras que, confinadas em um lugar determinado, poderiam ser colocadas em outros, produzindo uma beleza muito superior. No grego e no latim, embora o adjetivo e o substantivo estejam separados, a correspondência entre suas terminações mostra que há uma mútua deferência entre eles, e a separação não necessariamente ocasiona confusão. Assim, vemos sem dificuldade, na primeira linha de Virgílio, *Tityre tu patulæ recubans sub tegmine fagi*, "Títero, tu, sentado embaixo de ampla faia",[7] que *tu* se refere a *recubans* e *patulae* a *fagi*, pois, por mais que as palavras relacionadas estejam separadas entre si pela intervenção de outras, a terminação mostra uma correspondência entre seus respectivos casos, o que confirma a recíproca referência entre elas. Mas, se traduzirmos esse verso em inglês, e dissermos, *Tityrus, thou of spreading reclining under the shade beech*, "Títiro, tu ampla faia embaixo sentado", o próprio Édipo jamais poderia adivinhar o sentido, pois, como não há diferença de terminação, fica indeterminado a que substantivo pertence cada adjetivo. O mesmo se dá com os verbos. Em latim, o verbo pode ser colocado, muitas vezes sem inconveniência ou ambiguidade, em qualquer parte da sentença. Mas, em inglês, seu lugar é quase sempre determinado com precisão: em quase todos os casos, deve se seguir ao sujeito e preceder o objeto da frase. Assim, se disseres em latim *Joannem verberavit Robertus* ou *Robertus verberavit Joannem*, o significado é exatamente o mesmo, e a terminação fixa *João* como o que sofre em ambos os casos. Em inglês, porém, *John beat Robert* e *Robert beat John*, "João bateu em Roberto", "Roberto bateu em João", não têm a mesma significação. Vê-se

---

7 Virgílio, *Bucólicas*, trad. Raimundo Carvalho, Belo Horizonte: Tessitura/Crisálida, 2005, I, 1. (N. T.)

assim que o lugar dos três primeiros membros da frase em inglês, e também, pela mesma razão, em francês e italiano, é quase sempre determinado com precisão, ao passo que nas línguas antigas permite-se uma latitude maior, e o lugar dos membros é, em grande medida, indiferente. Precisamos voltar a Horácio para interpretar algumas partes da tradução literal de Milton.

> *Who now enjoys thee credulous all gold/ Who always vacant, always amiable Hopes thee; of flattering gales/ Unmindful...*[8]

É impossível interpretar esses versos com as regras de nossa língua. Ela não dispõe de regras pelas quais se possa descobrir que, na primeira linha, o *credulous* se refere a *who*, não a *thee*, ou que *all gold* se refere a *any thing*, ou, que, na quarta linha, *unmindful* se refere a *who* na segunda, não a *thee* na terceira, ou, ao contrário, que, na segunda linha, *always vacant, always amiable* se refere a *thee* na terceira, não a *who* na mesma linha. Já no latim, tudo isso é plenamente claro:

> *Qui nunc te fruitur credulus aurea/ Qui semper vacuam, semper amabilem/ Sperat te; nescius auræ fallacis.*[9]

As terminações do latim determinam a referência de cada adjetivo ao substantivo apropriado, o que é simplesmente

---

8 "Aquele que ora desfruta de ti, crente que és toda áurea/ que, sempre disponível, sempre amável/ espera te encontrar, não imagina/ as tempestades que o aguardam." (N. T.)

9 Horácio, *Odes*, I, 5: "aquele que ora desfruta de ti, crente que és áurea,/ que, sempre livre, sempre amável, espera/ te encontrar, ingênuo, mal sabe o que o espera". (N. T.)

impossível em inglês. Difícil imaginar quanto esse poder de transpor as palavras não teria facilitado a arte da composição entre os antigos, tanto em verso como em prosa.[10] Desnecessário notar que essa liberdade há de ter facilitado imensamente sua versificação Quanto à prosa, tinham muito mais facilidade para adquirir qualquer beleza que dependa do arranjo e construção dos diversos membros de um mesmo período, e a obtinham muito mais perfeita, do que poderíamos outros, cuja expressão é confinada pela prolixidade, pela rigidez e pela monotonia das línguas modernas.[11]

---

10 Ver Dubos, *Réflexions critiques sur la poésie et sur la peinture* (1734), I, 35; e Condillac, *Essai sur les connaissances humaines*, parte II, §124 ss. (N. T.)

11 Em uma carta de 7 de fevereiro de 1763 destinada a seu amigo George Baird, Smith oferece elementos que lançam luz sobre a sua concepção das relações entre a teoria da linguagem delineada no Ensaio e a Gramática Geral como ciência: "Prezado senhor, li a suma da obra de vosso amigo (William Ward, *An Essay on Grammar, as it May Be Applied to the English Language. In Two Treatises. The One Speculative... The Other Practical.*) com grande prazer e gostaria muito de poder propiciar a ele todo o encorajamento que lhe é devido por seu gênio e por sua dedicação. Lisonjeia-me que ele mencione o meu nome em termos favoráveis, e de bom grado eu contribuiria com o que estiver ao meu alcance para que ele possa realizar o seu projeto. Aprovo enfaticamente o seu plano de Gramática Razoada e estou convencido de que uma obra desse gênero, executada com sua habilidade e dedicação, poderia ser não apenas o melhor Sistema de Gramática como também o melhor Sistema de Lógica jamais escrito em qualquer língua, bem como a melhor história do progresso natural da mente humana na formação das mais importantes abstrações de que todo raciocínio depende. A partir dos breves resumos que o sr. Ward teve a bondade de me enviar, é impossível chegar a um julgamento definitivo sobre a adequação de cada uma

das partes de seu método, em particular no que diz respeito a algumas de suas divisões. Se fosse tratar desse mesmo assunto, eu começaria pela consideração dos verbos, pois são eles, em minha concepção, as partes originais do discurso, as primeiras a serem inventadas, para expressar com uma palavra um evento completo. Passaria então a mostrar como o sujeito se descolou do atributo e, depois, como o objeto se distinguiu de ambos. Dessa maneira, eu poderia investigar a origem e o uso de cada uma das diferentes partes do discurso e de suas diferentes modificações, consideradas necessárias para expressar cada uma das diferentes qualificações e relações de um evento singular qualquer. O sr. Ward, entretanto, tem excelentes razões para seguir um método diferente, e talvez, se fosse me dedicar à mesma tarefa que ele, eu constataria ser necessário seguir o mesmo método por ele adotado. É comum que as coisas apareçam sob uma luz quando vistas a partir de uma perspectiva geral, a única a que aspiro a esse respeito, e sob outra diferente quando examinadas no particular. O sr. Ward menciona as definições que diferentes autores deram de nomes substantivos, mas não cita a do *abbé* Girard, autor do livro *Les Vrais Principes de la langue Françoise* (*Abbé* Gabriel Girard, *Les Vrais Principes de la langue françoise, ou la parole réduite en methode conformément aux lois d'usage*, 2t. Na Press, 1980, v.6.), o que me fez pensar que talvez não a conheça. Foi essa obra que me levou a pensar em tais assuntos, e fui mais instruído por ela do que por qualquer outra que até então examinara. Os artigos gramaticais da *Encyclopédie* também se mostraram muito interessantes. Muito provavelmente o sr. Ward examinou ambas essas obras, e, tendo meditado sobre o assunto mais do que eu, considerou-as menos valiosas do que me parecem. Lembranças ao sr. Baird e ao sr. Oswald. Sinceramente, Adam Smith". *The Philosophical Works of Adam Smith*, "The Letters", vol. 6. (N. T.)

Da natureza da imitação que ocorre nas chamadas artes imitativas[1]

Parte I

A mais perfeita imitação de um objeto de qualquer gênero é, necessariamente, em todos os casos, outro objeto do mesmo gênero, feito segundo o mesmo modelo e de maneira tão exata quanto possível. Qual seria, por exemplo, a mais perfeita imitação do tapete que tenho diante de mim? – Outro tapete, por certo, tecido segundo o mesmo padrão, de maneira tão exata quanto possível. Qualquer que seja, porém, o eventual mérito desse segundo tapete, ninguém suporia que deriva da circunstância de ter sido feito como imitação do primeiro. A circunstância de ele não ser um original, mas uma cópia, seria até considerada atenuante do mérito, que é maior ou menor conforme tenha o objeto uma natureza tal que lhe permita re-

---

1 "Of the Nature of that Imitation that Takes Place in what Are Called the Imitative Arts." O ensaio, composto provavelmente na década de 1770, foi publicado pela primeira vez postumamente, em 1794. Tradução de Pedro Paulo Pimenta. (N. T.)

clamar maior ou menor grau de admiração. Essa circunstância não subtrairia ao mérito de um tapete comum, pois objetos triviais como esses, que na melhor das hipóteses podem reclamar para si pouquíssima beleza ou mérito, dificilmente poderiam ser considerados dignos de ares de originalidade. Ela subtrairia, isto sim, e consideravelmente, ao mérito de um tapete de confecção muito intricada. Em objetos mais importantes, essa imitação exata, ou, como diriam alguns, servil, seria considerada uma mácula imperdoável. Erguer outra catedral de São Pedro ou de São Paulo, com exatamente as mesmas dimensões, proporções e ornamentos dos edifícios que atualmente se encontram em Roma e em Londres, seria uma declaração de esterilidade de gênio e invenção tão lamentável que cobriria de opróbrio a mais magnífica e dispendiosa edificação.

A exata semelhança entre partes correspondentes de um mesmo objeto costuma ser considerada bela, e sua ausência, disforme, como se vê nos membros correspondentes do corpo humano, nas alas paralelas de um edifício, em árvores emparelhadas ao longo de uma alameda, nos motivos espelhados de uma tapeçaria ou de um jardim de flores, em cadeiras ou mesas dispostas simetricamente num aposento etc. Mas, em objetos de um mesmo gênero, que a outro respeito são tidos como inteiramente separados e sem conexão entre si, raramente se considera que essa exata semelhança é bela ou que sua ausência é disforme. Um homem, assim como um cavalo, é formoso ou disforme por causa de sua própria beleza ou deformidade intrínseca, não porque se assemelhe ou não a outro homem ou cavalo. Um grupo de cavalos de coche é considerado mais formoso se cada indivíduo estiver emparelhado a outro, mas, nesse caso, cada um dos cavalos é considerado não como um

Ensaios filosóficos

objeto separado dos demais e sem conexão com eles, ou como um todo em si mesmo, mas como parte de um outro todo, com cujas partes ele deve ter correspondência. Separado desse grupo, o indivíduo não deriva beleza de sua semelhança com os demais ou deformidade de sua diferença em relação a eles.

No que se refere a partes correspondentes de um mesmo objeto, não se costuma exigir mais que uma semelhança no contorno geral. Mas, se um objeto tem partes correspondentes tão pequenas que só podem ser vistas distintamente com o minucioso exame de cada uma delas em si mesma, tomada como objeto separado e sem conexão, é inevitável que sintamos desprazer, se não encontrarmos semelhança no contorno geral. Costumamos pendurar quadros de tamanhos iguais nas paredes opostas de um aposento. Mas esses quadros só se assemelham entre si quanto à moldura ou, talvez, ao tema geral. Se um deles é uma paisagem, o outro também será, se um deles representa um bacanal da religião pagã, seu par representará um rito da mesma espécie. Jamais ocorreria a alguém pendurar um quadro idêntico nas duas molduras correspondentes. A moldura, e o caráter geral de dois ou três quadros, é o máximo que o olho consegue apreender num relance de olhos ou a partir de uma mesma posição. Para que cada quadro seja visto distintamente e compreendido exaustivamente, deve ser contemplado a partir de uma posição particular e examinado em si mesmo, como um objeto à parte e sem conexão. Em um salão ou pórtico adornado com estátuas, os nichos ou mesmo os pedestais podem ser exatamente iguais uns aos outros, mas as estátuas deverão ser sempre diferentes. As máscaras que adornam arcadas ou portas e janelas perfiladas em uma mesma fachada podem ser semelhantes entre si quanto ao contorno, mas deverão ter feições peculiares, uma *expressão*

Adam Smith

própria. Em certos edifícios góticos, as janelas correspondentes são semelhantes apenas no contorno geral, não nos ornamentos e subdivisões menores, que o arquiteto concebe tão reduzidos que não podem ser vistos distintamente sem o exame particular e separado de cada janela por si mesma, como objeto à parte e sem conexão. Em minha opinião, porém, esse tipo de variedade não é agradável. Objetos de uma ordem de beleza inferior, como molduras de quadros, nichos ou pedestais de estátuas etc. exibem com frequência uma afetação no estudo da variedade, e o mérito da variedade mal compensa a falta de perspicuidade e de distinção, ou a facilidade de compreensão e memorização que é efeito natural de uma uniformidade exata. Em um pórtico de ordem coríntia ou jônica, cada coluna se assemelha às outras não somente quanto ao contorno geral, mas nos menores ornamentos, embora alguns destes, para serem vistos distintamente, requeiram eventualmente o exame à parte de cada coluna e dos entablamentos entre elas. Nas mesas marchetadas que a moda atual recomenda fixar em paredes opostas de um mesmo aposento, apenas os quadros são diferentes. Os outros ornamentos, mais frívolos e decorativos, são, em geral, até onde posso observar, os mesmos em todas elas. Tais ornamentos, porém, requerem, para serem vistos distintamente, o exame distinto e separado de cada mesa.

A extraordinária semelhança entre dois objetos naturais, como entre irmãos gêmeos, por exemplo, é considerada uma circunstância curiosa, e, embora não aumente a beleza de nenhum deles, tampouco a diminui, desde que sejam tomados como objetos à parte e sem conexão. Mas a exata semelhança entre dois produtos da arte é considerada uma circunstância que subtrai ao mérito de um deles, pois parece provar que é

Ensaios filosóficos

uma cópia, e o outro, o original. Pode-se dizer da cópia de um quadro que o seu mérito deriva não tanto da semelhança com o original quanto da semelhança com o objeto que o original tem a intenção de imitar. O proprietário de uma cópia como essa, longe de atribuir a ela um alto valor por conta da semelhança com o original, prefere recusar todo mérito decorrente dessa circunstância. É comum que tente persuadir a si mesmo e aos outros de que não se trata de uma cópia, mas de um original, e que a cópia seria, na verdade, o quadro que passa por original. Qualquer que seja, no entanto, o mérito que uma cópia possa derivar de uma eventual semelhança com um original, o certo é que um original não deriva mérito algum da semelhança com sua cópia.

Embora um produto da arte raramente derive algum mérito da semelhança com outro objeto do mesmo gênero, pode derivar um mérito considerável da semelhança com um objeto de gênero diferente, seja ele produto da arte ou da natureza. Uma tela de pintura confeccionada por um laborioso artista holandês, delicadamente sombreada e iluminada de modo a representar o volume e maciez da lã, pode derivar algum mérito da semelhança com este mísero tapete que tenho diante de mim. A cópia tem, nesse caso, muito mais valor que o original. E, se o carpete fosse representado estendido sobre um piso ou uma mesa, projetando se a partir do fundo da pintura com exata observação da perspectiva e de luz e sombra, o mérito da imitação seria ainda maior.

Na pintura, uma superfície plana de determinado gênero se assemelha não somente a outro gênero de superfície plana como também às três dimensões das substâncias sólidas. Na estatuária e na escultura, uma substância sólida de determinada espécie se assemelha a outra de espécie diferente. A disparidade entre o objeto que imita e o objeto imitado é muito maior na pintura do que na escultura, e o prazer advindo da imitação é tão maior quanto maior a disparidade.

Na pintura, é frequente que a imitação seja prazerosa, mesmo que o objeto original seja indiferente ou mesmo ofensivo. Na estatuária e na escultura não é assim. A imitação dificilmente pode ser prazerosa caso o objeto não seja, em alto grau, grandioso, interessante ou belo. Um açougueiro em seu estábulo ou uma serviçal na cozinha, com os objetos que comumente os acompanham, não são, por certo, as escolhas mais felizes para um retrato. E, no entanto, foram representados por mestres holandeses com um cuidado e um êxito tais que é impossível contemplar os quadros sem algum grau de prazer. Mas seriam objetos absurdos para a estatuária ou escultura, por mais que possam representá-los. O retrato de um homem muito feio ou deformado, como Esopo ou Escarrão, pode ser uma agradável peça decorativa; sua estátua certamente não o seria. Mesmo um homem ou uma mulher do vulgo ordinário, ocupados de uma tarefa cotidiana, como os que com tanto prazer vemos nos quadros de Rembrandt, seriam um objeto demasiado vil para a estatuária. Júpiter, Hércules e Apolo, Vênus e Diana, as Ninfas e as Graças, Baco e Mercúrio, a miserável morte de Laocoonte, o melancólico destino dos filhos de Níobe, lutadores em combate, um gladiador agonizante, as figuras de deuses e deusas, de heróis e heroínas, as mais perfeitas formas do corpo humano, nas mais nobres atitudes ou nas mais interessantes situações que a imaginação possa conceber, tais são os objetos próprios da estatuária, e, por isso, foram

Ensaios filosóficos

sempre os favoritos dessa arte, que não pode representar, sem se rebaixar, tudo o que é ofensivo, baixo ou mesmo indiferente. A pintura não é tão desdenhosa, e, embora possa representar os mais nobres objetos, submete-se, sem deixar de se intitular ao prazer, a imitar objetos de natureza muito mais humilde. O mérito da imitação, por si mesmo, sem mérito algum do objeto imitado, é capaz de sustentar a dignidade da pintura, mas não a da estatuária. Portanto, o mérito daquela espécie de imitação parece ser maior que o desta.

Mas há na estatuária um drapejamento que seja agradável. As melhores estátuas antigas estão nuas ou seminuas, e aquelas em que uma parte considerável do corpo é recoberta são representadas trajando linho, espécie de tecido que certamente nunca esteve em voga na Antiguidade. Esse drapejamento é esculpido tão rente ao corpo, que deixa transparecer, em suas finas dobras, a exata forma e o contorno dos membros e de quase todos os músculos do corpo. As vestimentas que assim se aproximavam da nudez seriam, no juízo dos grandes artistas da Antiguidade, as mais convenientes à estatuária. Um grande pintor da escola romana[2] que formou sua maneira quase inteiramente sobre o estudo de estátuas antigas começou imitando drapejamentos em seus quadros, mas logo percebeu que eles tinham, na pintura, ares de baixeza e pobreza, como se as pessoas que os vestiam não pudessem adquirir roupas suficientes para cobrir o próprio corpo, e também que dobras maiores e o drapejamento solto e esvoaçante seriam mais convenientes à natureza de sua arte. Na pintura, a imitação de um objeto in-

---

2 Provável referência a Guido Reni (1575-1642). (N. T.)

ferior como um conjunto de roupas pode ser prazerosa, e para dar a esse objeto toda a magnificência de que é suscetível, basta que as dobras sejam largas, soltas e esvoaçantes. Não é preciso que a exata forma e contorno de cada um dos membros e de quase todos os músculos do corpo transpareça por entre as dobras do drapejamento, basta que sejam dispostas de modo a indicar em geral a posição e a atitude dos principais membros. Pela simples força e mérito de sua imitação, a pintura pode, em muitas ocasiões, ousar substituir, sem risco de causar desprazer, um objeto superior por um inferior, de modo que este recubra e esconda uma boa parte ou a totalidade daquele. A estatuária dificilmente poderia tentar algo assim, e apenas com a maior discrição e cautela. O mesmo drapejamento que é nobre e magnífico em uma arte parece desajeitado e estranho na outra. Alguns artistas modernos, porém, tentaram introduzir na estatuária o drapejamento peculiar da pintura. Não é necessário que isso produza efeitos tão ridículos quanto as perucas de mármore na Abadia de Westminster, mas, se nem sempre parece desajeitado e estranho, o efeito é, na melhor das hipóteses, desinteressante e insípido.

A falta de colorido não é o que impede que muitos objetos prazerosos na pintura o sejam também na estatuária, mas sim a falta de algum grau de disparidade entre o objeto imitante e o objeto imitado, indispensável para tornar interessante a imitação de um objeto que em si mesmo não o é. O colorido, quando acrescido à estatuária, não aumenta, mas destrói quase inteiramente o prazer advindo da imitação, pois suprime a principal fonte de prazer, a saber, a disparidade entre o objeto que imita e o objeto imitado. Que um objeto sólido e colori-

Ensaios filosóficos

do se assemelhe exatamente a outro objeto sólido e colorido não parece motivo de espanto ou admiração. Uma estátua pintada, por mais que se assemelhe à figura humana com maior exatidão do que uma estátua sem cor, é geralmente considerada um objeto desagradável, ofensivo mesmo, e estamos tão longe de sentir prazer com essa similaridade superior que ela nunca nos satisfaz. Após examiná-la repetidas vezes, concluímos que ela não é como o que imagináramos, e, por mais que não lhe pareça faltar nada exceto pela vida, não perdoamos que ela não tenha justamente isso que não poderia ter. As obras da sra. Wright,[3] artista autodidata de grande mérito, são talvez mais perfeitas nesse sentido do que qualquer coisa que eu já tenha visto. Causam ótima impressão quando contempladas ocasionalmente em exibições públicas, mas, por mais que as admiremos, se fossem exibidas num ambiente privado, em que pudessem ser contempladas repetidas vezes, não seriam um ornamento doméstico, mas uma mobília, e das mais ofensivas. Por isso, estátuas pintadas são universalmente rejeitadas e mal são encontradas. Colorir os olhos de estátuas não é tão incomum, mas é um expediente reprovado por todos os juízes qualificados. "Não suporto vê-las", costumava dizer um cavalheiro de grande discernimento nas artes, "parece que estão prestes a falar comigo."

Frutas e flores artificiais às vezes imitam com tanta exatidão os objetos naturais, que chegam a nos enganar. Mas logo nos cansam, e, embora não pareça faltar a elas nada além do fres-

---

3 Patience Wright (1725-1786), cujos modelos de cera em tamanho natural eram admirados na época de Smith. (N. T.)

cor e do sabor das flores e frutas naturais, não as perdoamos por não terem o que não poderiam ter. Já uma boa natureza-morta, como a folhagem do capitólio coríntio, não nos cansa, e as flores que ornamentam o friso dessa ordem parecem-nos agradáveis. Tais imitações, porém, nunca nos enganam; sua semelhança com o objeto original é muito inferior à de flores e frutas artificiais. Tais como são, entretanto, contentam-nos, e, se houver disparidade entre elas e o objeto que imitam, constatamos que é tão grande quanto poderia ser ou quanto esperaríamos que fosse. Pinte essa folhagem e essas flores com cores naturais, e em vez de mais prazerosas o serão menos. A semelhança será muito maior, mas a disparidade entre o objeto que imita e o objeto imitado será tão exígua, que a maior semelhança não poderá nos satisfazer. Se, ao contrário, a disparidade for muito grande, frequentemente nos contentamos com a mais imperfeita semelhança, como a que existe na figura e na cor das frutas e flores de porcelanas.

Pode-se ainda observar, que embora a imitação de flores e folhagens na escultura seja prazerosa como ornamento arquitetural ou como estampa de um vestido, não poderia causar prazer sozinha ou como objeto à parte e sem conexão, ao contrário das flores e frutas na pintura. Flores e folhagens, por mais elegantes e belas que sejam, não são suficientemente interessantes ou dignas para serem objetos apropriados à escultura, que devem aprazer por si mesmos, não como um acessório decorativo de outro objeto.

Na tapeçaria e na tecelagem, assim como na pintura, a superfície plana acomoda a representação das três dimensões das substâncias sólidas. Mas a lançadeira do tecelão e a agulha do costureiro são instrumentos de imitação tão inferiores ao pincel do pintor, que não nos surpreende encontrar uma correspondente inferioridade em suas produções. Todos percebemos que é assim. Ao apreciarmos uma peça de tapeçaria ou de tecelagem, jamais nos ocorreria comparar essas imitações com um bom quadro, com o qual elas não têm, de fato, comparação, apenas com outras peças do mesmo gênero. Levamos em conta não somente a disparidade entre o objeto que imita e o objeto imitado, mas também a imprecisão dos instrumentos de imitação, e, se tivermos algo minimamente tolerável no gênero, nos parecerá tão superior ao que de costume se produz, que não só nos contentará como nos dará um prazer considerável.

Um bom pintor não leva mais que uns poucos dias para executar um objeto que por anos ocuparia o tecelão, mas, embora este não seja tão bem pago quanto aquele proporcionalmente ao tempo de trabalho, sua obra chega ao mercado mais cara. O elevado custo da boa tapeçaria, circunstância que a confina aos palácios de príncipes e de lordes, confere a ela, aos olhos da maioria das pessoas, ares de riqueza e magnificência, o que muito contribui para compensar a imperfeição da imitação que ela realiza.[4] Não admira que, em artes que se dirigem não ao prudente e ao sábio, mas ao rico e ao poderoso, ao orgulhoso e ao vaidoso, a ostentação de uma peça caríssima, que poucos poderiam adquirir, indelével marca de grande fortuna, tantas vezes substitua a mais requintada beleza, e contribua,

---

4 "Os palácios, os jardins, a equipagem, o séquito dos grandes, são objetos cuja conveniência é óbvia para todos. Não é preciso que seu senhor nos explique qual a sua utilidade. Por conta própria percebemos qual ela é, e por simpatia gozamos, logo aplaudimos, a satisfação propiciada por eles." Smith, *Teoria dos sentimentos morais*, IV, 1, 8. (N. T.)

como esta, para recomendar um produto aos que o contemplam.[5] Assim como a ideia de um preço alto contribui para embelezar o objeto, a de preço baixo macula os objetos mais agradáveis. A diferença entre joias reais e bijuterias pode até escapar ao treinado olhar do joalheiro, mas, se uma dama desconhecida adentrar o salão com um penteado ricamente adornado com diamantes, e um joalheiro disser, ao pé de nosso ouvido, que as pedras são falsas, a referida dama será imediatamente rebaixada, em nossa imaginação, do posto de princesa ao de mulher comum, e seu penteado, que parecia magnificamente esplêndido, se exibirá como uma grosseira falsificação forjada por charlatães.

Há alguns anos a moda ditava que os jardins fossem ornamentados com mudas de teixo e azevinho aparadas artisticamente, à maneira de pirâmides, colunas, vasos ou obeliscos. Hoje, a moda é ridicularizar esse gosto como artificioso. A figura de uma pirâmide ou obelisco, porém, não é mais artificial em relação a uma muda de teixo do que a um bloco de pórfiro ou de mármore. Quando a muda de teixo se apresenta aos olhos sob esse aspecto artificial, a intenção do jardineiro não é sugerir que ela teria crescido até adquirir esse aspecto, ele quer, em primeiro lugar, obter uma beleza de figura regular, tão prazerosa quanto a que se encontraria no pórfiro ou no mármore, e, em

---

5 "Aos olhos dos ricos, o mérito de um objeto em algum grau útil ou belo é imensamente aumentado por sua raridade ou pelo grande trabalho que se requer para reunir uma quantidade considerável dele, trabalho pelo qual ninguém mais, senão eles, poderiam pagar. Tais objetos, eles se dispõem a adquirir por um preço mais alto que o de coisas muito mais belas ou úteis, mas mais comuns." Smith, *A riqueza das nações*, I, 9, 31. (N. T.)

segundo lugar, imitar os ornamentos desses materiais preciosos em uma muda de árvore. Sua intenção é que um objeto de certo gênero se assemelhe a outro de gênero muito diferente, acrescentando a beleza relativa da imitação à beleza original da figura. A disparidade entre objeto que imita e objeto imitado é o fundamento da beleza da imitação. É porque um objeto não se parece naturalmente com o outro que a imitação é tão prazerosa, ela que, por meio da arte, faz com que eles se assemelhem. As tesouras do jardineiro, alguém poderia dizer, são instrumentos de escultura muito desajeitados. Sem dúvida o são, quando empregadas para imitar figuras de homens ou de animais. Mas, para formas simples e regulares como pirâmides, vasos e obeliscos, as tesouras do jardineiro são suficientes. Sem mencionar a imperfeição intrínseca ao instrumento, incidente à tapeçaria e à tecelagem. Em suma, da próxima vez que tiverdes a oportunidade de examinar aqueles ornamentos fora de moda, tentei ficardes sozinho e refreardes, por alguns instantes, a tola paixão de brincar de crítico, percebereis que não são desprovidos de beleza, que dão ares de ordem e cultivo ao jardim inteiro e não são assim tão diferentes dos objetos que distraem os "que em suas horas de lazer descansam em elegantes jardins".[6] O que poderia explicar a má reputação que adquiriram entre nós? Em se tratando de uma pirâmide ou de um obelisco de mármore, sabemos que os materiais são caros e que o trabalho requerido para lhes dar esse aspecto é ainda mais custoso. No caso de uma pirâmide ou obelisco de teixo, sabemos que os materiais são baratos, e o trabalho, ainda mais. Os primeiros são enobrecidos por serem custosos, os últimos

---

6 Milton, *Il Penseroso*, 49-50. (N. T.)

são degradados por serem baratos. Na plantação de repolhos de um agricultor encontram-se às vezes tantas colunas e vasos e outros ornamentos em teixo quantos os de mármore e pórfiro em Versalhes. Essa vulgarização foi a desgraça desses enfeites. Os ricos e poderosos, os orgulhosos e vaidosos não admitiriam em seus jardins um ornamento que os mais reles também possuem.[7] O gosto por tais ornamentos se originou na França, onde continuam a ser valorizados, apesar do que se diga a respeito da suposta prontidão com que seus habitantes aderem a novas modas. Na França, as condições das classes inferiores raramente são tão boas quanto na Inglaterra, e dificilmente se encontrarão pirâmides e obeliscos nos jardins de seus agricultores. Tais ornamentos, por não terem aí sido degradados pela vulgarização, não foram excluídos dos jardins dos príncipes e dos lordes.

Deve-se observar que as obras dos grandes mestres da estatuária e da pintura nunca produzem efeito por meio de ilusão. Não são tomadas pelos objetos reais que representam, e não é essa a sua intenção. Esculturas pintadas podem enganar um olhar desatento, a estatuária propriamente dita nunca engana. Os pequenos quadros em perspectiva calculados para aprazer pela ilusão representam objetos simples e insignificantes, um pergaminho enrolado, por exemplo, os degraus de uma escada num canto escuro de uma passagem ou galeria. Geralmente, são obra de um artista inferior. Sua contemplação produz uma pequena surpresa, que eles tinham a intenção de excitar, acom-

---

7 "Para a maioria das pessoas ricas, o principal desfrute da riqueza consiste na exibição de suas posses, exibição que, aos seus olhos, nunca é tão completa como quando os objetos parecem trazer as indeléveis marcas de uma opulência que só poderia ser a dos ricos." Smith, *A riqueza das nações*, I, 9, 31. (N. T.)

Ensaios filosóficos

panhada de algum agrado, mas logo deixam de ser prazerosos e se tornam insípidos e desinteressantes.

O prazer que derivamos dessas duas artes imitativas, longe de ser efeito de ilusão, é totalmente incompatível com ela. Funda-se em nosso espanto que um objeto de determinado gênero represente tão bem um objeto de outro gênero, e em nossa admiração por uma arte que com tanta destreza supera a disparidade estabelecida pela natureza. As nobres produções da estatuária e da pintura parecem-nos fenômenos maravilhosos, diferentes dos maravilhosos fenômenos da natureza, pois trazem em si mesmos como que a própria explicação, e mostram aos olhos a maneira como foram produzidos. Os olhos, mesmo de um espectador despreparado, discernem imediatamente, em alguma medida, a maneira como certas modificações de figura na estatuária ou cores mais claras ou escuras na pintura conseguem representar, com fidelidade e vivacidade, as ações, paixões e comportamentos dos homens, além de uma ampla variedade de outros objetos. O prazeroso espanto da ignorância é acompanhado pela ainda mais prazerosa satisfação da ciência. Espantamo-nos, e deslumbramo-nos com o efeito; congratulamo-nos, e constatamos felizes que compreendemos em alguma medida como o maravilhoso efeito é produzido.

Um espelho representa objetos diante de si com muito mais fidelidade e vivacidade do que a estatuária ou a pintura. Mas, embora a ciência ótica possa explicar esse efeito ao entendimento, o espelho mesmo não demonstra aos olhos como ele é produzido. Pode excitar o espanto da ignorância, e eu mesmo pude testemunhar como um palhaço que nunca vira um espelho se sentiu tomado por arrebatamento e êxtase, mas um sentimento como esse nunca poderia produzir uma satisfação como a da ciência. Em todos os espelhos, os efeitos são produzidos pelos mesmos meios e exatamente da mesma maneira. Toda estátua e todo quadro produzem efeitos, e estes, embora similares, nunca se dão pelos mesmos meios, ocorrem sempre de maneira diferente. Uma boa estátua ou um bom quadro produz um espanto renovado que traz consigo sua própria explicação. Com o uso, os espelhos deixam de ser maravilhosos, e mesmo o ignorante se torna tão familiarizado com eles, que não pensa que seus efeitos pedem explicação. Ademais, um espelho representa objetos presentes, e, uma vez passado o deslumbramento, preferimos contemplar a substância a encarar sua sombra. O próprio rosto se torna então o mais agradável objeto que um espelho pode nos representar, o único que não nos cansamos de olhar, pois é também o único objeto presente do qual só vemos a sombra: o rosto, belo ou feio, jovem ou velho, é sempre um rosto amigo, cujas feições correspondem exatamente ao sentimento, emoção ou paixão que nos toca no momento.

O meio pelo qual o efeito maravilhoso é obtido parece mais simples e óbvio na estatuária do que na pintura, onde a disparidade entre objeto que imita e objeto imitado é tão grande que quase salta aos olhos, e a arte que a supera está fundada em uma ciência mais profunda, em princípios mais abstrusos e mais difíceis. Mesmo a propósito de objetos inferiores, podemos retraçar com prazer os engenhosos meios pelos quais a pintura supera essa disparidade. Mas não podemos fazê-lo na estatuária, pois, como nela a disparidade não é tão grande, os meios para vencê-la não parecem tão engenhosos. É por isso que, na pintura, muitas vezes deleitamo-nos com a representação de coisas que na estatuária pareceriam insípidas, cansativas e indignas de ser contempladas.

Ensaios filosóficos

Observe-se, porém, que, embora a arte da imitação pareça inferior na estatuária, sob diversos aspectos, ao que é na pintura, pode-se verificar, em um salão ornamentado com diversas estátuas e quadros de mérito equivalente, que as primeiras em geral desviam o olhar dos últimos. Via de regra, há apenas um, ou pouco mais que um ponto de vista a partir do qual um quadro pode ser devidamente observado, e é tal que apresenta ao olho, invariável e precisamente, o mesmo objeto. São muitos, porém, os pontos de vista a partir dos quais uma estátua pode ser observada, e cada um deles oferece um objeto diferente. Há mais variedade no prazer que recebemos de uma boa estátua do que no que oferece um bom quadro, e uma mesma estátua pode ser objeto de muitos quadros ou desenhos excelentes, todos diferentes entre si. Além disso, o relevo sombreado e a projeção em perspectiva de um quadro são excessivamente aplanados, e quase desaparecem, quando comparados ao corpo real e sólido ao seu lado. Por mais próximo que se afigure o parentesco entre essas artes, elas concordam tão pouco entre si que é melhor contemplar as suas respectivas produções à parte.

Parte 2

Exceto pelos prazeres oriundos da gratificação dos apetites corporais, não parece haver um prazer tão natural para o homem como o da música e da dança. No progresso da arte e no aprimoramento humano, são elas talvez os primeiros e mais primitivos prazeres a ser inventados. Os que surgem da gratificação de apetites corporais não podem ser considerados fruto de invenção. Ainda não foi descoberta uma nação que fosse desprovida de música e de dança, por mais incivilizada que seja. Tudo indica que nas nações mais bárbaras o uso e a prática delas é até mais frequente e universal que entre nós, como mostram os negros da África e as tribos selvagens da América. Em nações civilizadas, as classes inferiores têm pouco tempo livre, e as superiores têm outras distrações, nem uns nem outros, portanto, têm tempo suficiente para música e dança. Entre as nações selvagens, a grande maioria das pessoas frequentemente dispõe de longos períodos de lazer e mal tem outras distrações, e é natural que dedique boa parte de seu tempo às poucas que estão ao seu alcance.

O que os antigos chamavam de ritmo e nós chamamos de tempo ou compasso é o princípio que conecta essas duas artes, pois a música é uma sucessão de certa espécie de sons, e a dança, uma sucessão de certa espécie de passos, gestos e movimentos, regulados de acordo com tempo e compasso, formando uma espécie de todo ou sistema — que na primeira dessas artes se chama canção ou melodia, e, na outra, chama-se dança, sendo que o tempo e compasso da dança correspondem exatamente ao da canção ou melodia que a acompanha e a dirige.

A voz humana é desde sempre o melhor instrumento, e, por isso, é natural que fosse o primeiro e mais primitivo de todos. No canto, ou nas primeiras tentativas em sua direção, a voz naturalmente empregaria sons tão similares quanto possível àqueles aos quais está acostumada, ou seja, palavras de um gênero ou de outro, pronunciando-as conforme tempo e compasso, em tom mais melodioso que o usual da conversação comum. Mas essas palavras não teriam significado algum, e permaneceriam por um longo tempo sem tê-lo, assemelhando-se às sílabas que utilizamos para solfejar ou para cantarolar baladas. Serviriam apenas para auxiliar a voz na formação

Ensaios filosóficos

de sons próprios, a serem modulados em melodia, alongados ou abreviados de acordo com o tempo e compasso da melodia. Essa forma rudimentar de música vocal, por ser de longe a mais simples e óbvia, teria sido, naturalmente, a primeira e mais primordial.

Com o passar dos séculos, seria inevitável que essas palavras sem significado, ou, por assim dizer, musicais, fossem substituídas por outras que expressassem um sentido ou significado e cuja pronunciação coincidiria tão exatamente com o tempo e compasso da melodia como antes coincidiam as palavras musicais. Daí a origem do verso, ou poesia. O verso teria permanecido, por muito tempo, rudimentar e imperfeito. Quando as palavras sem significado não preenchessem o compasso, seriam embaralhadas com outras, também sem sentido, como ocorre, por exemplo, em algumas de nossas baladas. Quando o ouvido do público se tornasse refinado a ponto de rejeitar inteiramente, em toda poesia séria, palavras sem significado, mesmo assim permaneceria tacitamente a liberdade de alterar e corromper, em muitas ocasiões, a pronunciação de palavras dotadas de sentido, para assim acomodá-las ao compasso. As sílabas que as compusessem seriam, com esse propósito, alongadas ou abreviadas, e embora não mais houvesse palavras sem significado, uma sílaba sem significado poderia eventualmente ser introduzida no início, no fim ou no meio de uma palavra. Encontramos esses expedientes empregados nos versos de um Chaucer, que é o pai da poesia inglesa. Muitas épocas podem se suceder antes que o verso seja composto com uma correção tal que a usual e própria pronunciação das palavras, sem nenhum outro artifício, submetesse a voz à observação de tempo e compasso tal como o da música.

O verso expressaria naturalmente o sentido conveniente ao humor da melodia que o acompanhasse, fosse ela grave ou alegre, melancólica ou exultante, como aderindo e se misturando a ela, e conferindo assim sentido e significado ao que de outro modo parece não tê-lo ou não é compreensível com clareza e distinção, sem uma glosa.

Uma dança pantomima poderia com frequência responder ao mesmo propósito, e, representando uma aventura amorosa ou bélica, daria sentido a uma música que, de outro modo, pareceria não ter nenhum. Seria mais natural imitar com a mímica de gestos e movimentos as aventuras da vida comum do que expressá-las em verso ou poesia. O pensamento é mais óbvio, a execução é mais fácil. Se essa mímica fosse acompanhada de música, por si mesma ela acomodaria, em alguma medida, quase sem a intenção de fazê-lo, os diferentes passos e movimentos ao tempo e compasso da melodia, especialmente se a mesma pessoa cantasse a melodia e encenasse a mímica, como alguns afirmam que acontece nas nações selvagens da África e da América. Dessa maneira, a dança pantomima poderia dar à música um sentido e um significado distintos muito antes da invenção e da disseminação da poesia. Pouco nos é dito da poesia das nações selvagens da África e da América; sabemos muito a respeito de suas danças pantomimas.

A poesia é capaz de expressar de forma plena e distinta muitas coisas que a dança ou não representa ou representa apenas obscura e imperfeitamente, como raciocínios e juízos do entendimento, ideias, fantasias e concepções da imaginação, sentimentos, emoções e paixões do coração. No poder de expressar um significado com clareza e distinção, a poesia é superior à música, à pintura e à dança.

Ensaios filosóficos

Dessas três artes irmãs, que talvez tenham sido originariamente inseparáveis e com frequência aparecem juntas, duas podem subsistir por si mesmas, a outra não. A observância do que os antigos chamavam de ritmo, e que nós chamamos de tempo e compasso, consiste a essência tanto da dança quanto da poesia ou verso, qualidade característica que distingue a primeira de todo outro movimento ou ação, a última de todo outro discurso. Mas, no que concerne à proporção entre esses intervalos e as divisões de duração que constituem o que se chama tempo e compasso, o ouvido parece julgar com muito mais precisão do que o olho. A poesia, assim como a música, dirige-se ao ouvido, a dança dirige-se ao olho. Na dança, o ritmo, a proporção própria, o tempo e compasso dos movimentos não podem ser percebidos distintamente se não forem marcados pelo tempo e compasso da música, que é mais distinto. Na poesia é diferente, não é necessário um acompanhamento para marcar o compasso da boa versificação. Portanto, música e poesia podem subsistir por si mesmas, mas a dança requer um acompanhamento musical.

A música instrumental é a que melhor subsiste à parte, separada da poesia e da dança. A música vocal, como muitas vezes acontece, pode consistir de notas que não têm sentido ou significado distinto, e naturalmente requer o suporte da poesia. Mas "a música, aliada ao verso imortal", como diz Milton,[8] ou a qualquer gênero de palavras dotadas de sentido ou significado distinto, é uma arte necessária e essencialmente imitativa. Qualquer que seja, porém, o significado dessas palavras em muitas canções da Grécia antiga e também em muitas canções

---

8 Milton, *L'Allegro*, v.137. (N. T.)

modernas, e por mais que expressem apenas algumas máximas de prudência e moralidade ou contenham a simples narrativa de algum evento importante, permanece, em tais canções históricas e didáticas, alguma imitação, algo que, por meio de arte, se assemelha a outra coisa de gênero muito diferente, uma imitação do discurso pela música, o ritmo e a melodia moldados e acomodados à forma de conselhos morais ou de uma história atrativa e interessante.

A essa primeira espécie de imitação, que, por ser essencial à música vocal, é inseparável dela, pode-se acrescentar uma segunda espécie. As palavras podem expressar, como é comum, a situação de uma pessoa em particular bem como os sentimentos e paixões que ela sente. Pode ser alguém que exale alegria e jovialidade inspirado pelo vinho, pelo clima de festa ou pela boa companhia. Pode ser um amante que se queixa, tem esperança, tem medo ou está desesperado. Pode ser um homem generoso que expressa gratidão por um favor recebido ou indignação por um dano sofrido. Pode ser um guerreiro que se prepara para enfrentar o perigo e provoca ou desafia seu inimigo. Pode ser uma pessoa próspera que humildemente agradece pela bondade, ou uma pessoa aflita que, constrangida, implora pelo perdão e clemência de um poder invisível ao qual se dirige como senhor de todos os eventos da vida humana. A situação pode incluir uma, duas, três ou mais pessoas, pode excitar nelas sentimentos similares ou opostos, e todas podem vir a expressar, à parte ou em conjunto, o modo particular em que cada uma se sente afetada, como num duo, num trio ou num coro.

Tudo isso pode ser, e frequentemente é, artificioso, principalmente quando o canto é utilizado para persuadir ou expressar com sinceridade um propósito mais sério. Mas é preciso

Ensaios filosóficos

lembrar que, em todas as artes imitativas, o mérito da imitação reside na semelhança entre uma coisa de determinado gênero e outra de gênero diferente; e, na música em particular, moldar, ou adaptar o compasso e a melodia da música à imitação do tom e da linguagem do conselho e da conversação, ou à entonação e ao estilo da emoção e da paixão, é fazer que uma coisa de determinado gênero se assemelhe a outra de gênero diferente.

O tom e os movimentos da música, embora por natureza sejam muito diferentes dos da conversação e da paixão, podem, no entanto, ser manipulados de modo que se assemelhem a eles. Por conta da grande disparidade entre o objeto que imita e o objeto imitado, a mente, nesse caso como em outros, não apenas se dá por satisfeita como deleita-se, encantada e seduzida, a despeito de uma semelhança eventualmente imperfeita. Portanto, a música imitativa, quando acompanhada de palavras que expliquem e determinem o seu significado, pode, com frequência, parecer uma imitação, e das mais perfeitas. Não por outra razão, a imperfeita música dos recitais pode expressar tanto o tom indiferente e a compostura do discurso mais tranquilo quanto a requintada sensibilidade da mais instigante paixão. A música mais complexa de uma ária é superior, e na imitação de paixões mais animadas tem uma grande vantagem sobre um discurso de não importa qual espécie, poesia ou prosa, que não tenha acompanhamento musical. Uma pessoa deprimida demais ou animada demais, profundamente tocada de pesar ou júbilo, amor ou ódio, gratidão ou ressentimento, admiração ou desprezo, tem, em geral, um pensamento ou ideia que a obceca, que ela persegue sem cessar e que, por mais que seja posta de lado, volta a incomodá-la, tornando-a ausente e desatenta na companhia dos outros. Só pensa naquele objeto, e, como não

Adam Smith

pode mencioná-lo aos outros a cada vez que lhe ocorre, busca refúgio na solidão, onde é livre para fomentar o êxtase ou dar vazão à agonia da paixão que a agita, seja agradável ou desagradável, e pode repetir para si mesma, silenciosamente ou em voz alta, com as mesmas palavras, o pensamento que a deleita ou a aflige. Nem a prosa nem a poesia poderiam se arriscar na imitação dessas infindáveis repetições da paixão. Podem descrevê-las como eu faço agora, mas não ousariam imitá-las, e, se quisessem fazê-lo, se tornariam insuportavelmente tediosas. A música de uma ária passional não somente pode imitar como de fato imita tais repetições, e nunca toca tão profundamente o coração como quando o faz. Isso explica por que as palavras de uma ária, especialmente de uma ária passional, por mais que não sejam muito longas, nunca são cantadas até o fim, como as de um recital, mas são divididas em partes, transpostas e repetidas de acordo com a fantasia ou o juízo do compositor. Por meio dessas repetições, a música chega a exercer os peculiares poderes de imitação que a distinguem e graças aos quais ela ultrapassa as demais artes imitativas. Poesia e eloquência produzem seus efeitos pela conexão de variados e sucessivos pensamentos ou ideias diferentes; mas a música pode produzir seus efeitos pela repetição de uma mesma ideia, e embora a expressão do mesmo sentido com a mesma ou quase mesma combinação de palavras, repetidas sucessivamente, não realize em nós, à primeira vista, impressão alguma, com a repetição elas gradualmente nos comovem, agitam-nos e nos transportam.

Acrescente-se a esses poderes de imitação da música a escolha natural ou necessária de objetos perfeitamente adequados a ela. Os sentimentos e paixões que a música consegue imitar com mais felicidade são os que unem e mantêm juntos os ho-

Ensaios filosóficos

mens em sociedade: as paixões sociáveis, as decentes, as virtuosas, as interessantes e tocantes, as amáveis e agradáveis, as terríveis e respeitáveis, as nobres, elevadas e imponentes. Pesar e agonia são interessantes e tocantes; humanidade e compaixão, júbilo e admiração são amáveis e agradáveis; devoção é terrível e respeitável; o generoso desprezo pelo perigo, a honrosa indignação com a injustiça, são nobres, elevados e imponentes. Tais são as paixões que a música imita mais adequadamente, e as que ela de fato imita com mais frequência. São todas, por assim dizer, paixões musicais; seus tons naturais são claros, distintos e quase melodiosos; e naturalmente se expressam numa linguagem que se distingue por pausas e intervalos regulares quase idênticos, que se adaptam com mais facilidade aos retornos regulares dos períodos correspondentes da melodia. Ao contrário, a música tem dificuldade de imitar as paixões que afastam os homens uns dos outros, que são insociáveis, odiosas, indecentes, viciosas. A voz do ódio furioso, por exemplo, é áspera e dissonante, seus períodos são irregulares, ora longos demais ora breves demais, e não se distinguem por pausas regulares. Os obscuros e quase inarticulados murmúrios da malícia e da inveja, os estridentes gritos do medo covarde, os odiosos uivos da vingança brutal e implacável, são igualmente dissonantes. É com dificuldade que a música consegue imitar alguma dessas paixões, e a que o faz não é das mais agradáveis. A exclusiva imitação de paixões sociais e amáveis é um entretenimento muito apropriado: a de paixões odiosas e viciosas seria um entretenimento muito estranho. Uma singela canção quase sempre expressa alguma paixão social agradável ou interessante. Numa ópera, paixões insociáveis e desagradáveis podem ser introduzidas, mas é raro que isso aconteça, e, assim como a dissonância é introduzida na harmonia, servem para realçar, por contraste, a beleza superior das paixões opostas. O que Platão disse da virtude – que ela é, de todas as belezas, a mais radiante[9] – pode ser dito, não sem alguma verdade, dos objetos próprios e naturais da imitação musical. Tais objetos são os sentimentos e paixões em cujo exercício consiste a glória e felicidade da vida humana, aqueles dos quais o homem deriva seus mais deliciosos prazeres e sua mais intensa alegria, ou então aqueles que permitem à música conclamar nossa indulgência e compaixão no auxílio dos outros em sua fraqueza, em sua agonia, em seus infortúnios.

Ao mérito da imitação e da felicidade na escolha dos objetos imitados, próprio da estatuária e da pintura, a música acrescenta um mérito peculiar e requintado que é só seu. Não se pode dizer que a estatuária e a pintura adicionem novas belezas próprias às belezas naturais que elas imitam. Pode ser que essas artes reúnam um grande número de belezas e agrupem-nas de maneira mais agradável do que aquela em que comumente ou sempre se encontram na natureza. Pode ser verdadeiro o que os artistas não se cansam de dizer, que nenhuma mulher igualaria, em todas as partes de seu corpo, à beleza da Vênus Médici, ou que nenhum homem igualaria o Apolo Belvedere. Mas eles teriam de reconhecer que não há beleza particular no corpo ou nas feições dessas duas famosas estátuas que não seja ao menos igualada, se não ultrapassada, pelo que se encontra em muitos modelos vivos. A música, ao arranjar, adaptando ao seu tempo e compasso, os sentimentos que expressa, não somente reúne e agrupa, tão bem quanto a estatuária e a pintura, as diferentes

---

9 Platão, *Fedro*, 250 a-d. (N. T.)

Ensaios filosóficos

belezas naturais que imita, como as reveste com uma nova e requintada beleza que é só sua, oriunda da melodia e da harmonia, que, como um manto transparente, longe de esconder alguma beleza, dão cores mais brilhantes, um lustre mais vivo, uma graça mais atraente a cada uma das belezas que revestem.

A essas duas espécies diferentes de imitação – uma geral, por meio da qual a música torna-se similar ao discurso, a outra particular, por meio da qual ela expressa os sentimentos e sensações inspirados por uma situação particular numa pessoa particular – costuma-se acrescentar uma terceira. A pessoa que canta pode adicionar à dupla imitação do cantor a imitação do ator, e expressar, não somente por meio da modulação e cadência de sua voz como também por seu aspecto, posturas, movimentos e gestos, os sentimentos e sensações das pessoas cuja situação se desenha na canção. Mesmo que uma plateia privada declare que uma canção é bem cantada, ela só será considerada bem executada se o cantor fizer algo do gênero, e não há comparação entre o efeito do que é cantado friamente, a partir de uma partitura posta num cavalete, e o que é não apenas cantado como também representado com a devida liberdade, animação e ousadia. Um ator operístico não faz outra coisa; e uma imitação que parece prazerosa, mesmo natural, para uma plateia privada, não há de parecer, no palco, forçada, artificiosa ou desagradável.

Não somente as modulações e pausas da voz de um bom ator operístico, mas cada movimento e cada gesto, cada variação da posição de sua cabeça ou da postura de seu corpo corresponde ao tempo e compasso da música, à expressão do sentimento ou paixão que a música imita e que necessariamente corresponde ao seu tempo e compasso. A música é como que a alma que anima o ator, está presente em cada traço de sua face e dirige cada movimento de seus olhos. Tal como a expressão musical de uma canção, sua ação acrescenta à graça natural do sentimento ou ação imitada uma graça nova e peculiar, a graça requintada e sedutora dos gestos e sentimentos, dos ares e posturas dirigidos pelo movimento e pelo tempo e compasso da música, o que intensifica e enobrece a expressão. Não há nada tão profundamente tocante quanto as interessantes cenas da ópera séria, onde se acrescenta, à boa poesia e à boa música, à poesia de um Metastásio e à música de um Pergolese,[10] a performance de um bom ator. Na ópera séria, a ação chega a ser sacrificada à música, os *castrati*, aos quais cabem os papéis principais, são sempre os mais insípidos e desprezíveis atores. Da mesma maneira, as faceiras árias da ópera cômica são altamente revigorantes e divertidas. Embora não provoquem em nós um riso tão estridente quanto o das cenas de comédia, fazem-nos sorrir com mais frequência, e a agradável alegria ou o temperado júbilo, por assim dizer, que inspiram em nós, é um prazer não apenas mais elegante como mais delicioso. A profunda angústia e as grandiosas paixões da tragédia são capazes de produzir algum efeito, mesmo que marcadas por atuações indiferentes. O mesmo não acontece com os infortúnios mais leves e as situações menos tocantes da comédia: se as atuações não forem minimamente toleráveis, o espetáculo será totalmente insuportável. Os *castrati*, por serem em geral atores desprezíveis, dificilmente são admitidos na ópera cômica. E como esta, ao menos nesse aspecto, é mais bem encenada do que a séria, parece a muitos um entretenimento preferível.

---

10 Giovanni Battista Pergolese (1710-1736), autor de numerosas óperas, dentre elas *L'Olimpiade* (1735). (N. T.)

Ensaios filosóficos

Os poderes de imitação da música instrumental são muito inferiores aos da música vocal. Seus são sons melodiosos, mas inarticulados e desprovidos de significado, e por isso, ao contrário das articulações da voz humana, não conseguem relatar distintamente as circunstâncias de uma história em particular, descrever as diferentes situações produzidas por tais circunstâncias, sequer expressar com clareza, de modo compreensível aos ouvintes, os variados sentimentos e paixões que as partes envolvidas experimentaram nessas situações. Mesmo na imitação daqueles sons que são, por excelência, o seu objeto, ela geralmente produz resultados tão insípidos que, por si mesmos não sugerem de pronto o objeto imitado, a não ser mediante uma explicação. O concerto de Corelli que celebra a natividade pretende imitar o balanço de um berço;[11] mas, a não ser que sejamos informados de antemão, pode não nos ocorrer prontamente que tal é o objeto imitado ou que um objeto está sendo imitado, e tal imitação (que, apesar de seus eventuais méritos, não constitui a beleza principal dessa admirada composição) pode soar apenas como uma passagem singular e inusitada. O dobrar dos sinos e os cantos da cotovia e do rouxinol são imitados na sinfonia instrumental composta pelo sr. Handel para o *allegro* e *penseroso* de Milton.[12] São sons musicais, que, pode-se supor, estariam ao alcance da imitação musical; não por outra razão, o mestre foi aplaudido unanimemente. Mas, se os versos de Milton não explicassem o significado da música, pode ser que não nos ocorressem os objetos imitados ou que sequer pensássemos que algo estaria sendo imitado. Graças à

---

11 Archangelo Corelli (1653-1713), *Opus 6*. (N. T.)

12 Handel, *L'Allegro, il Penseroso ed il Moderato* (1740). (N. T.)

107

explicação das palavras, essa imitação parece ser, e certamente é, das mais excelentes; mas, se não fosse pela explicação, soaria como uma passagem singular, tão ligada como qualquer outra ao que veio antes ou ao que vem depois.

Alguns dizem que a música instrumental imita o movimento, mas a verdade é que ela imita sons particulares que acompanham certos movimentos ou produz sons cujo tempo e compasso têm uma correspondência com as variações, pausas e interrupções, e com as sucessivas acelerações e retardações do movimento que se quer imitar. É assim que a música instrumental pretende às vezes imitar a marcha de um exército, a confusão de uma batalha etc. Em tais casos, porém, a imitação é tão indistinta que, sem o acompanhamento de outra arte que explique e interprete seu significado, seria ininteligível e não saberíamos ao certo o que, se é que algo, estaria sendo imitado.

Nas artes imitativas, embora não seja necessário que o objeto que imita tenha semelhança tão exata com o objeto imitado a ponto de ser tomado por ele, deve ser tão semelhante a ponto de sugeri-lo de pronto. Seria estranho um retrato que tivesse de informar, por meio de uma legenda, não apenas qual pessoa está sendo representada, mas se a representação é de uma pessoa ou de um cavalo, e é que se trata de uma representação ou o de um retrato. Pode-se dizer que as imitações da música instrumental são, sob certos aspectos, similares a tais retratos. Há, no entanto, uma diferença essencial, que é fundamental: o retrato não é melhor por causa da legenda, mas a música instrumental, graças a algo que pode ser considerado pouco mais que uma legenda, torna-se apta a produzir todos os efeitos da mais fina e mais perfeita imitação, embora nem por isso seja imitativa. Para ex-

Ensaios filosóficos

plicar como isso é obtido, bastam alguns esclarecimentos de ordem filosófica.

A sequência de pensamentos e ideias que passa continuamente pelo espírito nem sempre caminha com o mesmo passo, por assim dizer, ou com a mesma ordem e conexão. Quando estamos alegres e bem-dispostos, seu movimento é mais vigoroso e mais vivo, nossos pensamentos se sucedem uns ao outros mais rapidamente, e os que se seguem imediatamente um ao outro parecem ou não ter conexão ou estar conectados antes por oposição do que por semelhança. Em um estado como esse, galhofeiro e brincalhão, não gostamos de nos deter num mesmo pensamento, e por isso não nos dignamos a buscar por pensamentos semelhantes entre si; a variedade do contraste é mais agradável que a mesmice da semelhança. É diferente quando estamos melancólicos e deprimidos, pois então nos vemos como que acuados por certos pensamentos que de bom grado afastaríamos, mas que voltam a nos perseguir e não admitem seguidores, auxiliares e companheiros que não sejam do mesmo gênero e compleição. Uma lenta sucessão de pensamentos semelhantes ou intimamente conectados é a característica dessa disposição da mente; uma rápida sucessão de pensamentos, frequentemente em contraste ou de tênue conexão, é a característica daquela outra. O que se poderia chamar de estado natural da mente, em que não nos sentimos nem exultantes nem abatidos, mas indiferentes, tranquilos e bem compostos, encontra-se numa espécie de meio-termo entre esses extremos opostos: nossos pensamentos se sucedem uns aos outros mais lentamente, com conexões mais distintas do que num extremo, com mais rapidez e variedade do que no outro.

Adam Smith

Sons agudos são naturalmente alegres, leves e estimulantes; sons graves são solenes, terríveis e melancólicos. Parece haver, de um lado, uma conexão natural entre o registro agudo e a rapidez na sucessão dos pensamentos, de outro, entre o registro grave e a lentidão na sucessão dos pensamentos. O som agudo parece ser emitido mais rapidamente do que o grave: o alto é mais alegre que o baixo, e suas notas costumam se suceder mais rapidamente. Mas a música instrumental propriamente arranjada, com uma sucessão mais rápida ou mais lenta de agudos e graves, de sons semelhantes ou contrastantes, pode não apenas se acomodar a um ânimo alegre, indiferente ou melancólico, como produzir, até certo ponto, ao menos por um instante, e desde que a mente esteja relaxada e não se encontre perturbada por uma paixão mais intensa, cada uma das modificações possíveis de que esses ânimos e disposições são passíveis. Distinguimos prontamente a música alegre, jovial e folgazã da melancólica, triste e tocante, distinguimos ambas da espécie intermediária, indiferente e tranquila, e estamos cientes de que, num estado de espírito natural e ordinário, a música pode, por uma espécie de encanto, introduzir-nos e mergulhar-nos num ânimo e disposição de acordo com seu próprio caráter e têmpera. Em um concerto de música instrumental, a atenção é atraída com prazer e deleite por uma combinação dos mais agradáveis e melodiosos sons, que se seguem uns aos outros, em sucessão ora rápida, ora lenta, onde os sons em sequência são por vezes tão semelhantes entre si, que o contraste depende da melodia, do compasso ou da ordem de arranjo. A mente que assim se ocupa de uma sequência de objetos cuja natureza, sucessão e conexão correspondem ora à disposição tranquila, ora à melancólica, é ela mesma sucessivamente levada a cada um desses ânimos, é trazida a uma espécie de harmonia ou concórdia com a música que tão agradavelmente atrai sua atenção.

Não é, porém, pela imitação mesma que a música instrumental produz esse efeito: ela não imita, como fariam a música vocal, a pintura ou a dança, uma pessoa alegre, indiferente ou melancólica, não nos conta, como fariam essas artes, uma história agradável, séria ou melancólica. Contrariamente à música vocal, à pintura ou à dança, não é pela simpatia com a alegria, a indiferença ou a melancolia e angústia de outra pessoa que a música instrumental nos introduz em cada uma dessas disposições, mas ao tornar-se, ela mesma, um objeto alegre, indiferente ou melancólico. A mente assume, por si mesma, o ânimo ou disposição que naquele instante corresponde ao objeto que atrai sua atenção. As sensações que nos propicia a música instrumental são originais, não simpáticas: o que sentimos é nossa própria alegria, indiferença ou melancolia, não a disposição refletida de outra pessoa.

Quando caminhamos pelas arejadas alamedas de um jardim bem cuidado e planejado, oferecem-se a nós uma sucessão de paisagens alegres, sombrias, calmas, serenas. Em seu natural, a mente estará predisposta aos objetos que sucessivamente se apresentam e irá variar de ânimo e humor a cada variação de cena. Seria impreciso, no entanto, afirmar que essas cenas imitam o ânimo da mente, seja ele alegre, calmo ou melancólico; podem produzir cada um desses humores, mas não imitam nenhum deles. Da mesma maneira, a música instrumental, embora possa excitar todas essas diferentes disposições, não imita nenhuma delas. Não existem na natureza duas coisas tão perfeitamente díspares quanto o som e o sentimento, e é impossível que um poder humano possa confeccionar um deles à semelhança do outro.

A capacidade que a música instrumental tem de excitar e variar diferentes ânimos e disposições da mente em um grau considerável é a principal fonte de sua reputação como um poder de imitação extraordinário. "A pintura", diz o sr. Rousseau, um autor mais dado a fortes sensações do que de análise acurada,[13] "que apresenta suas imitações não à imaginação, mas aos sentidos, e a um único deles, não pode representar nada além dos objetos da visão. A música supostamente estaria confinada aos objetos da audição. Ela imita, no entanto, tudo, mesmo aqueles objetos que só são percebidos pela visão. Por uma ilusão quase inconcebível, ela consegue, por assim dizer, colocar o olho no ouvido, e a maior das maravilhas de uma arte que atua exclusivamente por meio de movimento e sucessão é que ela possa imitar descanso e repouso. Noite, sono, solidão e silêncio, encontram-se todos na esfera da imitação musical. A natureza inteira dorme, mas a pessoa que a contempla está acordada; a arte do músico consiste em substituir a imagem de algo que não é objeto da audição por uma imagem dos movimentos que sua presença excitaria no espírito do espectador"; ou seja, por uma imagem dos efeitos que ela produziria em seu ânimo e disposição. "O músico", prossegue o mesmo autor, "por vezes não somente agita as ondas do mar, alimenta

---

13 J.-J. Rousseau, "Imitation", in: *Encyclopédie*, suplemento, v.III (1777). O ponto é retomado por Rousseau, com algumas nuances, no capítulo XVI do *Ensaio sobre a origem das línguas* (1781), intitulado: "Falsa analogia entre as cores e os sons". Cf. ainda, na *Enciclopédia*, os verbetes "Sonata" e "Ópera". Traduzimos a versão de Smith em inglês. (N. T.)

Ensaios filosóficos

as chamas de um incêndio, faz chover, transborda os córregos e alimenta as torrentes, como pinta os horrores de um abominável deserto, escurece as paredes de um calabouço subterrâneo, acalma a tempestade, restaura a serenidade e a tranquilidade do céu, extrai da *orchestre*[14] um novo frescor, espalhando-o pelos campos e pelos prados. Não representa diretamente nenhum desses objetos, mas excita no espírito os mesmos movimentos que ele sentiria ao vê-los".

A propósito dessa eloquente descrição do sr. Rousseau, observo que, sem o acompanhamento do cenário e da ação operísticos, sem a assistência do cenógrafo (*scene-painter*) ou do poeta ou de ambos, a música instrumental da *orchestre* não poderia produzir nenhum dos efeitos que lhe são atribuídos e jamais saberíamos ou poderíamos adivinhar qual dos objetos alegres, melancólicos ou tranquilos mencionados ela teria a intenção de representar ou se teria a intenção de representar algum deles ou de meramente entreter, com um concerto de música alegre, melancólica ou tranquila. Embora não se possa dizer que com esses acompanhamentos a música instrumental imite, ela pode, no entanto, oferecer suporte para a imitação de alguma outra arte e produzir efeitos tais como se imitasse da mais fina e perfeita maneira. Qualquer que seja o objeto representado pelo cenógrafo no teatro, a música da *orchestre*, ao dispor a mente para a mesma espécie de ânimo ou têmpera que seria o seu na presença do objeto ou por ocasião de simpatia com a pessoa que se encontrasse em presença dele, pode intensificar consideravelmente o efeito da imitação e acomodar--se às mais variadas cenas. A melancolia de um homem que em

---

14 Em francês no original. (N. T.)

ocasião solene se encontra sozinho na escuridão, no silêncio e na solidão da noite, é muito diferente daquela de um outro que, em similar ocasião, encontra-se num deserto desolado e hostil, e suas sensações não seriam as mesmas em tal ocasião se ele estivesse preso num calabouço subterrâneo. Os diferentes graus de precisão com que a música da *orchestre* se acomoda a essas variadas cenas dependem do gosto, da sensibilidade, da fantasia e da imaginação do compositor. Pode contribuir, por vezes, para esse ajuste, que a música imite, na medida do possível, os sons que naturalmente ou supostamente acompanham os objetos representados. A sinfonia da ópera francesa *Alcione*,[15] que imita a violência dos ventos e o estrondo das ondas na tempestade que devastou Coix, foi na época muito elogiada pelos críticos. Ainda mais celebradas foram as óperas *Issé*,[16] que imita o farfalhar das folhas dos carvalhos de Dodona, que supostamente precederia o milagroso vaticínio do oráculo, e *Amadis*,[17] cujas lamuriosas acentuações imitam os sons que supostamente acompanhariam a abertura do túmulo de Ardan antes da aparição do fantasma do guerreiro. A música instrumental, porém, sem violar muito sua própria melodia e harmonia, só pode imitar imperfeitamente os sons de objetos naturais, que, em sua maioria, não têm nem melodia nem harmonia. Grande recato e discrição, e um discernimento excepcionalmente fino são requeridos para introduzir com propriedade tais imitações imperfeitas, seja na poesia, seja na música. E, se repetidas com

---

15 Marin Marais (1656-1728), *Alcione* (1706). (N. T.)
16 Destouches (1672-1749), *Issé* (1697; 1708). (N. T.)
17 Jean-Baptiste Lully (1632-1687), *Amadis* (1684; 1708). (N. T.)

Ensaios filosóficos

frequência ou prolongadas em demasia, mostram-se como realmente são, meros truques, nos quais um artista muito inferior pode facilmente igualar um mestre, desde que se dê ao trabalho. Eu li uma tradução latina da *Ode ao dia de Santa Cecília*, do sr. Pope,[18] muito superior ao original. Tais imitações são ainda mais fáceis na música. Numa arte como na outra, a dificuldade não é imitar tão bem quanto possível, senão saber quando e até onde imitar. Acomodar a têmpera e o caráter da música a cada peculiaridade da cena e situação com precisão tão exata que aqueles tenham na mente o mesmo efeito que estes não é um truque em que um artista inferior facilmente se iguale aos maiores, é uma arte que requer o juízo, o conhecimento e a invenção do mais consumado mestre. Dessa arte, não de sua imperfeita imitação de sons, reais ou imaginários, dependem os principais efeitos da música instrumental, e tais imitações talvez só devessem ser admitidas na medida em que contribuem para confirmar o significado e com isso intensificar os efeitos dessa arte.

As tentativas de estender os efeitos do cenário para além do que admite a natureza do objeto produzem abusos. No drama comum realizaram-se muitas imitações que, após uma ou duas exibições, só poderiam parecer ridículas, como o trovão que soa de um pote de mostarda e a neve de papel tão finamente ridicularizados pelo sr. Pope.[19] Tais imitações são como estátuas pintadas: podem surpreender de início, mas depois causam desgosto, parecem expedientes tão óbvios e banais que seriam mais adequados ao teatro de marionetes, para a diversão de

---

18 Pope, *Carmen* (1743). (N. T.)
19 Pope, *Duncíada* (1728), II, v.226, 262. (N. T.)

Adam Smith

crianças e suas babás. O trovão do teatro jamais poderia ser tão alto quanto o da *orchestre*, e a mais ameaçadora tempestade não poderia exceder o que o cenógrafo representa. Nestas imitações, há uma arte que merece alguma estima e admiração; naquela outra, não.

O abuso dos efeitos de cena subsistiu por mais tempo e foi levado a maiores extremos de extravagância no drama musical do que no comum. Na França, há muito este último foi banido; mas continua sendo não apenas tolerado como admirado e aplaudido no primeiro. Nas óperas francesas, não somente trovões e relâmpagos, tempestades e tormentas são representados segundo a ridícula maneira antes mencionada, como tudo o que há de maravilhoso e de sobrenatural na poesia épica, todas as metamorfoses da mitologia e maravilhas da feitiçaria e da magia, tudo o que há de mais impróprio para ser representado no palco, é exibido cotidianamente com a unânime aprovação e aplauso dessa nação que prima pelo discernimento. A música da *orchestre* produz na audiência quase o mesmo efeito que o de uma imitação superior e mais artística, o que nos impede de perceber, com toda a força, o ridículo das desajeitadas e infantis imitações que abundam em cenas extravagantes. Na realidade, embora tais imitações sejam sempre ridículas, certamente parecem menos ridículas no drama musical do que no comum. A ópera italiana, antes de ser reformada por Apóstolo Zeno[20] e por Metastásio, era igualmente extravagante a esse respeito, e foi objeto de agradáveis pilhérias do sr. Addison em uma série

---

20 Apostolo Zeno (1668-1750), autor de numerosas óperas, dentre elas *Griselda* (1701). Foi sucedido (e eclipsado) por Metastásio na corte de Viena. (N. T.)

Ensaios filosóficos

de artigos publicados no *Spectator*.[21] Mesmo após essa reforma, continua valendo a regra de que a cena deve mudar pelo menos a cada mudança de ato, e, com isso, a unidade de lugar, lei sagrada do drama comum, é frequentemente violada no drama musical. Este último parece exigir, na realidade, uma encenação mais pitoresca e variada do que o primeiro. Em uma ópera, assim como a música sustenta o efeito da encenação, a encenação determina o caráter e explica o significado da música, e deve variar conforme o caráter desta. O prazer de uma ópera é, por natureza, mais sensual que o da comédia ou da tragédia comuns. O efeito destas é produzido principalmente pela imaginação: seu efeito no gabinete de leitura não é muito inferior ao do palco. Mas uma ópera raramente tem efeito no gabinete, dirige-se mais aos sentidos externos, acaricia o ouvido com sua melodia e harmonia, e esperamos que encante os olhos com um esplendor e variedade de cenas.

Em uma ópera, a música instrumental da *orchestre* sustenta a imitação do poeta, do ator e do cenógrafo. A *overture* dispõe a mente ao ânimo propício à abertura da peça. A música entre os atos mantém viva as impressões precedentes e prepara para as vindouras. Se a *orchestre* interrompe, como frequentemente acontece, a récita ou a ária, é para reforçar o efeito do que veio antes ou para predispor a mente ao que virá depois. Tanto nas récitas quanto nas árias, a *orchestre* acompanha e dirige a voz e a traz de volta ao tom e modulação apropriado sempre que esteja prestes a dele se afastar. A correção da melhor música vocal deve-se, em grande medida, à direção da instrumental. Em tais casos, a música instrumental reforça a imitação de

---

21 Addison, *The Spectator*, I, 5, 18, 29, 31 (1711). (N. T.)

uma outra arte, mas pode-se dizer que em todos ela diminui ao invés de aumentar a semelhança entre o objeto imitante e o objeto imitado. Nada poderia ser mais dissimilar ao que realmente se passa no mundo do que representar pessoas enredadas nas mais preocupantes situações da vida, pública ou privada, tristes, desapontadas, angustiadas ou desesperadas, constantemente acompanhadas, em tudo o que dizem e fazem, da mais fina música instrumental. Um acompanhamento como esse só poderia diminuir a probabilidade da ação e tornar a representação ainda menos natural. Não é pela imitação, portanto, que a música instrumental reforça e sustenta as imitações das outras artes, mas pela produção, na mente, em consequência de outros poderes, da mesma sorte de efeito que produziria a mais exata imitação da natureza e a mais perfeita observância de probabilidade. Produzir esse efeito em tais espetáculos é o único fim e propósito desse gênero de observação e imitação. Se puder ser produzido por outros meios, tal fim e propósito será igualmente realizado.

Mas, se a música instrumental dificilmente pode ser dita imitativa em sentido estrito, mesmo que empregada como suporte da imitação de outra arte, ela o é ainda menos quando empregada sozinha. E como poderia ela comprometer sua melodia e harmonia, ou adaptar seu tempo e compasso na tentativa de realizar uma imitação que, sem o acompanhamento de outra arte para explicar e interpretar seu significado, provavelmente seria incompreensível? Nas mais consagradas composições instrumentais, como as *overtures* de Handel e os *concertos* de Corelli, há pouca ou nenhuma imitação, e, quando existe, responde por uma parte ínfima do mérito dessas composições.

Ensaios filosóficos

Mesmo sem imitação, a música instrumental produz efeitos nada desprezíveis, pois, embora seu império sobre o coração e as afecções seja, sem dúvida, muito inferior ao da música vocal, mesmo assim seus poderes são consideráveis. A doçura de seus sons agradavelmente desperta e captura a atenção, a conexão e afinidade entre eles prende essa mesma atenção, que com facilidade percorre uma série de sons agradáveis, que têm, todos eles, relação com uma nota comum, fundamental ou predominante, chamada clave, e com uma sucessão ou combinação de notas, chamada canção ou composição. Por meio dessa relação, cada som precedente parece introduzir o seguinte, como que preparando a mente para ele. Por meio do ritmo, do tempo e do compasso, a música dispõe a sucessão de sons num certo arranjo que facilita a compreensão e a recapitulação do todo. Tempo e compasso estão para a música instrumental como ordem e método para o discurso: quebram-na nos lugares e divisões apropriados, o que permite recapitular mais facilmente o precedente e antever o que está por vir. É comum antevermos o retorno de um período que deve corresponder a outro precedente do qual nos lembramos. Como diz um antigo filósofo e músico, o desfrute da música é parte da memória, parte da antevisão. Quando, após ter permanecido o suficiente para satisfazer-nos, o compasso muda, essa variação, que não deixa de ser decepcionante, torna-se, aos poucos, mais agradável do que a uniformidade gratificaria a nossa expectativa. Mas, se não fosse pela ordem e pelo método, mal lembraríamos do que veio antes, e menos ainda poderíamos antever o que está por vir. O desfrute da música seria pouco mais que a soma do efeito de sons particulares que ressoam em nossos ouvidos num instante dado. Graças à ordem e ao método, o efeito da música, conforme progride o espetáculo, é o efeito de tudo o que lembramos e de tudo o que antevemos, e a conclusão é o efeito combinado e acumulado das diferentes partes de que o todo é composto.

Um concerto de música instrumental bem-feito oferece, pelo número e pela diversidade dos instrumentos, pela variedade das partes executadas e pela perfeita concórdia ou correspondência entre tais partes, pela exata harmonia ou coincidência dos diferentes sons que se escutam ao mesmo tempo e pela feliz alternância de compasso que regula a sucessão dos que são escutados em momentos diferentes, um tal concerto oferece, eu digo, um objeto tão agradável, grandioso, variado e interessante que, por si mesmo e sem sugerir nada mais, por imitação ou por outro meio, ocupa e como que preenche completamente a capacidade inteira da mente, de modo a não deixar parte alguma ociosa para pensar em outra coisa. Na contemplação dessa imensa variedade de sons agradáveis e melodiosos, arranjados e combinados, em sua coincidência e sucessão, num sistema completo e regular, a mente desfruta de um prazer que não é apenas imensamente sensual como também altamente intelectual, um pouco como o que deriva da contemplação dos sistemas de outras ciências.[22] Um concerto de música instrumental não requer e não admite acompanhamento algum. Uma canção ou dança que reclamasse uma atenção que não podemos lhe dar perturbaria em vez de intensificar o efeito da

---

22 A música, como gênero de "observação e imitação", é um sistema de ordenação das emoções e paixões em signos produzidos pela imaginação; e, como propicia conhecimento, é uma ciência. Sobre a noção de sistema em Smith cf. *História da Astronomia*, IV, 9. (N. T.)

Ensaios filosóficos

música, poderia sucedê-la, jamais acompanhá-la. Tal música raramente tem a intenção de contar uma história particular ou de imitar um evento particular ou de sugerir algum objeto particular distinto da combinação de sons de que ela é composta. Pode-se dizer, portanto, que o seu significado é completo em si mesmo e não pede intérpretes que o expliquem. O que na música se chama tema é uma certa combinação de notas principais a que frequentemente se retorna e com a qual todas as digressões e variações têm certa afinidade. É algo inteiramente diferente do tema em um poema ou quadro, que não está nem no poema nem no quadro e é distinto da combinação de palavras ou de cores. O tema de uma composição musical instrumental é parte dessa composição: o tema de um poema ou quadro não é parte deles.

Chama-se expressão o efeito da música instrumental na mente. Quando incide na sensação, não é diferente do efeito chamado expressivo da pintura e é tão interessante quanto este. Mas o efeito expressivo da pintura surge sempre do pensamento de algo que, embora seja sugerido clara e distintamente pelo desenho e pelo colorido do quadro, é diferente deles. Surge por vezes da simpatia, por vezes da antipatia ou aversão a sentimentos, emoções e paixões sugeridas pelo rosto, pelas ações, pelos ares e pelas atitudes das pessoas representadas. A melodia e a harmonia da música instrumental, ao contrário, não sugerem clara e distintamente nada diferente de si mesmas. Qualquer que seja o efeito por elas produzido, decorre imediatamente de si mesmas, não de algo significado e sugerido por elas, que, na verdade, não significam nem sugerem nada. Parece adequado dizer que a arte da pintura, que o mérito de um quadro é composto de três artes ou méritos distintos, o desenho, o colorido e a expressão. Mas dizer, como faz o sr. Avison,[23] que a arte do músico, que o mérito de uma composição musical é feito de três artes ou méritos distintos, a melodia, a harmonia e a expressão, é dizer que ele é feito de melodia e harmonia e de seu efeito imediato e necessário. A divisão não é lógica; a expressão na pintura não é o efeito necessário de bom desenho, de bom colorido, ou da reunião de ambos. Um quadro pode ser finamente desenhado e colorido e ter pouquíssima expressão: mas o efeito na mente que se chama expressão musical decorre imediata e necessariamente de boa melodia. O poder de produzir esse efeito é a característica essencial que distingue a boa melodia da má ou indiferente. A harmonia pode reforçar o efeito da boa melodia, mas, sem boa melodia, a mais engenhosa harmonia não produz efeito digno do nome de expressão, restringe-se a cansar e confundir o ouvido. Um pintor pode possuir, em grau bastante eminente, os talentos do desenho e do colorido, e, no entanto, ser bem pouco expressivo. Esse pintor pode ter grande mérito. No juízo de De Piles,[24] mesmo o célebre Ticiano teria sido um pintor desse gênero. Mas dizer que um músico possui os talentos de melodia e harmonia em grau eminente e dizer que ele não é muito expressivo é como dizer que em suas obras a causa não é seguida dos efeitos necessários e proporcionais a ela. Um músico pode ser um harmonista de talento, e, no entanto, por ser defectivo na melodia, nas árias, na expressão, produzirá canções pálidas e

---

23 Charles Avison (1709-1770), autor de *An Essay on Musical Expression* (1752). (N. T.)

24 Roger de Piles (1635-1709), importante crítico francês, autor de *Dissertations sur les ouvrages des plus fameux peintres* (1681). (N. T.)

indiferentes. Ele pode ter algum mérito, mas será como o do erudito que carece de fantasia, gosto e invenção.

Portanto, embora a música instrumental possa ser considerada, sob certos aspectos, uma arte imitativa, certamente o é menos que qualquer outra arte digna desse nome. Imita apenas uns poucos objetos, e o faz tão imperfeitamente, que sem o acompanhamento de outra arte, essa imitação mal é perceptível. A imitação não é essencial a essa arte, os principais efeitos que ela produz se devem a poderes que não se confundem com aqueles da imitação.

Parte 3

Os poderes de imitação da dança são muito superiores aos da música instrumental e pelo menos iguais, se não superiores, aos de qualquer outra arte. A dança, porém, a exemplo da música instrumental, não é necessariamente ou essencialmente imitativa, e produz efeitos muito agradáveis sem nada imitar. Na maioria de nossas danças comuns há pouca ou nenhuma imitação: consistem quase inteiramente de uma sucessão de passos, gestos e movimentos, regulados pelo tempo e compasso da música, exibem uma graça incomum e requerem extraordinária agilidade. Mesmo danças consideradas originalmente imitativas deixaram de sê-lo em sua forma atual. É o caso do minueto, que representava a paixão amorosa emblematicamente. Alguns de meus leitores certamente o dançaram, e, sem dúvida, na opinião dos que os viram dançar, o fizeram com muita graça e propriedade, sem que tenha ocorrido, a eles ou aos que os assistiam, o significado alegórico que essa dança originalmente visava expressar.

Adam Smith

O passo controlado, cadenciado, chamado passo de dança, que acompanha e marca o ritmo da música que o dirige, é a característica que distingue a dança das outras sortes de movimento. Quando o dançarino, deslocando-se com um passo desse gênero e observando a medida e o compasso da música, imita ações ordinárias ou importantes da vida humana, ele como que modela e confecciona uma coisa de certa espécie, para que ela se assemelhe a outra, de espécie diferente: sua arte supera a disparidade que a natureza instituiu entre o objeto que imita e o objeto imitado, e por isso compartilha, em certa medida, do mérito das artes imitativas. Tal disparidade não é, porém, tão grande quanto nas outras artes, nem, por conseguinte, é tão grande o mérito da imitação que a supera. A ninguém ocorreria comparar o mérito de um bom dançarino ao de um bom pintor ou estatuário. Mesmo assim, o dançarino pode ter um mérito considerável, e sua imitação pode propiciar tanto prazer quanto a de artistas de outro gênero. Os temas da estatuária ou da pintura histórica encontram-se na esfera de seus poderes de imitação e, ao representá-los, sua arte tem, inclusive, algumas vantagens sobre elas. Estatuária e pintura não podem representar senão um único instante da ação que têm a intenção de imitar: as causas que o prepararam, as consequências que se seguem a ele, escapam inteiramente à esfera de sua imitação. Uma pantomima pode representar distintamente tais causas e consequências, pois não está confinada a um único instante, e, tal como a poesia épica, pode representar todos os eventos de uma longa história e exibir uma longa sequência e sucessão de interessantes situações interconectadas. É capaz, portanto, de afetar-nos mais que a estatuária ou a

Ensaios filosóficos

pintura. Os antigos romanos vertiam lágrimas nas representações de pantomimas, a exemplo do que fazemos nas tragédias mais interessantes. Esse efeito excede os poderes da estatuária ou da pintura.

Os antigos gregos foram, ao que parece, uma nação de dançarinos, e suas danças comuns, assim como as de palco, parecem ter sido imitativas. O mesmo vale para as danças de palco dos antigos romanos. Esse povo severo considerava indecente que se dançasse em reuniões privadas, e por isso os romanos não tinham danças comuns. Ambas as nações consideravam a imitação essencial à dança.

É bem diferente em tempos modernos. Embora tenhamos danças pantomimas de palco, a maioria de nossas danças, inclusive as de palco, não é pantomima, e não podem ser consideradas imitativas. A maioria de nossas danças comuns nunca foi pantomima ou, nas raras vezes em que foi, deixou de sê-lo.

Essa notável diferença entre o caráter das danças antigas e o das modernas parece ser efeito natural de correspondente diferença no caráter da música que as acompanha e dirige.

A dança moderna é quase sempre acompanhada de música instrumental, e, como esta não é por si mesma imitativa, a maioria das danças que ela dirige ou inspira também deixou de sê-lo. Em tempos antigos, ao contrário, parece que as pessoas dançavam quase sempre acompanhadas de música vocal, e, como esta é necessariamente e essencialmente imitativa, as danças logo se tornaram imitativas. Os antigos, ao que parece, tinham pouca ou nenhuma música instrumental composta não para ser cantada pela voz, mas tocada em instrumentos. Utilizavam os instrumentos de sopro e de corda para acompanhar e dirigir a voz.

Adam Smith

É comum encontrar no campo grupos de jovens que se reúnem para dançar, mesmo que não haja um violinista ou flautista para acompanhá-los. Uma garota se encarrega de cantar, enquanto o resto do grupo dança: na maioria das vezes, ela canta apenas as notas, sem palavras, e então, como a voz é pouco mais que um instrumento musical, a dança é executada, como de hábito, sem nenhuma imitação. Mas, se ela canta palavras, e se na entonação dessas palavras houver um espírito ou humor inusitado, imediatamente o grupo inteiro, especialmente os dançarinos mais apurados e mais desenvoltos, entram numa espécie de pantomima, e com seus gestos e movimentos expressam, tão bem quanto conseguem, o significado e a história da canção. Seria algo ainda mais comum, se cada um dançasse e cantasse ao mesmo tempo. Essa prática, muito usual entre os antigos, exige bons pulmões e uma constituição vigorosa: aliadas a uma prática prolongada, esses dotes permitem que se executem as danças mais difíceis. Eu vi um selvagem dançar, acompanhado de sua própria música, a dança da guerra de seu país com tamanha veemência de ação e de expressão, que todos os presentes, cavalheiros e damas, subiram nas cadeiras e mesas para se proteger de sua fúria. Na língua grega, há dois verbos que significam dançar, cada um com seus próprios derivativos, significando dança e dançarino. Na maior parte dos autores gregos, as palavras desses dois grupos e os termos sinônimos são frequentemente confundidos, e utilizados de maneira promíscua. De acordo com os melhores críticos, porém, no uso rigoroso, um desses verbos significa dançar e cantar ao mesmo tempo, ou dançar e cantar acompanhado do próprio canto, o outro dançar sem cantar, ou dançar acompanhado do canto de outras pessoas. Diz-se que haveria também uma diferença, correspondente a

Ensaios filosóficos

essa, na significação dos respectivos derivativos. Nos coros das tragédias gregas antigas, que chegavam a ser formados por mais de cinquenta pessoas, alguns cantavam e outros tocavam flauta, mas todos dançavam, acompanhados da própria música.

Da afinidade entre a música, a arte de dançar e a poesia[25]

Na segunda parte deste ensaio mencionei a conexão entre as artes da *música* e da *dança*, formada pelo *rythmus*, como denominavam os antigos, ou, como chamamos hoje, a entonação ou compasso que regula a ambas igualmente.

Nem toda espécie de movimento, passo ou gesto que corresponda à entonação ou compasso de uma música constituirá uma dança. É preciso que ele seja de uma espécie particular. Num bom ator operístico, não somente as modulações e pausas da voz, mas também cada movimento e gesto, cada variação, seja nos ares de sua face, seja na atitude de seu corpo, corresponde ao tempo e compasso da música. Contudo, nenhuma língua europeia subentende que o ator operístico, por melhor que seja, deva dançar; para representar seu papel, ele geralmente faz uso do que se chama de marcação de cena, mas esse passo não é considerado um passo de dança.

Embora o olhar do mais comum dos espectadores distinga prontamente entre o que se chama de um passo de dança e um outro movimento, passo ou gesto, nem sempre é fácil dizer

---

25 "Of the Affinity Between Music, Dance and Poetry." Complemento ao ensaio "Das Artes imitativas". Tradução de Alexandre Amaral Rodrigues. (N. T.)

o que constitui essa distinção. Certificar-se com exatidão de quais seriam os limites precisos em que uma espécie começa e a outra termina, dar uma definição acurada numa matéria tão frívola como essa, talvez requeira mais ponderação e atenção do que mereceria um objeto aparentemente sem importância. Fosse essa, no entanto, a minha tarefa, eu observaria o seguinte. Uma pessoa, ao realizar uma ação ordinária qualquer, como andar num cômodo, de um lado para o outro, pode mostrar tanto graça como agilidade, mas, caso traia a menor intenção de mostrá-las, certamente nos causará ofensa e não deixaremos de acusá-la de vaidade e afetação. No desempenho de uma ação ordinária como essa, ninguém quer ser julgado como se tivesse em vista um outro intuito além daquele que é próprio da ação: quem quiser exibir graça ou agilidade terá o cuidado de esconder esse objetivo, e a ofensa que causará será proporcional ao quanto sua ação trair esse sentido – o mais difícil é que ele consiga ocultá-lo totalmente. Na arte de dançar, ao contrário, todas as pessoas declaram e como que revelam a intenção de exibir um certo grau de graça, de agilidade, ou de ambos. A exibição de uma, de outra, ou de ambas essas qualidades, é, na realidade, o intuito próprio da ação, e jamais poderia constituir vaidade ou afetação o respeito pelo intuito próprio da ação. Quando dizemos que ao dançar uma pessoa assume ares e graças afetados, ou bem queremos dizer que eles são inconvenientes à natureza da dança, ou então que o desempenho dela é desajeitado, ou talvez (a falta mais comum nessa arte) que exagera nos ares e graças que convêm à arte de dançar. Toda dança é, na realidade, uma sucessão de ares e graças de uma espécie ou de outra, e tais que, se posso me expressar assim, *se declaram* abertamente. Os passos, gestos e movimentos que, por

Ensaios filosóficos

assim dizer, *revelam* a intenção de exibir uma sucessão de ares e graças, são os peculiares à arte de dançar, e quando realizados conforme o tempo e compasso da música constituem o que se chama propriamente de dança.

Porém, se nem toda espécie de movimento, passo ou gesto, mesmo que seja realizado conforme o tempo ou compasso da música, produz por si uma dança, quase toda espécie de som, contanto que seja repetido num ritmo distinto, de acordo com um tempo ou compasso, produz música, por mais imperfeita que seja – por exemplo, sem quaisquer variações de graves e agudos. Tambores, pratos e, até onde posso observar, os demais instrumentos de percussão, têm todos uma só nota. Entretanto, se essa nota for repetida num certo ritmo, ou de acordo com um certo tempo ou compasso, com uma pequena variação incidental de volume para marcá-los distintamente, sem dúvida produzirá uma espécie de música, ainda que sem quaisquer variações de graves e agudos. No mais das vezes, essa música, longe de ser desagradável, produz efeitos notáveis. É verdade que as notas simples de tais instrumentos são geralmente muito bem definidas, ou, como se diz, são sons melódicos. Contudo, não parece imprescindível que o sejam. O som abafado do tambor que marca o compasso da marcha fúnebre está longe de ser bem definido ou melódico, e mesmo assim produz uma espécie de música que pode ser muito comovente. No desempenho do mais modesto dos artistas, o homem que tamborila sobre a mesa, podemos distinguir o compasso, e às vezes algo do espírito, de uma canção favorita, e devemos convir que ele produz uma espécie de música. Sem um passo ou movimento apropriado, a observação da melodia não produz por si mesma uma dança; o tempo por si só, sem melodia, produz uma espécie de música.

A observação exata da entonação, ou dos intervalos apropriados de graves e agudos, assim como constitui a grande beleza de toda música perfeita, também constitui a sua maior dificuldade. O tempo e o compasso de uma música são matérias simples, que até um ouvido grosseiro e com pouca prática é capaz de distinguir e compreender. Mas distinguir e compreender cada uma das variações de entonação e conceber com precisão a exata proporção de cada nota, eis algo de que muitas vezes nem mesmo o mais refinado e cultivado dos ouvidos é capaz num grau tolerável. Quando as pessoas comuns cantam, podemos notar que em geral observam o tempo de maneira suficientemente distinta, mas não observam a entonação, a não ser muito imperfeitamente. Descobrir e distinguir com precisão os intervalos próprios de entonação é produto de uma longa experiência e de muita observação. É comum que, em tratados teóricos sobre a música, aquilo que os autores têm a dizer sobre o tempo seja discutido num único capítulo, curto e superficial. A teoria da entonação geralmente preenche todo o resto do volume, e já há muito que se estabeleceu como uma ciência tão vasta quanto abstrusa, muitas vezes apenas parcialmente compreendida, mesmo pelos artistas mais sagazes. As nações incivilizadas, em seus esforços rudimentares com respeito ao canto, não poderiam atentar para as minúcias da entonação. É por isso, aliás, que geralmente desconfio da ancestralidade que se atribui às canções nacionais, que pretensamente teriam sido transmitidas ao longo dos tempos, por uma espécie de tradição oral, sem que, no decorrer de sucessivas gerações, jamais tivessem sido anotadas ou registradas com clareza. É possível que o compasso e o espírito da canção tenham sido preservados oralmente, mas dificilmente seria possível que se preservassem com precisão exata as notas da melodia. O método que utilizamos para cantar algumas músicas, como as nossas velhas canções escocesas, sofreu grandes alterações, até onde alcança a minha memória, e é provável que tenha antes passado por muitas outras, ainda maiores.

A distinção entre os sons ou tons do canto e aqueles da fala parece ser da mesma espécie que a distinção entre os movimentos, passos e gestos da arte de dançar e aqueles de uma ação ordinária qualquer. Por mais agradável que seja o tom da voz de uma pessoa ao falar, caso transpareça a intenção de mostrá-lo, e nos pareça que ela escuta o som de sua própria voz, como que para afiná-la numa modulação aprazível, é inevitável que ela nos cause ofensa, culpada que é de uma das afetações mais desagradáveis que existem. Na fala, assim como em qualquer outra ação ordinária, esperamos e exigimos que o falante observe tão somente o intuito próprio da ação, ou seja, a expressão clara e distinta do que se tem a dizer. No canto, ao contrário, todas as pessoas declaram a intenção de agradar com o tom e o compasso de sua própria voz, e, longe de culpá-la de uma afetação desagradável, esperamos e exigimos dela que assim o faça. O intuito próprio de toda música é aprazer com a escolha e o arranjo de sons agradáveis, seja ela vocal ou instrumental, e sempre esperamos e exigimos que a pessoa, seja qual for a ação que realiza, se atenha ao intuito que é próprio dessa ação. Uma pessoa que canta ou dança pode parecer afetada ao fazê-lo; pode ser que ela tente nos deleitar com sons e tons inconvenientes à natureza da canção, ou que ela prolongue excessivamente os sons e tons que são convenientes; pode ser que ela mostre uma vaidade arrogante de suas próprias habilidades, entretanto desautorizada pelo seu desempenho. A afetação desagradável, ao que parece, consiste invariavelmente em tentar agradar não com uma modulação de voz apropriada, mas sim com uma modulação inapropriada. Desde cedo se descobriu que a vibração de acordes, ou entre cordas em proporção umas com as outras — seja de comprimento, de densidade ou de tensão —, produz sons que correspondem exatamente àqueles sons e tons da voz humana que o ouvido aprova no canto, sons que são seus uníssonos, como dizem os músicos. Essa descoberta permite aos músicos falar de maneira distinta e precisa dos sons e tons musicais da voz humana: para determinar com precisão quais sons e tons particulares eles querem expressar, basta que encontrem as proporções de cordas que vibram em uníssono com eles. Aquilo que se chama de intervalo, isto é, as diferenças, quanto a graves e agudos, entre sons ou tons, são muito maiores e mais distintas numa voz que canta do que numa voz que fala. E assim, embora os primeiros possam ser medidos e avaliados por meio de proporções de acordes ou cordas musicais, o mesmo não se aplica ao último caso. Os instrumentos mais precisos não conseguem expressar esses intervalos extremamente pequenos. As *heptamérides* do sr. Sauveur[26] chegavam a expressar um intervalo tão pequeno quanto a

---

26 Joseph Sauveur (1653-1716) é considerado o fundador da ciência acústica musical, a qual, como ele a considerou, baseava-se na análise experimental e matemática da relação entre a frequência e a altura do som e das harmonias que daí se poderiam derivar. O autor dividiu a oitava em 43 *mérides*, cada uma das quais subdividida em sete *heptamérides*, as quais posteriormente subdividiram-se ainda em dez *decamérides*. (N. T.)

Ensaios filosóficos

sétima parte do que se chama de coma, que é o menor intervalo que se admite na música moderna [a nona parte de um tom]. Contudo, um instrumento como esse, segundo nos informa o sr. Duclos,[27] não poderia expressar sequer os intervalos da pronúncia da língua chinesa – a qual é, segundo se diz, de todas as línguas do mundo, a que mais se aproxima do canto, aquela com os maiores intervalos.

Portanto, visto que é possível determinar ou indicar os sons ou tons de voz próprios ao canto, ao contrário do que ocorre com os que são próprios à fala, conclui-se que os primeiros podem ser anotados ou registrados, ao passo que os últimos, não.

---

27 Charles Pineau-Duclos (1704-1772). A observação mencionada se encontra nas "Remarques" acrescentadas à *Grammaire générale e raisonée*, de C. Lancelot e A. Arnauld, a partir da edição de 1754. (N. T.)

Dos sentidos externos[1]

Geralmente se considera que os sentidos pelos quais percebemos os objetos externos são em número de cinco: visão, audição, olfato, paladar e tato.

Dentre estes, os quatro primeiros concentram-se em alguma parte ou órgão do corpo. O sentido da visão concentra-se nos olhos; o da audição, nos ouvidos; o do olfato, nas narinas; e o do paladar, no órgão gustativo. Somente o sentido do tato parece não se concentrar em nenhum órgão em particular, mas ser difuso por quase todo o corpo, com as únicas exceções, creio, dos cabelos e unhas. Direi algumas poucas palavras sobre cada um desses sentidos, a começar pelo último, procedendo na ordem inversa daquela em que normalmente são enumerados.

Do sentido do tato

Os objetos do tato sempre se apresentam como a pressionar ou oferecer resistência à parte específica do corpo que as

---

[1] Publicado pela primeira vez nos *Essays on Philosophical Subjects* (1795). Tradução de Alexandre Amaral Rodrigues. (N. T.)

percebe, ou pela qual os percebemos. Quando ponho minha mão sobre a mesa, esta a pressiona, ou oferece resistência à continuidade do movimento, da mesma maneira que minha mão pressiona a mesa. Mas pressão ou resistência sempre pressupõe a externalidade da coisa que pressiona ou resiste. A mesa não poderia pressionar minha mão ou resistir ao seu movimento se não lhe fosse externa. Com efeito, sinto isso não como mera afecção de minha mão, mas como algo inteiramente externo e independente dela. Sem dúvida, a sensação agradável, indiferente ou dolorosa da pressão, conforme a exerça mais forte ou mais suavemente, é algo que sinto como uma afecção de minha mão; mas a coisa que pressiona ou resiste, sinto-a como inteiramente diversa dessa afecção, como externa à minha mão e dela independente. Quando movo minha mão ao longo da mesa em qualquer direção, ela logo chega a um lugar em que essa pressão ou resistência cessa. A esse lugar chamamos de limite ou fim da mesa, cuja extensão e figura são determinadas pelo comprimento ou direção das linhas ou superfícies que constituem tal limite ou fim.

É dessa maneira que um homem cego de nascimento ou desde a tenra infância, sem lembranças de objetos visíveis, pode formar a mais distinta ideia da extensão ou figura de todas as diferentes partes de seu próprio corpo e de todos os objetos tangíveis que venha a manusear ou examinar. Quando encosta a mão em seu pé, assim como a mão sente a pressão ou resistência do pé, do mesmo modo este sente a da mão. Ambos são externos um ao outro, mas nenhum deles é inteiramente externo a quem os possui. Ele tem sensibilidade em ambos, e naturalmente os considera, se não partes de si mesmo, ao menos

Ensaios filosóficos

pertencentes a ele, e por isso é necessário para a sua própria felicidade e conforto dedicar-lhes algum cuidado.

Quando põe a mão sobre a mesa, embora aquela sinta a pressão desta, esta não sente, ao menos não que ele saiba, a pressão daquela. Portanto, ele sente a mesa como algo externo não somente à sua mão, mas a si mesmo, por inteiro, e, consequentemente, a mesa não é algo cujo estado e condição deva necessariamente lhe preocupar.

Ao colocar a mão sobre o corpo de algum homem ou de qualquer outro animal, embora ele saiba, ou ao menos possa saber, que eles sentem a pressão de sua mão tanto quanto ele sente a de seus corpos, ainda assim, como essa sensação lhe é inteiramente externa, ele muitas vezes não lhe dá atenção, e isso nunca o preocupará mais do que a *natureza* o obriga, com o mais sábio dos propósitos, por meio do sentimento solidário[2] que em cada homem implantou não somente em relação aos outros homens, mas (ainda que em muito menor grau) em relação a todos os restantes animais. Ao destinar o homem a ser o animal reinante neste pequenino mundo, parece ter sido sua benévola intenção inspirar-lhe algum grau de respeito até mesmo para com o mais ínfimo e frágil de seus súditos.

A tal poder ou qualidade de resistência chamamos *solidez*, e à coisa que a possui, *corpo sólido* ou *coisa*. Uma vez que a sentimos como externa a nós, necessariamente a concebemos como de todo independente de nós. Consideramo-la, portanto, como aquilo a que denominamos *substância*, ou seja, algo que subsiste por si mesmo e independentemente de qualquer outra

---

2 No original, *fellow-feeling*. Ver *Teoria dos sentimentos morais*, 10.I.4, 16.3.1. (N. T.)

coisa. Com efeito, na linguagem comum, as palavras "sólido" e "substancial" são reputadas como sinônimos perfeitos ou ao menos aproximados.

A solidez pressupõe necessariamente algum grau de extensão em três direções, comprimento, largura e espessura. Todos os corpos sólidos de que temos experiência têm uma medida, volume ou magnitude. Isso parece essencial à sua natureza, e sem volume ou magnitude não poderíamos sequer conceber como os corpos sólidos são capazes de exercer resistência ou pressão, únicos poderes pelos quais nos são dados a conhecer e podem agir sobre nós e todos os demais corpos.

A extensão, ao menos a extensão sensível, pressupõe divisibilidade. O corpo pode ser tão duro que não tenhamos força suficiente para parti-lo, mas ainda assim supomos que isso poderia ser feito se uma força suficientemente maior lhe fosse aplicada; e, de qualquer modo, sempre podemos ao menos imaginar que ele seja dividido em duas ou mais partes.

Todo corpo sólido e extenso deve ter algum formato ou figura, ser limitado por certas linhas e superfícies, a não ser que seja infinito (como se pode conceber que seja o universo).

Do mesmo modo, corpos assim devem ser concebidos como capazes de movimento e repouso, isto é, tanto de alterar como de manter sua situação em relação aos outros corpos que o cercam. Que os corpos de volume pequeno ou moderado são capazes de movimento e repouso é algo de que temos constante experiência. Talvez os hábitos de nossa imaginação nos façam supor que as grandes massas sejam mais adequadas ao repouso do que ao movimento. E mesmo quanto a essas, ou até as mais gigantescas massas, não temos dificuldade em conceber que possam mover-se, contanto que uma força suficientemente grande lhes

Ensaios filosóficos

possa ser aplicada. A filosofia nos ensina (por razões, inclusive, às quais dificilmente podemos deixar de assentir), que a própria Terra e corpos muito maiores que ela não apenas são móveis, como estão de fato em movimento, todo o tempo, a alterar continuamente sua situação com respeito aos corpos ao seu redor, e com uma rapidez que quase ultrapassa toda a compreensão humana. Ao contrário, a grande dificuldade, ao menos no sistema do universo de que dispomos, segundo as imperfeitas noções que até agora pudemos obter, não parece ser encontrar as mais enormes massas em movimento, mas sim qualquer partícula material, por menor que seja, em perfeito repouso em relação aos corpos em seu entorno.

Essas quatro qualidades ou atributos, extensão, divisibilidade, figura e mobilidade, parecem estar necessariamente envolvidas na ideia ou concepção de uma substância sólida. Na realidade, elas são inseparáveis dessa ideia ou concepção, e sem elas não é possível conceber que exista substância sólida. Não parece haver outras qualidades ou atributos envolvidos da mesma maneira nessa nossa ideia ou concepção de solidez. Seria precipitado, contudo, disso concluir que a substância sólida não pode, como tal, possuir quaisquer outras qualidades ou atributos. No entanto, não apenas se extraiu tal conclusão precipitada, mas nela têm insistido filósofos da mais eminente reputação, como se fosse um axioma de indubitável certeza.

Dessas substâncias externas ou resistentes, algumas cedem facilmente e, mediante a pressão exercida por nossas mãos, mudam suas figuras, ao menos em parte; outras, no entanto, não cedem nem mudam de figura, mesmo sob a máxima pressão que nossas mãos são capazes de lhes aplicar. Chamamos as primeiras de corpos moles, e as últimas, de corpos duros. Al-

139

guns corpos são tão facilmente separáveis em suas partes que não só cedem à menor pressão, como são capazes de, sem oferecer grande resistência, receber em seu interior o corpo que os pressiona, e permitir que este os atravesse por inteiro em qualquer direção. Tais corpos são chamados *fluidos*, e contrastam com aqueles cujas partes não podem ser separadas com tanta facilidade, motivo pelo qual os denominamos, peculiarmente, *corpos sólidos*, como se possuíssem de maneira mais distinta e perceptível a qualidade característica da solidez, ou poder de resistência. E, no entanto, verificou-se que a água (um dos fluidos que nos são mais familiares), quando comprimida por todos os lados (por exemplo, num globo de metal oco, preenchido por completo e depois hermeticamente selado), oferece tanta resistência à pressão quanto os corpos normalmente ditos duros ou sólidos.

Alguns fluidos cedem com tanta facilidade à menor pressão que mal podemos perceber que oferecem alguma resistência, e por isso não tendemos sequer a concebê-los como corpos ou coisas capazes de resistência e pressão. Como nos ensinam Aristóteles e Lucrécio, houve um tempo em que era necessário um tanto de filosofia para demonstrar que o ar é um corpo sólido, real, capaz de resistir ou pressionar. Atualmente a mesma dúvida que a compreensão vulgar e os tempos antigos apresentaram quanto ao ar persiste em relação à luz, cujos raios, embora condensados ou concentrados, jamais parecem capazes de oferecer qualquer resistência ao movimento de outros corpos, exatamente o poder ou qualidade característica daquilo que chamamos corpos ou substâncias sólidas. E, de fato, alguns filósofos duvidam, ou até negam expressamente, que a luz seja uma substância corpórea ou material.

Ensaios filosóficos

Todos os corpos ou substâncias sólidas conhecidas, embora tenham resistência, parecem passíveis de maior ou menor grau de compressão, isto é, seus volumes podem reduzir-se, ocupar um menor espaço, sem que haja diminuição na sua quantidade de matéria. Um experimento da academia florentina teria aparentemente demonstrado que a água era de todo incomprimível. Uma repetição mais cuidadosa e apurada do mesmo experimento, porém, parece ter mostrado que a água, embora apresente alto grau de resistência à compressão, é tão passível de sofrê--la em alguma medida quanto qualquer outro corpo, contanto que se lhe aplique a força necessária. O ar, ao contrário, pode ser reduzido a um espaço muito menor do que o habitual com a aplicação de uma força apenas moderada. A bomba de compressão, assim como um instrumento construído sob o mesmo princípio, a pistola de ar, demonstram-no suficientemente; mas não é nada difícil nos convencermos dessa verdade sem apelarmos para cada ponta bem atada.

A dureza ou maleabilidade dos corpos, ou a maior ou menor resistência que oferecem à mudança de forma, parece depender inteiramente do grau de coesão ou mútua atração entre suas partes, que pode ser mais forte ou mais fraca. Frequentemente a mesma causa pode responder, ao menos em parte, pela maior ou menor força com que resistem à compressão, mas isso também pode se dever à maior ou menor proporção de espaço vazio contido em suas dimensões, entremeado às partes sólidas que os compõem. Um corpo que não contivesse nenhum espaço vazio em suas dimensões, completamente preenchido por substância resistente, seria natural concebê-lo como absolutamente incomprimível, capaz de resistir com inquebrantável força a qualquer tentativa de reduzi-lo a dimensões mais estreitas.

Por outro lado, se a substância sólida ou resistente permitisse, sem se deslocar, que outra substância sólida ou resistente se inserisse no mesmo lugar que ela, a partir desse momento ela deixaria de ser, em nossa compreensão, uma substância sólida e resistente. Pois ela pareceria não mais possuir a única qualidade pela qual necessariamente se dá a conhecer, e que por isso mesmo consideramos constituir sua natureza e essência, aquilo de que é inteiramente inseparável. Vem daí a noção que denominamos inseparabilidade da matéria, a absoluta impossibilidade de que duas substâncias sólidas, resistentes, ocupem o mesmo lugar ao mesmo tempo.

Essa doutrina antiga, da lavra de Leucipo, Demócrito e Epicuro, foi retomada no século passado por Gassendi, e desde então adotada por Newton e pela vasta maioria de seus seguidores. Pode-se considerá-la, atualmente, o sistema estabelecido, ou o mais corrente na Europa, aprovado pela vasta maioria de seus filósofos. Embora a ele se oponham os mais variados e confusos argumentos, oriundos daquela espécie de metafísica que tudo confunde e nada explica, em seu conjunto ele parece fornecer a resposta mais simples, mais distinta e mais completa já apresentada para os fenômenos a que se propõe explicar. Acrescento apenas que não importa qual seja o sistema adotado a respeito da dureza ou maleabilidade, fluidez ou solidez, compressibilidade ou incompressibilidade da substância resistente, isso em nada afeta a certeza com que nossos sentidos e sensações distinguem sua *externalidade*, sua completa independência em relação ao órgão que a percebe, ou por meio do qual nós a percebemos. Não me dedicarei, portanto, a expor em maior detalhe qualquer desses sistemas.

Ensaios filosóficos

Calor e frio, como são sentidos por quase toda parte do corpo humano, costumam ser listados ao lado da solidez e da resistência entre as qualidades que são objetos do *tato*. Em nossa linguagem, no entanto, não penso ser apropriado dizer que tocamos, mas sim que sentimos as qualidades do calor e do frio. Ora, a palavra *sensação*, embora em muitos casos a utilizemos como sinônimo de *toque*, tem, contudo, um significado muito mais amplo, e frequentemente a empregamos para denotar tanto nossas afecções internas quanto as externas. Sentimos fome e sede, sentimos alegria e tristeza, sentimos amor e ódio.

Calor e frio, embora frequentemente sejam percebidos pelas mesmas partes do corpo humano, na realidade constituem uma ordem de sensações inteiramente distintas dos objetos próprios do *toque*. Não são, naturalmente, sentidos como algo que pressiona o órgão, mas como se estivessem no órgão. Quando somos banhados pelo calor de um dia ensolarado ou pelo frio de um dia gélido, não os sentimos como a pressionar nosso corpo, mas como algo que ocorre no corpo. Não necessariamente nos é sugerida a presença de qualquer objeto externo, nem poderíamos, unicamente a partir disso, inferir a existência de qualquer objeto desse tipo. Trata-se de uma sensação que não existe, nem poderia existir em parte alguma, a não ser no órgão que a sente, ou no princípio de percepção, por nós desconhecido que sente no órgão ou por meio do órgão. Quando apoiamos a mão sobre uma mesa cuja temperatura é, naquele momento, consideravelmente maior ou menor do que a da mão, temos duas percepções distintas: primeiramente, a da mesa sólida ou resistente, necessariamente sentida como externa e independente da mão que a percebe; e, em segundo lugar, a do calor ou frio que o contato com a mesa excita na mão, o

143

que é naturalmente sentido como algo que não está em parte alguma, a não ser na própria mão, ou no princípio de percepção que nela sente.

Mas, embora as sensações de calor e frio não necessariamente sugiram a presença de qualquer objeto externo, logo aprendemos por experiência que elas costumam ser provocadas por um objeto desse tipo, algumas vezes pela temperatura de um corpo externo imediatamente em contato com o nosso, outras por um corpo um pouco ou até muito distante de nós, como o fogo de uma lareira ou o sol de um dia de verão. Pela frequência e uniformidade dessa experiência, pelo costume e hábito de pensamento que tal frequência e uniformidade necessariamente ocasionam, a *sensação interna* e sua *causa externa* passam a estar tão estritamente conectadas em nossa concepção que, em nosso modo habitual e descuidado de pensar, tendemos a considerá-las quase como uma só e mesma coisa, e por isso as denotamos por uma só e mesma palavra. Nesse caso, porém, a confusão está mais na palavra do que no pensamento, pois na realidade a noção ainda se mantém, em alguma medida, distinta para nós, embora nem sempre a utilizemos de maneira tão precisa quanto poderíamos fazer se lhe dedicássemos um mínimo de cuidado. Ao movermos nossa mão, por exemplo, ao longo de uma mesa cuja superfície esteja muito quente ou muito fria, embora digamos que a mesa está quente ou fria em todas as suas partes, não queremos com isso dizer que esse objeto sente calor ou frio em qualquer uma de suas partes, mas que ele possui, em cada uma de suas partes, o poder de provocar uma ou outra dessas sensações em nossos corpos. Os filósofos que tanto têm se empenhado em provar que não há calor no fogo, querendo com isso dizer que a sen-

Ensaios filosóficos

sação de calor não está no fogo, na verdade esforçam-se por refutar uma opinião que ninguém jamais teve, nem mesmo o mais ignorante dos humanos. Mas, como a linguagem comum usa a mesma palavra para significar tanto a sensação quanto o poder de provocá-la, esses filósofos, talvez sem o saber ou intencioná-lo, tiraram proveito dessa ambivalência para alçar-se em triunfo a uma condição de superioridade, estabelecendo, por meio de argumentos inquestionáveis, uma opinião que, de fato, parece diametricamente oposta aos mais óbvios juízos humanos, quando considerados somente segundo as palavras; e, no entanto, tal opinião, na realidade, nunca deixou de estar perfeitamente de acordo com esses mesmos juízos.

Do sentido do paladar

Quando sentimos o gosto de qualquer substância sólida ou líquida, sempre temos duas percepções distintas: primeiro, a do corpo sólido ou líquido, naturalmente sentido como uma pressão sobre o órgão que o percebe, e, portanto, externo a ele; em segundo lugar, a do paladar, gosto ou sabor que ele excita no palato ou órgão do *paladar*, e que naturalmente não é sentido como algo que exerce pressão sobre esse órgão, ou que lhe seja externo ou independente, mas, ao contrário, é percebido como inteiramente no órgão, e em nenhuma outra parte que não no órgão, ou no princípio de percepção que sente nesse órgão. Quando dizemos que um alimento tem um gosto agradável ou desagradável em cada uma de suas partes, não queremos com isso dizer que ele tem a sensação do gosto em qualquer uma delas, mas que em cada uma delas ele tem o poder de excitar essa sensação em nosso palato. Nesse caso, da mesma maneira

145

e pela mesma razão que no do calor e do frio, denotamos pela mesma palavra tanto a sensação quanto o poder de provocá-la, mas essa ambivalência da linguagem é igualmente incapaz de confundir os juízos naturais da humanidade. Ninguém jamais imaginou que a comida sente seu próprio gosto, seja ele agradável, seja desagradável.

Do sentido do olfato

Sentimos todo cheiro ou odor naturalmente como se estivesse nas narinas, não como a pressionar ou resistir ao órgão, nem de modo algum como externo ou independente dele, mas como se não estivesse em nenhum outro lugar, a não ser no órgão, ou no princípio de percepção que sente no órgão. Todavia, logo aprendemos por experiência que, normalmente, tal sensação é provocada por algum corpo externo, como uma flor, em cuja ausência a sensação desaparece, para tornar a aparecer em sua presença. Consideramos o corpo externo como causa da sensação, e denominamos pelas mesmas palavras tanto a sensação quanto o poder pelo qual o corpo externo a produz. Mas, quando afirmamos que o cheiro está na flor, não queremos com isso dizer que a própria flor tem alguma percepção da sensação que nós temos; e sim que ela tem o poder de provocar essa sensação em nossas narinas, ou no princípio de percepção que sente em nossas narinas. Embora a sensação e o poder de provocá-la sejam denotados pela mesma palavra, essa ambiguidade da linguagem é tão pouco capaz de induzir o gênero humano a erros em seus juízos naturais neste caso quanto nos dois precedentes.

Ensaios filosóficos

Do sentido da audição

Sentimos todo som naturalmente como se estivesse no ouvido, o órgão da audição. Não o sentimos naturalmente como se estivesse a pressionar ou resistir ao órgão, nem de modo algum como externo ou independente dele. Sentimo-lo naturalmente como uma afecção de nosso ouvido, como se não estivesse em nenhum outro lugar, a não ser no órgão, ou no princípio de percepção que sente no órgão. Logo aprendemos pela experiência, é verdade, que, frequentemente, a sensação é provocada por corpos a uma distância considerável de nós; muitas vezes a uma distância muito superior àquela em que podem estar os corpos que nos provocam a sensação do olfato. Do mesmo modo, a experiência nos ensina que o som ou sensação em nossos ouvidos recebe diversas modificações de acordo com a distância ou posicionamento do corpo que originalmente a provoca. A sensação é mais forte, o som é mais alto quando o corpo está mais próximo; mais fraca e mais baixo quando está mais distante. O som ou sensação sofre igualmente alguma variação conforme o corpo esteja à nossa direita ou à nossa esquerda, à nossa frente ou atrás de nós. Na linguagem comum, com frequência dizemos que o som parece vir de longe ou de perto, da esquerda ou da direita, de frente ou de trás. Ou então que ouvimos o som a grande ou pequena distância, à direita ou à esquerda. No entanto, o verdadeiro som, a sensação em nosso ouvido, jamais pode ser escutado ou sentido em qualquer lugar que não em nosso ouvido, sem jamais mudar de posição, já que é incapaz de movimento e, portanto, não pode vir nem da direita, nem da esquerda, nem de qualquer localização à nossa frente ou atrás de nós. O ouvido só pode sentir ou ouvir no lugar em que está, e não pode estender seus poderes de percepção seja a maior ou a menor distância, seja à direita ou à esquerda. O que realmente queremos expressar com essas frases é apenas nossa opinião quanto à distância ou ao posicionamento do corpo que provoca a sensação do som. Quando afirmamos que o som está no sino, não queremos dizer que ele ouve seu próprio som, ou que esteja ali qualquer coisa semelhante a uma sensação, mas que ele possui o poder de provocá-la em nosso órgão auditivo. Embora aqui, como em outros casos, expressemos pela mesma palavra tanto a sensação quanto o poder de provocá-la, essa ambiguidade da linguagem dificilmente ocasiona alguma confusão no pensamento; e quando adequadamente distintos os diferentes significados da palavra, as opiniões do vulgo e as dos filósofos, embora aparentemente opostas, mostram ser exatamente a mesma.

Essas quatro classes de qualidades secundárias, como os filósofos as têm chamado, ou, para falar mais propriamente, essas quatro classes de sensações — calor e frio, gosto, cheiro e som —, por serem sentidas não como a resistir ao órgão ou a pressioná-lo, mas como se estivessem no órgão, naturalmente não as percebemos como substâncias externas e independentes, nem mesmo como qualidades de tais substâncias, mas como meras afecções do órgão, que não podem existir em outro lugar que não no órgão.

Elas não possuem, nem sequer podemos concebê-las como capazes de possuir qualquer uma dessas qualidades que consideramos essenciais e inseparáveis das substâncias externas, sólidas e independentes.

Primeiro, elas não têm extensão. Não são nem longas nem curtas; nem largas nem estreitas; tampouco profundas ou rasas.

Ensaios filosóficos

Os corpos que as provocam, os espaços nos quais podem ser percebidas, podem ter qualquer dessas dimensões, mas as sensações mesmas não podem possuir nenhuma delas. Quando afirmamos que uma nota musical é longa ou curta, queremos dizer que o é quanto à duração. Quanto à extensão, não podemos sequer conceber que ela seja tal ou qual.

Em segundo lugar, essas sensações não possuem figura. Não são nem redondas nem quadradas, embora os corpos que as provocam ou os espaços nos quais podem ser percebidas talvez o sejam.

Em terceiro lugar, essas sensações são incapazes de movimento. Os corpos que as provocam podem ser movidos a uma maior ou menor distância. As sensações se tornam mais fracas em um caso, e mais fortes no outro. Esses corpos podem mudar seu posicionamento em relação ao órgão da sensação. Como consequência disso, se a mudança for considerável, as sensações passam por uma significativa variação. Ainda assim, jamais atribuímos movimento às sensações. Mesmo que a pessoa que sente qualquer dessas sensações mude de posição – e, consequentemente, também o órgão pelo qual ela as sente –, nem nesse caso jamais dizemos que a sensação se move ou é movida. Ela sempre parece existir apenas onde é capaz de existir, isto é, no órgão que a sente. Nem sequer relacionamos a essas sensações o atributo do repouso, porque jamais afirmamos que algo está em repouso, a menos que o consideremos capaz de movimento. Nunca dizemos que algo não muda sua posição em relação a outras coisas, a menos que o suponhamos capaz de mudar de posição.

Em quarto lugar, essas sensações, visto que não têm extensão, não podem ser divisíveis. Nem sequer podemos conceber que determinado grau de calor ou frio, que um cheiro, um gosto ou um som possa ser dividido (não da mesma maneira que uma substância sólida e extensa o pode) em duas metades, em quatro quartos ou qualquer outro número de partes.

Mas, embora essas sensações sejam todas igualmente indivisíveis, três delas – gosto, cheiro e som – parecem admitir certa composição e decomposição. Talvez um hábil cozinheiro por vezes distinga, por meio de seu paladar, os diversos ingredientes que compõem um novo molho, cujos gostos simples se conjugam no seu composto. Um perfumista habilidoso talvez possa por vezes fazer o mesmo com relação a um novo aroma. Em um concerto de música vocal ou instrumental, um ouvido aguçado e experiente de pronto distingue todos os diferentes sons que o atingem ao mesmo tempo, e que, portanto, podem ser considerados um único som composto.

Será por natureza ou por experiência que aprendemos a distinguir, nesse tipo de sensações, as simples das compostas? Tendo a crer que seja inteiramente por experiência; e que sentimos naturalmente todos os gostos, cheiros ou sons que afetem ao mesmo tempo determinado órgão sensitivo como uma só sensação, simples e não composta. É inteiramente por experiência, segundo creio, que aprendemos a observar as diferentes afinidades e semelhanças que a sensação composta tem relativamente às diversas sensações simples que a compõem. E do mesmo modo aprendemos a julgar que as diferentes causas que naturalmente provocam uma variedade de sensações simples compõem a causa que provoca a sensação composta.

É suficientemente evidente que essa composição ou decomposição é inteiramente diversa da união ou separação de partes que constitui a divisibilidade da extensão sólida.

Ensaios filosóficos

As sensações de calor e frio parecem incapazes até mesmo dessa espécie de composição e decomposição. Elas podem ser mais fortes em um momento e mais fracas em outro. Podem diferir em grau, mas não em gênero. As sensações de gosto, cheiro e som frequentemente diferem não somente em grau, mas também em gênero. Não são somente mais fortes ou mais fracas, mas alguns gostos são doces e outros, amargos; alguns cheiros são agradáveis, outros, desagradáveis; alguns sons são agudos, outros, graves; e cada um desses diferentes gêneros ou qualidades também comporta uma imensa variedade de modificações. É a combinação dessas sensações simples, que diferem não somente em grau, mas em gênero, que constitui a sensação composta.

Essas quatro classes de sensações, portanto, visto que não possuem nenhuma das qualidades essenciais ou inseparáveis das substâncias sólidas, externas e independentes que as provocam, não podem ser qualidades ou modificações dessas substâncias. Na realidade, não as consideramos naturalmente como tais, embora o modo como nos expressamos sobre o tema muitas vezes comporte em boa medida ambiguidades e confusões. Quando os diferentes significados das palavras são, no entanto, corretamente distintos, verificamos que mesmo os mais ignorantes e iletrados compreendem essas sensações não como qualidades, mas como meros efeitos das substâncias sólidas, externas e independentes sobre o órgão vivo e sensitivo, ou sobre o princípio de percepção que sente em tal órgão.

Todavia, os filósofos geralmente não supõem que os corpos que provocam tais sensações as produzem de maneira imediata, mas sim pela intervenção de uma, duas ou mais causas intermediárias.

Na sensação do gosto, por exemplo, embora o corpo que a provoca pressione o órgão sensitivo, não se supõe que essa pressão seja sua causa imediata. Considera-se que certos sucos do corpo que a provoca penetrem os poros do palato, de modo a suscitar nas fibras sensíveis e irritáveis desse órgão certos movimentos ou vibrações, os quais produziriam ali a sensação do gosto. Mas como esses sucos poderiam provocar tais movimentos? Ou como tais movimentos poderiam produzir, seja no órgão, seja no princípio de percepção que sente no órgão, a sensação do gosto — uma sensação que não apenas não tem a menor semelhança com qualquer movimento, mas que parece, ela própria, incapaz de movimento? Eis uma questão que nenhum filósofo até agora tentou, nem, provavelmente, jamais tentará explicar-nos.

As sensações de calor e frio, de cheiro e de som são frequentemente provocadas por corpos que estão a certa distância, por vezes a grande distância do órgão que as sente. Mas é axioma ancestral e bem estabelecido da metafísica que nada pode atuar onde não está; e isso, parece-me necessário admitir, é perfeitamente concorde aos nossos hábitos naturais e usuais de pensamento.

O Sol, a grande fonte tanto de calor quanto de luz, está a imensa distância de nós. Seus raios, contudo, atravessando com inconcebível rapidez a imensidão das regiões intermediárias, assim como transmitem a sensação da luz aos nossos olhos, também transmitem a de calor a todas as partes sensíveis de nosso corpo. Até mesmo transmitem o poder de causar tais sensações aos corpos ao nosso redor. Eles aquecem a terra e o ar, dizemos; isto é, transmitem à terra e ao ar o poder de provocar essa sensação em nossos corpos. Uma simples fogueira

Ensaios filosóficos

produz todos esses efeitos, embora a esfera de sua atuação se restrinja a limites muito mais estreitos.

Os corpos odoríferos, que do mesmo modo geralmente se encontram a certa distância de nós, atuam sobre nossos órgãos, segundo se supõe, por meio de certas partículas de matéria, chamadas eflúvios, os quais, espalhando-se em todas as direções possíveis, e trazidos para o interior de nossas narinas por meio da inspiração respiratória, produzem ali a sensação do cheiro. A minúscula pequenez de tais partículas, no entanto, ultrapassa decerto toda a humana compreensão. Fechai em uma caixa de ouro por algumas horas uma pequena quantidade de almíscar. Retirai o almíscar e lavai a caixa com água e sabão, o mais cuidadosamente possível. Supõe-se que nada tenha permanecido na caixa, exceto os eflúvios que, tendo penetrado em seus poros internos, puderam escapar aos efeitos dessa limpeza. E assim a caixa reterá o cheiro de almíscar por muitos, não sei quantos anos. Esses eflúvios, por minúsculos que sejam, devem ter os poderes de se subdividir e de emitir outros eflúvios do mesmo gênero continuamente, e sem interrupção, durante tão longo período. No entanto, nem mesmo a mais precisa das balanças que a arte humana até agora foi capaz de inventar mostrará o menor aumento de peso na caixa imediatamente após sua cuidadosa limpeza.

A distância do corpo sonoro da qual somos capazes de sentir a sensação de seu som é frequentemente muito maior do que a distância do corpo odorífero da qual somos capazes de sentir a sensação de seu cheiro. No entanto, as vibrações do corpo sonoro, segundo se supõe, produzem certas vibrações e pulsos correspondentes na atmosfera que o circunda. São estes que, propagados em todas as direções, alcançam o órgão da audição, de modo a produzir ali a sensação do som. Creio que não foram muitas as doutrinas filosóficas estabelecidas sobre fundamentos tão prováveis quanto o da propagação do som mediante pulsos ou vibrações do ar. Sozinho, o experimento do sino que, em ambiente de vácuo, não produz som algum, já seria suficiente para tornar essa doutrina algo mais do que simplesmente provável. Mas ela recebeu uma confirmação adicional com os cálculos de *Sir* Isaac Newton, que demonstrou que o tempo decorrido entre a atuação de um corpo sonoro e a sensação em nossos ouvidos corresponde perfeitamente à velocidade com que naturalmente se propagam os pulsos e vibrações produzidos em um fluido elástico com a mesma densidade que o ar. O dr. [Benjamin] Franklin levantou objeções a essa doutrina, mas creio que sem êxito.

Tais são as causas intermediárias pelas quais os filósofos procuraram conectar as sensações em nossos órgãos com os corpos distantes que as provocam. Quanto ao modo como essas causas intermediárias, mediante diversos movimentos e vibrações que presumivelmente provocam em nossos órgãos, produzem ali as respectivas sensações — as quais não têm a menor semelhança com qualquer tipo de vibração ou movimento —, isso nenhum filósofo até o momento tentou explicar-nos.

Do sentido da visão

O dr. Berkeley, em sua *Nova teoria da visão* [1709], um dos melhores exemplos de análise filosófica que se podem encontrar em nossa língua ou em qualquer outra, explicou com tanta distinção a natureza dos objetos visíveis — sua dissimilitude,

Ensaios filosóficos

bem como sua correspondência e conexão com os objetos do tato –, que pouco tenho a acrescentar ao que ele já fez. E, se tenho a pretensão de tratar do mesmo tema depois desse grande mestre, é apenas para tornar inteligíveis algumas coisas que direi adiante aos que não tiveram oportunidade de estudar seu livro. O que quer que eu venha a afirmar sobre isso foi, se não diretamente tomado de sua obra, ao menos sugerido por suas palavras.

É óbvio que não percebemos os objetos da visão como a resistir ou pressionar o órgão que os percebe. Eles não podem, portanto, sugerir sua própria existência como externa e independente, não ao menos da mesma maneira que os objetos do tato.

Tendemos a imaginar, entretanto, que vemos os objetos a uma distância de nós, e que, consequentemente, percebemos de imediato a exterioridade de sua existência por meio de nossa visão. Mas, se considerarmos que a distância entre um objeto e o olho consiste numa linha longitudinal, e que, consequentemente, essa linha deve aparecer-lhe apenas como um ponto, verificaremos que a distância em relação ao olho não pode ser objeto imediato da visão, e todos os objetos visíveis devem ser percebidos como se estivessem sobre o olho, ou, mais propriamente, tal como todas as demais sensações, como se estivessem no órgão que os percebe. É bem sabido de todos os que possuem o menor laivo de conhecimento da ciência da ótica que os objetos da visão se encontram todos pintados no fundo do olho, sobre uma membrana chamada *retina*, de maneira bastante próxima daquela como esses objetos são pintados em uma câmara escura. E é provável que o princípio de percepção os perceba originalmente como existentes naquela parte do órgão, e em nenhum outro lugar que não lá. Com efeito, nenhum ótico, ninguém que já tenha considerado de maneira minimamente cuidadosa a natureza da visão, jamais considerou que a distância em relação ao olho fosse objeto imediato da visão. Como, por meio da visão, aprendemos a julgar tais distâncias, é algo que os óticos têm procurado explicar de diferentes maneiras. Contudo, não me deterei por ora no exame de seus sistemas.

Os objetos do tato são a solidez e as modificações da solidez que consideramos ser-lhe essenciais e inseparáveis: extensão, figura, divisibilidade e mobilidade sólidas.

Os objetos da visão são a cor e as modificações da cor que, da mesma maneira, consideramos ser-lhe essenciais e inseparáveis: extensão, figura, divisibilidade e mobilidade coloridas. Quando abrimos nossos olhos, os objetos sensíveis coloridos que se apresentam a nós devem todos ter certa extensão ou ocupar certa porção da superfície visível que nos aparece. Devem, igualmente, ter todos certa figura ou ser delimitados por certas linhas visíveis, que naquela superfície demarcam a extensão de suas respectivas dimensões. Toda porção sensível dessa extensão colorida ou visível deve ser concebida como divisível ou separável em duas, três ou mais partes. Do mesmo modo, toda porção sensível dessa superfície colorida ou visível deve ser concebida como móvel ou capaz de mudar sua posição e dispor-se diferentemente em relação às outras porções da mesma superfície.

A cor, o objeto visível, não tem nenhuma semelhança com a solidez, o objeto tangível. Um homem nascido cego ou que muito cedo tenha perdido a visão, de modo a não ter lembrança alguma de objetos visíveis, não pode formar nenhuma ideia ou concepção de cor. O tato, por si só, não pode de modo

Ensaios filosóficos

algum ajudá-lo quanto a isso. Já ouvi falar, na verdade, de pessoas que perderam a visão após a idade adulta e que aprenderam a distinguir, somente pelo tato, as cores dos panos e sedas com que lidavam em seu comércio. Os poderes pelos quais diferentes corpos provocam as sensações de diferentes cores nos órgãos da visão provavelmente dependem de alguma diferença na natureza, configuração e arranjo das partes que compõem suas respectivas superfícies. É possível que um tato muito fino e delicado sinta essa diferença, ao menos o suficiente para a pessoa – nesse caso, muito interessada na questão – ser capaz de distinguir as cores em algum grau, ainda que provavelmente de modo muito imperfeito e grosseiro. Talvez se possa ensinar uma pessoa cega de nascença a fazer as mesmas distinções. Mas, ainda que desse modo ela seja capaz de nomear as diversas cores que as várias superfícies refletem; ainda que ela possa, assim, ter alguma noção imperfeita das causas remotas dessas sensações, não se pode esperar que a sua ideia das próprias sensações seja em nada melhor que a de outro cego, mencionado pelo sr. Locke,[3] que disse imaginar a cor escarlate semelhante ao som de um trompete. Pode-se ensinar, da mesma maneira, um surdo de nascença a falar articuladamente. Ele aprende a amoldar e dispor seus órgãos de modo a pronunciar cada letra, sílaba e palavra. No entanto, embora possa ter alguma ideia imperfeita das causas remotas dos sons que ele próprio emite, ou das sensações que ele próprio provoca nas outras pessoas, jamais poderá ter qualquer ideia dos sons ou sensações mesmos.

Do mesmo modo, se alguém nascesse sem o sentido do tato, a visão por si só jamais poderia sugerir-lhe a ideia da

---

3 *Essay on Human Understanding*, III.iv.2. (N. T.)

solidez ou capacitá-lo para formar alguma noção de substância externa e resistente. É provável, contudo, que jamais haja nascido qualquer homem, nem mesmo qualquer animal sem o sentido do tato, pois este parece inseparável da natureza da vida ou da existência animal. Desnecessário, portanto, despejar qualquer raciocínio ou arriscar conjecturas sobre os possíveis efeitos de uma suposição que vejo como inteiramente impossível. Quando o olho sofre a pressão de alguma substância externa e sólida, ele sem dúvida sente a pressão e a resistência, e nos sugere (como qualquer outra parte sensível do corpo) a existência externa e independente de tal substância. Mas, nesse caso, o olho não atua como órgão da visão, e sim como órgão do tato; pois o olho possui o sentido do tato em comum com quase todas as outras partes do corpo.

A extensão, figura, divisibilidade e mobilidade da cor, único objeto da visão, embora recebam os mesmos nomes dos atributos da solidez, em virtude da correspondência e conexão que existe entre eles, nada têm de semelhante com seus homônimos. Pois, se a cor e a solidez não guardam nenhum tipo de semelhança, o mesmo ocorre com suas respectivas modificações. O dr. Berkeley observa,[4] com muita justeza, que embora possamos conceber tanto uma linha colorida quanto uma sólida a prolongar-se indefinidamente, ainda assim não podemos conceber que uma se adicione à outra. Nem sequer imaginariamente podemos conceber um objeto do tato formar um prolongamento de um objeto da visão, e vice-versa. Os objetos da visão e os do tato constituem dois mundos que, embora mantenham um com o outro uma correspondência ou conexão da

---

4 *An Essay towards a New Theory of Vision*, §131. (N. T.)

Ensaios filosóficos

máxima importância, não guardam qualquer semelhança entre si. O mundo tangível, assim como as diferentes partes que o compõem, possui três dimensões: comprimento, largura e profundidade. Já o mundo visível, assim como as diferentes partes que o compõem, tem apenas duas: comprimento e largura. Ele nos apresenta apenas um plano ou superfície, o qual, por meio de nuances e combinações de cores, sugere ou representa para nós (da mesma maneira que um retrato) certos objetos tangíveis que não possuem cor alguma, e, portanto, não têm semelhança alguma com aquelas nuances e combinações de cores. Estas sugerem os objetos tangíveis como se estivessem a variadas distâncias, conforme certas regras de perspectiva — e não parece muito fácil dizer como é que aprendemos isso, se por algum instinto específico ou por alguma aplicação, seja da razão, seja da experiência; de qualquer modo, estamos tão perfeitamente habituados a ela que mal percebemos quando a utilizamos.

Essa perspectiva, por meio da qual somos capazes de julgar, com diferentes graus de precisão e acurácia, a distância a que se encontram de nós os diferentes objetos tangíveis, é mais ou menos distinta exatamente na proporção em que tal precisão ou acurácia seja de maior ou menor importância para nós. Podemos julgar com a máxima precisão e exatidão a distância dos objetos próximos, como as mesas e cadeiras de uma sala em que estejamos; e se por vezes, em plena luz do dia, topamos com alguma delas, provavelmente não é por conta de nenhum erro na visão, mas sim por falta de atenção. A precisão e exatidão de nossos juízos acerca dos objetos próximos é da máxima importância para nós, e constitui a grande vantagem dos que veem sobre os que têm o infortúnio da cegueira. Conforme a distância aumenta, a distinção dessa perspectiva, ou a precisão e acurácia de nosso juízo, diminui. Mesmo quando os objetos estão a uma distância moderadamente grande dos nossos olhos, digamos uma, duas ou três milhas, é difícil determinarmos qual deles está mais próximo, qual mais longínquo. Mas raramente é importante que julguemos precisamente a localização de objetos a essa distância, ainda que não chegue a ser tão grande. Conforme a distância aumenta, nossos juízos se tornam cada vez mais incertos; e quando se trata de objetos muitíssimo distantes, como as estrelas no firmamento, eles se tornam totalmente incertos. Um conhecimento absolutamente preciso da localização relativa de tais objetos não poderia ter outro uso que não satisfazer a mais desnecessária curiosidade.

As distâncias às quais diferentes homens conseguem distinguir com algum grau de precisão o posicionamento dos objetos tangíveis, os quais são representados pelos visíveis, variam bastante e embora essa diferença por vezes corresponda a diferenças na configuração original dos olhos desses homens, parece, no entanto, que ela frequentemente decorre apenas dos diversos costumes e hábitos que suas respectivas ocupações os levam a adquirir. Homens de letras, por exemplo, que vivem boa parte do tempo em seus gabinetes e raramente têm a oportunidade de observar objetos a grandes distâncias, dificilmente possuem uma visão de longo alcance. Já com os marinheiros ocorre o contrário, especialmente entre os que fazem muitas viagens distantes, durante as quais passam a maior parte do tempo sem ver a terra, e que à luz do dia fixam os olhos constantemente no horizonte, a fim de avistar algum navio ou costa longínqua. Não é raro que o homem de terra firme se espante com a precisão com que o marujo distingue, na vastidão do ho-

Ensaios filosóficos

rizonte, não apenas a presença de um navio, que para o homem de terra firme é absolutamente invisível, mas também o número de seus mastros, sua direção e velocidade de navegação. Se for um navio que ele conheça, é capaz de dizer seu nome antes que o outro sequer o aviste.

Os objetos visíveis, a cor e todas as suas diversas modificações, em si mesmos não passam de meras sombras ou figuras, que parecem, por assim dizer, flutuar diante do órgão da visão. Em si mesmos, e independentes de sua conexão com os objetos tangíveis que representam, não têm importância alguma para nós, pois não nos beneficiam nem nos prejudicam. Mesmo enquanto os vemos, raramente pensamos neles. E ainda que pareçamos mirá-los com o máximo interesse, na maior parte das vezes toda a nossa atenção se concentra não neles, mas nos objetos tangíveis por eles representados.

É porque quase toda a nossa atenção se concentra não nos objetos representantes, mas nos tangíveis, representados, que em nossa imaginação tendemos a atribuir aos primeiros um grau de magnitude que não lhes pertence, mas sim, inteiramente, aos últimos. Se fechardes um olho e mantiverdes bem em frente ao outro um pequeno círculo de vidro translúcido, de não mais que meia polegada de diâmetro, podereis ver através desse círculo os mais vastos prospectos, gramados, bosques, braços de mar e montanhas distantes. Tendereis a imaginar que a paisagem que assim se vos apresenta, ou a figura que vedes, é imensamente grande e extensa. E os objetos tangíveis que essa figura visível representa sem dúvida o são. Porém, a figura visível que os representa não pode ser maior do que o pequeno círculo visível através do qual ela é vista. E se enquanto olhásseis através desse círculo concebêsseis uma mão mágica e um lápis mágico entre vosso olho e o vidro, o lápis poderia delinear sobre a pequena peça de vidro o traçado de todos esses extensos gramados e bosques, braços de mar e distantes montanhas, nas exatas dimensões em que são realmente vistos pelo olho.[5]

Todo objeto visível que é capaz de encobrir de nossos olhos outro objeto visível deve parecer ao menos tão grande quanto o objeto que é encoberto, deve ocupar ao menos uma proporção igual à daquele plano ou superfície visível que antes se apresentava ao olho. Tanto assim que os óticos nos contam que todos os objetos visíveis, vistos de um mesmo ângulo, devem aparecer com igual tamanho para o olho. O objeto visível que encobre do olho qualquer outro objeto visível deve necessariamente ser visto de ângulos ao menos tão grandes quanto aqueles dos quais o outro objeto nos era visível. Quando cubro meu olho com um dedo visível, no entanto, ele parece encobrir a maior parte do cômodo visível em que me encontro. Ele deveria, portanto, parecer tão grande quanto a maior parte desse cômodo visível. Mas, como sei que o dedo tangível guarda uma proporção muito pequena em relação à maior parte do cômodo tangível, tendo a pensar que o dedo visível guarda essa proporção apenas em relação ao cômodo visível. Meu juízo corrige meu olhar e reduz em minha imaginação o objeto visível às dimensões do objeto tangível que ele representa, diminuindo em muito suas reais dimensões visíveis. Contrariamente, ele aumenta o objeto visível que representa o objeto tangível de maior tamanho, acertando suas dimensões visíveis para muito além do que realmente são. Como em geral minha atenção se ocupa inteiramente dos objetos tangíveis, representados, e não

---

5 Cf. *Teoria dos sentimentos morais*, parte III, cap.3, §2, 3. (N. T.)

Ensaios filosóficos

dos visíveis, representantes, minha imaginação atribui desper-
cebidamente a estes uma proporção que de modo algum lhes
pertence, mas sim aos primeiros.

É porque o objeto visível, ao encobrir outro da mesma espécie, deve sempre parecer ao menos tão grande quanto o encoberto, que os óticos nos informam que o campo de nossa visão
aparece ao olho sempre exatamente com o mesmo tamanho.
Quando colocamos a mão diante do olho, de modo que não
vejamos nada, a não ser o interior da mão, ainda enxergamos
precisamente o mesmo número de pontos visíveis; o campo de
nossa visão permanece ainda tão completamente preenchido, e
a retina tão inteiramente coberta pelo objeto apresentado como
quando esquadrinhamos o mais extenso horizonte.

Um jovem fidalgo nascido em 1728 com ambos os olhos
cobertos por catarata tornou-se mais tarde, graças ao senhor
Cheselden,[6] capaz de enxergar com clareza. "No primeiro momento", diz o cirurgião, "ele enxergava muito pouco e considerava as coisas que via extremamente grandes; mas, após ver
coisas maiores, concebia menores as que havia visto antes, sem
ser, no entanto, capaz de imaginar quaisquer linhas além dos
limites de sua visão imediata; ele sabia, segundo disse, que o
cômodo em que estava não era mais que uma parte da casa, mas
ainda assim não conseguia conceber que a casa inteira parecesse
se maior." Era inevitável que, no primeiro momento, ele nao
concebesse que qualquer objeto visível pudesse ser maior, ou

---

6 William Cheselden (1688-1752), célebre cirurgião inglês. Compare-se a discussão de Smith a Diderot, *Carta sobre os cegos para o
uso dos que veem* (1749), trad. Jacó Guinsburg, in: *Obras filosóficas*.
São Paulo: Perspectiva, 2008. (N. T.)

apresentar ao seu olho um número maior de pontos visíveis, ou ainda preencher mais completamente a abrangência desse órgão do que o seu mais estreito campo de visão. E quando esse campo veio a se ampliar, ele ainda não conseguia conceber que os objetos visíveis apresentados pudessem ser maiores do que os que havia visto antes. Nesse momento, ele provavelmente já estava em alguma medida habituado à conexão entre os objetos visíveis e os tangíveis, e já devia ser capaz de conceber como pequeno o objeto visível que representava um objeto tangível pequeno; e, contrariamente, como grande o objeto visível que representava um objeto tangível grande. Os objetos grandes não lhe apareceram à visão como maiores que os anteriores. Mas os pequenos – os quais, tendo preenchido todo o seu campo de visão, apareceram-lhe tão grandes quanto possível –, uma vez sabido que representavam objetos tangíveis muito menores, pareceram, em sua concepção, tornar-se menores. Ele havia então começado a atentar mais para os objetos tangíveis e representados do que para os visíveis e representantes, e começava a atribuir aos últimos as proporções e dimensões que pertenciam propriamente aos primeiros.

Assim como frequentemente atribuímos aos objetos da visão uma magnitude e proporção que não lhes pertence na realidade, apenas aos objetos do tato que eles representam, do mesmo modo lhes atribuímos uma constância da aparência que tampouco lhes pertence, mas deriva inteiramente de sua conexão com os objetos do tato. A cadeira que neste momento se encontra no ponto mais distante do cômodo aparece-me aos olhos, segundo a tendência de minha imaginação, tão grande quanto me aparecia quando estava próxima de mim. Isto é, quando ela era vista de ângulos pelo menos quatro vezes maiores do que

Ensaios filosóficos

aqueles dos quais a vejo agora, e ocupava uma porção do plano ou superfície visível no mínimo dezesseis vezes maior do que no presente. Mas, como sei que a magnitude da cadeira tangível e representada, principal objeto de minha atenção, permanece a mesma em ambas as posições, atribuo à cadeira visível e representante uma aparência constante (embora ela de fato esteja reduzida agora à décima sexta parte de suas dimensões anteriores), a qual certamente não lhe pertence, mas sim à cadeira tangível e representada. Quando nos aproximamos ou afastamos de um objeto tangível representado por um visível, este gradualmente aumenta, em um caso, e diminui, no outro. Mais precisamente, não é o mesmo objeto visível que enxergamos a diferentes distâncias, mas uma sucessão de objetos visíveis que, embora sejam semelhantes entre si, especialmente os que se seguem imediatamente aos outros, são todos, na realidade, diferentes e distintos. Porém, como sabemos que o objeto tangível que eles representam permanece o mesmo, atribuímos também a eles a identidade que pertence apenas ao primeiro; e imaginamos que vemos a mesma árvore a uma milha, a meia milha ou a poucas jardas de distância. A essa distância, no entanto, os objetos visíveis são tão amplamente diversos que percebemos uma mudança em sua aparência. Mesmo assim, como o objeto tangível que eles representam permanece invariavelmente o mesmo, atribuímos também a eles uma espécie de identidade.

Já se disse que ninguém vê duas vezes o mesmo objeto; e embora isso seja, sem dúvida, um exagero, na realidade não é tanto quanto à primeira vista parece. Não obstante eu tender a imaginar que todas as cadeiras, mesas e pequenas peças do mobiliário do cômodo em que me encontro pareçam sempre iguais aos meus olhos, ainda assim sua aparência está na realidade variando constantemente, não apenas de acordo com toda a variação de sua situação e variação em relação ao lugar em que me encontro, mas de acordo com toda a variação de atitude do meu corpo, mesmo a mais imperceptível, no movimento de minha cabeça ou até mesmo o dos meus olhos. A perspectiva necessariamente varia, de acordo com cada uma dessas variações, incluindo as menores, e, por conseguinte, varia também a aparência dos objetos que a perspectiva apresenta a mim. Observai a dificuldade que um retratista tem para que a pessoa que senta diante dele apresente exatamente o mesmo perfil a partir do qual os primeiros contornos foram traçados. É raro que o pintor se sinta satisfeito com a posição do rosto que se oferece a ele, pois constata que poucas vezes é a mesma a partir da qual traçou os primeiros rápidos esboços. Ele tenta, na medida de suas forças, corrigir a diferença recorrendo à memória, à fantasia, e a uma espécie de arte da aproximação, por meio da qual se empenha em expressar, na medida do possível, o efeito do olhar, os ares e o caráter da pessoa cujo retrato está a desenhar. Outro artista, que desenha a partir de uma estátua, imóvel, experimenta essa mesma dificuldade, embora, sem dúvida, em menor grau. Isso se deve inteiramente à dificuldade que ele tem para manter seu olho precisamente na mesma posição durante o tempo que leva para completar o desenho. É uma dificuldade ainda maior para o pintor que desenha um objeto vivo. A estátua não poderia ser causa de uma variação ou instabilidade qualquer em sua própria aparência. O objeto vivo com frequência o é.

A benevolente natureza dotou-nos com o sentido da visão, tendo com isso o propósito de nos informar a localização e a distância dos objetos tangíveis que nos cercam. Do conhecimento da localização e distância depende a inteira conduta da vida humana, tanto nas mais triviais como nas mais importantes transações. Depende disso até o movimento animal, pois sem a visão não poderíamos nos mover nem tampouco mantermo-nos imóveis em completa segurança. Os objetos da visão, como nota o dr. Berkeley com agudeza,[7] constituem uma espécie de língua, que o Autor da natureza dirige a nossos olhos e por meio da qual nos informa a respeito de muitas coisas que são de suma importância para nós. Como, na linguagem comum, as palavras ou sons não têm qualquer semelhança com as coisas que eles denotam, também nessa outra linguagem os objetos visíveis não têm qualquer semelhança com o objeto tangível por eles representado, e cuja posição relativa a nós e aos demais objetos eles nos informam.

Ele reconhece, no entanto, que, embora não existam palavras mais adequadas para exprimir um significado em detrimento de outro, certos objetos visíveis são mais adequados do que outros para representar certos objetos tangíveis. Um quadrado visível, por exemplo, é mais adequado do que um círculo visível para representar um quadrado tangível. Estritamente falando, provavelmente não existe isso de cubo visível, ou globo visível, pois todos os objetos da visão se apresentam naturalmente ao olho como estando em uma mesma superfície. Mesmo assim, há certas combinações de cores adequadas para representar ao olho seja o próximo seja o distante, seja linhas que avançam seja que rescindem, os ângulos e as superfícies de um cubo tangível, enquanto outras, por sua vez, são adequadas para representar

---

7 *Nova teoria da visão*, 147. (N. T.)

seja a superfície próxima seja a rescindente de um globo tangível. A combinação que representa o cubo tangível não seria adequada para representar o globo tangível, e a que representa o globo tangível não o seria para o cubo tangível. Portanto, por mais que não haja semelhança entre objetos visíveis e objetos tangíveis, parece haver alguma afinidade ou correspondência entre eles, suficiente para que cada objeto visível seja mais adequado a representar certos objetos tangíveis em detrimento de outros. Quanto às palavras, a maioria delas parece não ter nenhuma espécie de afinidade ou correspondência com os significados ou ideias que expressam, e, se o costume assim tivesse ordenado, poderiam muito bem ser utilizadas para expressar, com a mesma propriedade, qualquer outro significado ou ideia.

Observa o dr. Berkeley, recorrendo a uma daquelas felizes ilustrações com que costuma atinar,[8] que isso não é diferente do que acontece na linguagem comum, na qual, embora as letras não tenham nenhuma semelhança com as palavras por ela denotadas, a mesma combinação de letras que representa uma palavra nem sempre serve para representar outra, e cada palavra é sempre mais bem representada por sua própria combinação de letras. Observe-se, no entanto, que, no presente caso, a comparação se altera. A conexão entre objetos visíveis e objetos tangíveis foi de início ilustrada pela comparação entre essa conexão e aquela entre a linguagem escrita e a falada, conexão esta que é completamente diferente. Mesmo essa segunda ilustração não se aplica perfeitamente. Quando o costume assignou perfeitamente os poderes de cada letra, quando assignou, por exemplo, que a primeira letra do alfabeto deve

---

8 *Nova teoria da visão*, 142, 152. (N. T.)

Ensaios filosóficos

sempre representar tal som, e a segunda, outro som, então cada palavra vem a ser representada mais apropriadamente por certa combinação determinada de letras ou caracteres escritos do que poderia sê-lo por qualquer outra combinação. Mesmo assim, os caracteres são, enquanto tais, inteiramente arbitrários, e não têm qualquer afinidade ou correspondência com os sons articulados por eles denotados. O caractere que marca a primeira letra do alfabeto, por exemplo, poderia perfeitamente, com muita propriedade, se assim ordenado pelo costume, ser utilizado para exprimir o som que anexamos ao segundo, e, inversamente, o segundo caractere exprimiria o som que anexamos ao primeiro. Mas os caracteres visíveis que representam a nossos olhos o globo tangível não poderiam representar tão bem o cubo tangível, nem aqueles que representam este último poderiam representar o primeiro. É evidente, portanto, que há certa afinidade entre cada objeto visível e o objeto tangível precisamente representado por ele, muito maior do que a que existe entre caracteres escritos e linguagem falada ou entre a linguagem falada e os significados ou ideias que ela sugere. A linguagem que a natureza endereça a nossos olhos tem, evidentemente, uma adequação quanto à representação, uma aptidão para significar precisamente as coisas que denota, muito superior à de qualquer uma das linguagens artificiais que a arte e o engenho humanos jamais puderam inventar.

Mas, que essa afinidade e correspondência entre objetos visíveis e objetos tangíveis não poderia por si mesma, e sem o auxílio da observação e da experiência, ensinar-nos, apesar dos esforços de nossa razão, a inferir qual objeto tangível em particular cada um dos objetos visíveis representaria, caso não esteja suficientemente evidente pelo que foi dito, deverá ficá-

Adam Smith

-lo a partir das observações do sr. Cheselden acerca do jovem cavalheiro antes mencionado, operado por ele de uma catarata.

Embora digamos que esse cavalheiro era cego da mesma maneira como nos referimos a pessoas que têm cataratas maduras, no entanto não chega por isso a ser tão cego que não distinga o dia da noite, e, no mais das vezes, quando a luz é forte, também o preto, o branco e o roxo, mas, isto sim, não percebe a forma de nada, pois, como a luz que permite tais percepções entra obliquamente, através do líquido aquoso, ou da superfície anterior do cristalino (o que não permite que os raios sejam postos em foco pela retina), seu discernimento visual é como o de um olho sadio que vê através de um vidro de geleia, onde uma grande variedade de superfícies refrata a luz de diferentes maneiras, produzindo, assim, diferentes feixes de luz que o olho não consegue reunir em um mesmo foco. Em tais casos, o aspecto do objeto não se deixa discernir, mas sua cor sim. Era essa a situação do jovem cavalheiro a que me refiro, pois, embora conseguisse distinguir essas cores a uma luz mais forte, quando as via após ter sido operado, as pálidas ideias que delas adquirira não eram suficientes para que pudesse distingui-las, e, por isso, pensava que não eram as mesmas que antes conhecera com seus respectivos nomes.[9]

Esse jovem cavalheiro tinha, portanto, alguma vantagem em relação a alguém que fosse totalmente cego e de repente passasse a enxergar. Ele tinha alguma noção, por imperfeita que fosse,

---

9 Cheselden, Account of observations, in *Anatomy of the Human Body*, p.447-8. (N. T.)

Ensaios filosóficos

da distinção entre as cores, e saberia que essas cores tinham alguma conexão com os objetos tangíveis que se acostumara a ver. Mas, caso tive emergido de uma cegueira completa, só poderia aprender essa conexão após muita observação e experiência. Vantagem essa que, no entanto, não lhe trouxe grande coisa, como se depreende, em parte, das passagens de Cheselden já citadas, e mais ainda desta:

> Quando viu pela primeira vez, era incapaz de julgar as distâncias, que sentia como se os objetos que tocavam seus olhos tocassem a sua pele, e pareceu-lhe que os mais agradáveis eram os suaves e regulares, embora não fosse capaz de julgar de sua forma ou cogitar o que era isso que lhe agradava nos objetos. Não discernia a forma de nada, nem uma forma de outra, por mais diferentes que fossem em aspecto e magnitude. Mas, quando lhe foi dito quais as coisas cuja forma era conhecida previamente pelo tato, observava cuidadosamente que teria de conhecê-las de novo, mas, como eram muitos os objetos a conhecer, esquecia-os com facilidade, e, como ele mesmo disse, de início conhecera e se esquecera de mil coisas em um dia. Relatarei um caso em particular, por trivial que pareça. Tantas vezes se esquecera qual era a gata, qual o cão, que ficara envergonhado de perguntar, mas, ao pegar a gata, que ele conhecia pelo tato, percebeu-se que olhara para ela, satisfeito, e, pondo-a novamente no chão, disse: "Da próxima vez não te confundirei mais, minha querida!".[10]

Quando o jovem cavalheiro disse que os objetos que via tocavam seus olhos, certamente não quis dizer que pressiona-

---

10 Ibid., p.448. (N. T.)

vam seus olhos ou exerciam força sobre eles, pois os objetos da visão nunca atuam no órgão de maneira similar à pressão ou à força. Quis dizer, isto sim, que estavam próximos de seus olhos, ou, mais propriamente, que estavam *em seus olhos*. Um surdo que de repente passasse a ouvir poderia, da mesma maneira, dizer com naturalidade que os sons que ouvia tocavam seus ouvidos, querendo dizer que os sentia muito próximos deles, ou, por assim dizer, e talvez mais propriamente, que eles estavam *em seus ouvidos*.

Ao que o sr. Cheselden logo acrescenta:

> Pensamos que ele não demoraria a identificar o que representavam as pinturas que lhe eram mostradas, mas constatamos que estávamos enganados. Cerca de dois meses após ter sido operado, descobriu, de repente, que elas representavam corpos sólidos, quando pensara que eram planos parcialmente coloridos, ou superfícies diversificadas por uma variedade de tinturas. Então veio outra surpresa, pois, após ter feito a constatação, ele esperava que as pinturas, uma vez tocadas, fossem sentidas como as coisas que elas representavam, e espantou-se ao constatar que as partes que, devido à luz, pareciam rotundas e irregulares, eram planas como o resto. E então perguntou: qual dos sentidos é mentiroso, o tato ou a visão?[11]

A pintura, por meio de combinações de luz e sombra similares às que a natureza utiliza nos objetos visíveis que se apresentam a nossos olhos, tenta imitar esses mesmos objetos, mas jamais pôde se equiparar à perspectiva da natureza ou

---

11 Ibid., p.449. (N. T.)

Ensaios filosóficos

dar a seus produtos uma força e distinção de relevo e projeção como a que a natureza dá aos dela. Quando o jovem cavalheiro começara a compreender a forte e distintiva perspectiva da natureza, a pálida e fraca perspectiva da pintura não causou nele nenhuma impressão, e o quadro lhe pareceu o que de fato é, uma superfície plana manchada com diferentes cores. Quando se familiarizou com a perspectiva da natureza, a inferioridade da perspectiva do quadro não o impediu de descobrir nele uma semelhança com aquela da natureza. Constatara desde sempre que, na perspectiva da natureza, a posição e a distância dos objetos tangíveis representados correspondiam exatamente ao que os objetos visíveis representados sugeriam a ele. Esperava encontrar o mesmo na perspectiva da pintura, que, embora inferior, é similar à da natureza, e desapontou-se ao constatar que os objetos visíveis e tangíveis não tinham, nesse caso, a costumeira correspondência. O sr. Cheselden prossegue:

"Um ano após recobrar a visão, o jovem cavalheiro foi levado a Epsom-downs, e, contemplando ali uma ampla paisagem, deleitou-se com ela a ponto de dizer que era um novo gênero de visão." É evidente que chegara à perfeita compreensão da linguagem da visão. Não mais lhe parecia que os objetos visíveis que lhe eram oferecidos por esse nobre prospecto tocavam seus olhos ou estavam próximos a ele. Não mais apareciam como tendo a mesma magnitude que os pequenos objetos aos quais, por um tempo após a operação, ele se acostumara no quarto em que permanecera confinado. De repente, esses novos objetos, como que por vontade própria, assumiram tanto a distância quanto a magnitude dos grandes objetos tangíveis que eles representavam. Ele se torna, ao que tudo indica, senhor integral da linguagem da visão, e o fizera no decorrer de um

Adam Smith

ano, período bem mais curto do que aquele em que uma pessoa qualquer que acaba de se tornar adulta leva para adquirir o domínio de uma linguagem estrangeira, não importa qual. Ao que tudo indica, realizou progressos consideráveis nos dois primeiros meses. Começou, nesse período inicial, a compreender mesmo a débil perspectiva da pintura, e embora não conseguisse de início distingui-la da poderosa perspectiva da natureza, ele não teria se deixado enganar por uma imitação imperfeita como essa, se os grandes princípios da visão já não estivessem imprimidos em seu espírito, e se não estivesse, por associação de ideias ou por algum outro princípio desconhecido, fortemente predisposto a esperar por certos objetos tangíveis como consequência dos visíveis que lhe haviam sido apresentados. Mas esse rápido progresso talvez possa ser explicado pela adequação da representação, já notada por nós, entre os objetos visíveis e os tangíveis. Pode-se dizer que, na linguagem da natureza, as analogias são mais perfeitas, as etimologias, declinações e conjugações, por assim dizer, são mais regulares que as de qualquer linguagem humana. Há menos regras, e elas não admitem exceções.

Mas, do fato de esse jovem cavalheiro ter adquirido o conhecimento da conexão entre os objetos visíveis e os tangíveis gradualmente, por observação e experiência, não se pode inferir ao certo que os recém-nascidos não tenham um poder instintivo de mesmo gênero. É possível que tal poder, por não ter sido exercido no momento apropriado, tenha gradualmente decaído, até que, pelo desuso, tenha sido obliterado por completo. Ou, talvez, é igualmente possível que traços remanescentes de tal poder tenham, de alguma maneira, facilitado a aquisição de uma capacidade que, de outro modo, seria bem mais difícil de ser obtida.

Ensaios filosóficos

Por outro lado, parece evidente que os filhotes da maioria, senão de todos os animais, possuem, anteriormente a toda experiência, alguma percepção instintiva desse gênero. A galinha nunca alimenta seus filhotes despejando a comida em suas goelas, à maneira do pintarroxo e do tordo. Mal nasceram seus pintinhos, ela não os alimenta, mas os conduz aos campos para alimentá-los, onde, ao que tudo indica, ficam à vontade para ciscar, e parecem ter a mais distinta percepção dos objetos ao seu redor. É assim que, com frequência, podem ser vistos correndo e capturando, rapidamente, cada grão que lhes é oferecido pela mãe, mesmo a distância de muitas jardas; e, logo que vêm à luz, parecem compreender essa linguagem da visão tão bem quanto continuarão a fazê-lo depois. Os filhotes de perdiz e de ganso parecem ter, nesse mesmo período inicial, percepções as mais distintas, desse mesmo gênero. Quase no momento em que rompe a casca, o filhote de perdiz corre em meio à grama e ao milho, o filhote de ganso em meio à charneca, e é certo que ambos se feririam gravemente se não tivessem a mais aguda e distinta percepção de objetos tangíveis que não apenas os cercam como os pressionam por todos os lados. É o caso também dos filhotes de pato, e, até onde pude observar, de ao menos grande parte dos pássaros que constroem seus ninhos no solo, da grande maioria dos que Lineu classifica nas ordens da galinha e do ganso, além de muitas das aves pernaltas, que ele situa na ordem que distingue pelo nome de Grallae.

Parecem nascer cegos, e assim permanecer por alguns dias, os filhotes dos pássaros que constroem seus ninhos em arbustos, sobre árvores, em buracos e fendas nos muros elevados, sobre altos rochedos e precipícios, e outros locais de difícil acesso, ou seja, a maioria dos que Lineu classifica nas ordens do gavião, da pega e do pardal. Até que consigam voar, são alimentados pelos esforços de ambos os progenitores. Mas, tão logo vem esse período, e talvez um pouco antes, é evidente que passam a usufruir de todos os poderes da visão, no mais alto grau de perfeição, e são capazes de distinguir, com a mais exata precisão, o contorno e a proporção dos objetos tangíveis que são representados pelos objetos visíveis. Não se deve supor que, em um período tão curto, teriam adquirido esses poderes a partir da experiência, e, portanto, devem tê-los derivado de alguma propensão instintiva. A visão dos pássaros parece ser mais rápida e mais aguçada que a de qualquer outro animal. Sem se machucar, eles penetram os mais densos e contorcidos arbustos, voam com máxima rapidez através das mais intricadas florestas, e, quando estão cruzando os ares, descobrem no solo os menores insetos e grãos que lhes servem de alimento.

Ao que parece, filhotes de diversas espécies de quadrúpedes, a exemplo dos pássaros que constroem seus ninhos no solo, desfrutam, assim que chegam ao mundo, da faculdade de ver tão perfeitamente quanto veem depois. No dia em que é expelido, ou um dia após sê-lo, o bezerro segue a vaca, o potro a égua para os campos, e, por mais que a timidez os impeça de se afastar muito da mãe, mesmo assim parecem pastar à vontade, o que não poderiam fazer se não conseguissem distinguir, com algum grau de precisão, o contorno e a proporção dos objetos tangíveis que lhes são apresentados pelos visíveis. Mas o grau de precisão com que o cavalo é capaz de realizar essa distinção não parece ser completo em nenhum dos períodos de sua vida. Em cada um deles, tende a recuar diante de muitos objetos visíveis que, se lhes sugerissem o verdadeiro aspecto e proporção dos objetos tangíveis que eles representam, não poderiam ser

Ensaios filosóficos

objetos de medo, como o tronco ou a raiz de uma velha árvore que porventura se encontre à margem da estrada, ou uma pedra volumosa ou fragmento de rocha próximo à trilha que ele segue. Para acalmá-lo à vista de um objeto como esse, o cavaleiro deve ter alguma destreza, bem como muita paciência, e uma têmpera tolerante. Mas, desde o momento em que nasce, o cavalo parece desfrutar dos poderes que a natureza julgou conveniente lhe atribuir, com tanta perfeição como nos períodos subsequentes de sua vida.

Filhotes de outros quadrúpedes vêm cegos ao mundo, a exemplo daqueles dos pássaros que constroem seus ninhos em lugares de difícil acesso. Mas seus olhos não demoram a se abrir, e, tão logo isso acontece, parecem desfrutar da visão no mais completo grau de perfeição, como todos podem observar nos filhotes de cachorro e de gato. Creio que o mesmo pode ser dito a respeito dos demais animais de rapina, ou ao menos a respeito de todos aqueles a respeito dos quais pude coletar informações. Vêm cegos ao mundo; mas, assim que seus olhos se abrem, parecem desfrutar da visão no mais alto grau de perfeição.

Parece difícil conceber que o homem seja o único animal cujo filhote não seja dotado de alguma percepção instintiva do gênero. Mas os filhotes da espécie humana permanecem por tanto tempo em estado de total dependência, por tanto tempo precisam ser carregados nos braços de suas mães ou amas, que pode parecer que tal percepção instintiva lhes seria menos necessária do que para as demais raças de animais. Antes mesmo que lhes sirvam a algum propósito, a observação e a experiência podem, graças ao conhecido princípio de associação de ideias, conectar em seu jovem espírito cada um dos objetos visíveis ao

objeto tangível correspondente que lhe cabe representar. Pode-
-se dizer que a natureza nunca concede a um animal alguma
faculdade que não seja necessária ou útil, e um instinto desse
gênero seria completamente inútil a um animal que necessariamente tem de adquirir o conhecimento a ser suprido pelo
instinto, muito antes de o instinto lhe ser de qualquer uso. Mas
as crianças parecem saber, em um período bastante precoce, a
distância, o aspecto e a magnitude dos diferentes objetos tangíveis que lhes são apresentados, e tendo a pensar que mesmo
elas teriam alguma percepção instintiva desse gênero, ainda
que, possivelmente, em um grau muito mais fraco que a grande maioria dos animais. Uma criança que mal completou um
mês estende as mãos para alcançar um brinquedinho que lhe é
oferecido. Distingue sua ama e outros com quem convive de
estranhos; apega-se aos primeiros, afasta-se dos últimos. Se-
gurai um espelho diante de uma criança de dois ou três meses
de idade, e ela levará suas mãozinhas à parte de trás do espelho,
querendo tocar a criança que ela vê, e que, segundo imagina,
estaria na parte de trás do espelho. Ela se engana, sem dúvida;
mas mesmo essa espécie de ilusão é suficiente para demonstrar
que ela tem uma apreensão suficiente da perspectiva comum
da visão, tal que não poderia ter aprendido da observação e da
experiência.

Seria o caso de algum dentre nossos outros sentidos sugerir
a nós instintivamente, antes de observação e experiência, alguma concepção de substâncias sólidas e resistentes que excitam
suas respectivas sensações, embora estas não tenham nenhuma
semelhança com as substâncias em questão?

Certamente não é o caso do paladar. Para que possamos sentir a sensação, é necessário que a substância sólida e resistente

Ensaios filosóficos

que a excita seja pressionada contra os órgãos do paladar, e, consequentemente, ser percebida por eles. Portanto, o sentido do paladar jamais poderia, antes da sensação e da experiência, sugerir instintivamente alguma concepção dessa substância.

Seria diferente com o sentido do olfato? Os filhotes de todos os animais que se amamentam (os *Mamalia* de Lineu), tenham ou não a visão de nascença, se dirigem ao mamilo da mãe para sugá-lo desde o instante em que vêm ao mundo. Ao fazê-lo, são direcionados, é evidente, pelo sentido do olfato. O olfato parece ou excitar o apetite por alimento, ou ao menos direcionar o animal recém-nascido ao lugar em que o alimento se encontra. Talvez possa fazer ambas as coisas.

Todos sabemos, por experiência própria, que, quando o estômago está vazio, o perfume de um prato saboroso excita e estimula o apetite. Mas o estômago de um animal recém--nascido só pode estar vazio. No útero, o feto é alimentado não pela boca, mas pelo cordão umbilical. Há casos de crianças que nasceram em condições aparentemente perfeitas de saúde e vigor, e que passaram a sugar o mamilo de sua mãe da maneira usual, mas, imediatamente ou logo depois, se puseram a expelir o leite e, passadas algumas horas, morreram em meio a vômitos e convulsões. Ao abrir-se os seus cadáveres, constatou-se que o tubo ou canal intestinal não se abrira em sua completa extensão, mas, como um saco, não permitia a passagem do líquido para além de um ponto determinado. Portanto, não poderia ter sido pela boca, mas apenas pelo cordão umbilical, que tais crianças foram nutridas e se alimentaram a ponto de adquirir a saúde e o vigor com que nasceram. Todos os animais, quando estão no útero, parecem obter seus nutrientes à maneira de um vegetal, que os extrai de uma raiz, e não à de um animal,

179

que os absorve pela boca. Ao que parece, esses nutrientes são transmitidos às diferentes partes do corpo por tubos e canais que, sob muitos aspectos, são diferentes daqueles que depois realizarão a mesma função. Assim que vem ao mundo, esse novo conjunto de tubos e canais, cuidadosamente preparados, por um longo tempo, pela providência da natureza, de repente se abrem de maneira instantânea. Estão todos vazios e têm de ser preenchidos. Uma sensação desconfortável acompanha o primeiro estado, uma sensação agradável, o outro. O odor da substância apropriada para preenchê-los intensifica e estimula essa sensação de desconforto, produzindo fome, ou apetite por alimento.

Os apetites que se originam em certo estado do corpo parecem sugerir os meios de sua própria gratificação, e mesmo, muito antes da experiência, uma antecipação ou preconcepção do prazer atinente a essa gratificação. É algo que se mostra de maneira evidente e distinta no apetite pelo sexo, que, eu tendo a pensar, quase sempre se manifesta antes da puberdade. O apetite pela comida sugere ao bebê recém-nascido a operação de sugar, único meio pelo qual esse apetite pode ser gratificado. Por isso, ele suga continuamente. Suga tudo o que se apresente à sua boca. E suga mesmo quando nada se apresenta, e parece que uma antecipação ou preconcepção do prazer de que desfruta ao sugar explica o deleite que ele tem de conformar sua boca à configuração do ato pelo qual unicamente pode desfrutar desse prazer. Há outros apetites, a propósito dos quais a imaginação mais inexperiente produz um efeito similar nos órgãos que a natureza proveu para a sua gratificação.

O olfato não apenas excita o apetite, como direciona para o único objeto que poderia gratificá-lo. Mas, ao sugerir a direção

Ensaios filosóficos

rumo ao objeto, o olfato deve, necessariamente, sugerir alguma noção de distância e exterioridade, componentes necessárias da ideia de direção, da ideia de linha de deslocamento pela qual a distância pode ser vencida, e a boca posta em contato com a substância desconhecida que é objeto do apetite. Parece pouco provável que o olfato seja capaz por si mesmo de sugerir uma preconcepção do aspecto ou magnitude do corpo exterior para o qual ele direciona. A sensação odorífica parece não ter qualquer afinidade ou correspondência com aspecto e magnitude, e, qualquer que seja a concepção que o bebê tenha delas (e é provável que tenha alguma), é plausível que seja sugerida não tanto pelo olfato diretamente quanto pelo apetite excitado pelo olfato, como no caso do princípio que ensina a criança a moldar seus lábios em conformidade à ação de sugar antes mesmo de ter alcançado o único objeto ao qual essa conformação e essa ação poderiam ser aplicadas com alguma utilidade.

Mas o olfato sugere a direção pela qual o corpo exterior deve ser alcançado, e sugere ao menos uma vaga ideia ou preconcepção da existência desse corpo, da coisa à qual ele dirige, embora talvez não do aspecto e da magnitude precisa da coisa. O bebê, quando sente a boca atraída e como que puxada pelo corpo externo, deve conceber um odor que assim o puxa e o atrai como algo que pertence ao corpo ou procede dele, e que, posteriormente, será denominado e compreendido obscuramente como uma espécie de atributo ou qualidade desse corpo.

É provável também que o olfato sugira alguma percepção minimamente distinta do sabor da comida ao qual dirige. Os respectivos objetos de nossos sentidos externos, ou a maioria deles, parecem não ter qualquer semelhança uns com os outros. A cor não tem semelhança com a solidez, ou com o calor, ou com o frio, ou com o som, ou com o odor, ou com o sabor. Parece, no entanto, haver uma exceção, e apenas uma, a essa regra geral. Parece evidente que as sensações do olfato e do paladar têm alguma semelhança entre si. A natureza parece nos ter dotado de olfato para dirigirmos com ele o sabor. Ele como que anuncia, antes de provarmos, qual deve ser o sabor da comida que é servida a nós. Embora seja percebida por um órgão diferente, parece ser, em muitos casos, uma sensação mais fraca, praticamente do mesmo gênero que o sabor que anuncia. Portanto, é muito natural supor que o olfato sugere ao bebê uma preconcepção minimamente distinta do sabor da comida por ele anunciada, e pode assim, mesmo antes da experiência, fazer que sua boca, como se diz, salive pela comida.

Dentre os numerosos animais que Lineu inclui na classe dos *vermes*, poucos têm cabeça. Não veem nem ouvem, não têm olhos nem ouvidos; mas muitos têm poder de autolocomoção e parecem se deslocar em busca de alimento. O único sentido que poderia orientá-los nessa busca é o olfato. Contudo, as mais aguçadas observações ao microscópio não foram capazes de descobrir nesses animais qualquer órgão particular de olfato. Têm boca e estômago, mas não têm narinas. É provável que o seu órgão do olfato tenha uma sensibilidade do mesmo gênero que os nervos olfativos de animais mais perfeitos. Podem como que cheirar à distância, e são atraídos pelo alimento mediante uma afecção do mesmo órgão com o qual dele desfrutam, de tal modo que o seu olfato e o seu paladar se distinguiriam apenas como sensações mais fracas ou mais fortes, derivadas do mesmo órgão.

Não se pode dizer que as sensações de calor e frio, quando excitadas pela pressão de um mesmo corpo, seja ele aquecido

Ensaios filosóficos

ou resfriado para além da temperatura de nossos próprios órgãos, sugeririam instintivamente, antes de toda observação e experiência, qualquer concepção da substância sólida e resistente que as excita. O que foi dito sobre o sentido do tato vale também nesse caso. Antes que possamos sentir essas sensações, a pressão do corpo externo que as excita deve necessariamente sugerir não apenas uma concepção, mas também a mais distinta convicção de sua existência externa e independente.

Talvez seja diferente quando essas sensações são excitadas pela temperatura do ar externo. Em um dia calmo, quando não há vento, mal percebemos o ar externo como um corpo sólido, e poder-se-ia pensar que as sensações de calor e frio são então sentidas meramente como afecções de nosso próprio corpo, sem qualquer referência a coisas externas. Contudo, poderiam ser mencionados muitos casos em que, é preciso reconhecer, essas sensações, mesmo que sejam excitadas dessa maneira, sugerem uma vaga noção de uma coisa ou substância externa que as excita. Um animal recém-nascido que tenha o poder de se locomover por si mesmo, e sinta o seu próprio corpo de maneira agradável ou desagradável, mais quente ou frio em um lado do que em outro, se empenharia, eu imagino, instintivamente, e antes de qualquer observação e experiência, em se deslocar para o lado que sente agradável, e retirar-se daquele no qual tem a sensação desagradável. Mas o desejo mesmo de movimento pressupõe uma noção ou preconcepção de exterioridade, e o desejo de se mover para o lado agradável ou se afastar do desagradável pressupõe ao menos uma noção vaga de alguma coisa externa ou lugar como causa dessas sensações.

A experiência mostra que os graus agradáveis de calor e frio são também os saudáveis, e os desagradáveis, insalubres.

Adam Smith

Também o grau de insalubridade parece ser proporcional ao do desagrado. Se algum deles for tão desagradável a ponto de ser doloroso, é também, em geral, destrutivo, e em curtíssimo período de tempo. Essas sensações nos foram dadas, ao que parece, para a preservação de nossos corpos. Eles necessariamente excitam o desejo de mudar a nossa situação, quando ela é insalubre ou destrutiva, e, caso seja saudável, permitem-nos, ou antes, incitam-nos a permanecer nela. Mas o desejo de mudar nossa situação necessariamente pressupõe uma ideia de exterioridade, ou de se deslocar para um lugar diferente daquele em que nos encontramos, e mesmo o desejo de permanecer no mesmo lugar pressupõe ao menos uma ideia da possibilidade de mudança. Essas sensações não responderiam adequadamente à intenção da natureza, não sugerissem elas a nós, instintivamente, uma vaga noção de existência exterior.

Predisponho-me a crer que o som, objeto do sentido da audição, embora percebido como se estivesse no ouvido, e em nenhum outro lugar, pode, da mesma maneira, instintivamente, e antes de toda observação e experiência, sugerir obscuramente alguma vaga noção de uma substância ou coisa externa que o excita. Reconheço, contudo, que não pude me lembrar de um só exemplo em que esse sentido produzisse esse efeito de maneira tão distinta como parecem fazê-lo, em alguns casos em particular, os sentidos da visão, do olfato, e mesmo do calor e do frio. Sons inusitados e inesperados sempre nos alertam, e levam-nos a vasculhar à nossa volta por uma substância ou coisa externa que o excita ou da qual ele proceda. Mas o som, considerado meramente uma sensação, ou uma afecção do órgão da audição, não pode, na maioria das vezes, nem beneficiar-nos nem nos ferir. Pode ser agradável ou desagradável, mas, por sua

Ensaios filosóficos

própria natureza, não parece anunciar nada para além do sentimento imediato. Não deve, portanto, nos alarmar. O alarme é o medo de um mal incerto, para além daquilo que se sente imediatamente, devido a uma causa desconhecida externa. Todos os animais, porém, e o homem entre eles, que sentem algum grau desse alarme, são despertados e se tornam compenetrados e atentos, diante do som incomum e inesperado. E esse efeito é produzido tão imediatamente, e tão instantaneamente, que traz todas as marcas de uma sugestão instintiva derivada de uma impressão imediatamente produzida pela mão da natureza, que não espera pela evocação de observação e experiência passadas. A lebre, e todos os outros tímidos animais cuja única defesa é o voo, possuem, ao que se supõe, o sentido da audição no mais alto grau de atividade. Parece ser esse o sentido que os covardes possuem no mais alto grau.

Os três sentidos, da visão, da audição e do olfato, parecem ter sido dados a nós pela natureza não tanto para nos informar sobre a situação de nosso corpo como sobre a situação dos outros corpos, externos, que, apesar de estarem a alguma distância de nós, podem, cedo ou tarde, afetar essa situação, e, eventualmente, beneficiar-nos ou nos prejudicar.

Princípios que conduzem e dirigem a investigação filosófica, ilustrados pela História da Astronomia[1]

Espanto, surpresa e admiração são palavras que, embora se confundam, denotam em nossa língua sentimentos de fato próximos, mas também diferentes em alguns respeitos, e, portanto, distintos. O sentimento que a rigor se denomina espanto é excitado em nós pelo que é novo e singular; o inesperado excita surpresa; o grandioso ou belo, admiração.

Espantamo-nos com objetos extraordinários e incomuns, com os fenômenos mais raros da natureza, como meteoros, cometas e eclipses, com plantas e animais singulares, em suma, com tudo a que estamos pouco ou nada habituados. E, mesmo quando somos alertados de antemão a respeito daquilo que estamos por ver, ainda assim nos espantamos.

Surpreendemo-nos com as coisas que vemos com frequência, mas que não esperávamos encontrar onde as encontramos,

---

1 "The principles which lead and direct philosophical enquiries; illustrated by the history of astronomy." Tradução de Pedro Fernandes Galé. (N. T.)

ou com a aparição repentina de um amigo que encontramos mil vezes, mas não imaginávamos encontrar naquele momento.

Admiramo-nos da beleza de uma planície ou da imponência de uma montanha, mesmo que já as tenhamos visto amiúde e nada se apresente nelas que não tivéssemos certeza de que veríamos.

Pouco importa se essa crítica sobre o significado preciso de tais palavras é justa. Imagino que o seja, embora reconheça que os melhores escritores de nossa língua nem sempre as utilizaram desse modo. Milton afirma, sobre a aparição da Morte para Satã, que

O intrépido Satã (quem crê-lo ousara)
do monstro se admira, mas em nada o teme.[2]

Mas, se essa crítica for justa, a expressão apropriada deveria ter sido "com o monstro se espanta". – Quanto à descoberta de Ifigênia a dormir, Dryden afirma

O tolo por natureza encara com os olhos estúpidos
e a boca lacunar, que atesta a surpresa.[3]

Mas o que Cimon deve ter sentido naquela ocasião não seria propriamente surpresa, mas espanto ou admiração. Sustento

---

2 *"The Fiend what this might be admir'd;/ Admir'd, not fear'd"* (Milton, *Paradise Lost*, II, 677-8). A citação em português foi extraída de: *O Paraíso perdido*. Trad. Antônio José de Lima Leitão. Lisboa: Santos e Vieira Editores, sem data. (N. T.)

3 *"The fool of nature stood with stupid eyes/ And gaping mouth, that testified surprise."* "Cymon and Iphigenia", 107-8. (N. T.)

Ensaios filosóficos

aqui, portanto, que os sentimentos excitados pelo que é novo, pelo que é inesperado, e pelo que é grandioso e belo, são realmente diferentes entre si, por mais que as palavras usadas para expressá-los às vezes sejam confundidas. Mesmo a admiração excitada pela beleza é bastante diferente (como se mostrará com maior detalhe adiante) daquela inspirada pela grandiosidade, embora tenhamos apenas uma palavra para denotá-las.

Esses sentimentos, como todos os outros inspirados por um único e mesmo objeto, se fortalecem e vivificam-se mutuamente. Um objeto com o qual somos bastante familiarizados e que vemos todos os dias, mesmo que grandioso e belo, não produz mais que um pequeno efeito sobre nós, pois a admiração não se fortalece nem pelo espanto, nem pela surpresa. Se ouvirmos uma descrição muito precisa de um monstro, nosso espanto será menor quando o virmos, pois o nosso conhecimento prévio irá prevenir em muito a nossa surpresa.

O objetivo deste ensaio é considerar em particular a natureza e as causas de cada um desses sentimentos, cuja influência é muito mais extensa do que poderíamos imaginar, a partir de um exame menos cuidadoso. Começarei pela surpresa.

Seção I
Do efeito do imprevisto, ou da surpresa

Quando um objeto esperado ou previsto finalmente se apresenta, seja qual for a emoção que ele naturalmente tende a provocar, o espírito estava preparado para ela e pode até tê-la concebido previamente, pois, uma vez que a ideia do objeto esteve presente por algum tempo, é de se esperar que tenha de antemão excitado algum grau da emoção que o próprio objeto excitaria. Assim, a mudança que a sua presença produz torna-se evidentemente menos importante, e a emoção ou paixão que ela excita desliza gradual e suavemente para o coração, sem violência, dor ou dificuldade.[4]

Mas, quando o objeto é inesperado, ocorre o contrário: a paixão precipita-se num repente para o coração, o qual, se ela for forte, entrega-se às emoções mais violentas e convulsivas, tais que, por vezes, chegam a causar a morte súbita; outras vezes, devido à brusquidão do êxtase, a unidade da imaginação é de tal maneira desarticulada, que ela jamais retorna ao equilíbrio e à serenidade anteriores, caindo num frenesi ou insânia crônica; finalmente, há emoções que quase sempre ocasionam a perda momentânea da razão ou da diligência para com outras coisas que a nossa situação ou o nosso dever impõem.

O temor que sentimos dos efeitos das paixões violentas introduzidas de súbito à mente evidencia-se pelas precauções que todos julgam necessárias ao informar alguém acerca de qualquer coisa capaz de excitar tais paixões. Quem se decidiria de imediato por informar um amigo sobre uma tragédia que lhe ocorrera sem tomar o cuidado de alarmá-lo, pela demonstração de um temor hesitante, antes de anunciar-lhe, por assim dizer, a sua desventura, preparando-o e dispondo-o desse modo para receber as más notícias?

O pânico aterrorizante que por vezes se apodera de exércitos ou das populações de grandes cidades quando um inimigo se avizinha, e que abala por algum tempo mesmo o mais resoluto de todos os juízos deliberados, não poderia ser excitado senão

---

4 Ver Hume, *Tratado da natureza humana*, I, I, 4, "Da conexão ou associação das ideias". (N. A.)

Ensaios filosóficos

pela súbita apreensão de um perigo inesperado. Consternações violentas que instantaneamente confundem multidões, paralisam seu entendimento e agitam seus corações com toda a agonia do medo exorbitante jamais podem produzir-se em face de um perigo já previsto, por maior que este seja. Embora naturalmente uma paixão muito forte, o medo jamais se alça a tamanhos exageros, a não ser que seja exasperado pelo espanto, devido à natureza incerta do perigo, e pela surpresa, devido ao caráter repentino da apreensão.

Assim, não se deve considerar a surpresa como uma emoção original, de uma espécie distinta das demais. A natureza da surpresa consiste na mudança violenta e súbita produzida sobre a mente quando, repentinamente, nela se introduz uma emoção qualquer.

A surpresa, contudo, alcança o seu maior grau quando a mente não somente depara com uma paixão súbita e intensa, mas quando encontra a mente no estado mais impróprio para concebê-la. Surpresas alegres quando a mente está imersa em pesar, ou pesarosas quando se encontra arrebatada pela alegria, são, portanto, as mais insuportáveis de todas. Nesse caso, a mudança é a maior possível. Não é apenas uma paixão forte que é concebida de uma só vez, mas uma paixão forte que é o oposto direto daquela que antes ocupava a alma. Quando um fardo de tristeza cai sobre o coração dilatado e pleno de alegria e júbilo, não parece apenas abatê-lo ou oprimi-lo, mas como que comprimi-lo ou esmagá-lo, como um peso real com o corpo. Quando, ao contrário, o coração está deprimido ou contraído por tristeza e pesar, e uma mudança inesperada da fortuna faz jorrar de uma só vez, por assim dizer, uma torrente de contentamento no seu interior, é como se ele fosse subitamente dilatado ou intumescido por

Adam Smith

uma força violenta e implacável, dilacerado pela ânsia das suas mais extraordinárias energias, as quais quase sempre ocasionam desmaios, delírios e às vezes até mesmo a morte instantânea. Pois vale a pena observar que, embora o pesar seja uma paixão mais violenta do que a alegria, visto que todas as sensações incômodas parecem naturalmente mais pungentes do que os seus opostos agradáveis, mesmo assim as surpresas alegres são ainda mais insuportáveis do que as pesarosas. Contam-nos[5] que, após a batalha de Trasímeno, uma dama romana, à qual se informara que seu filho morrera em combate, estava sozinha a lamentar-se de seus infortúnios quando, de súbito, o jovem, que na verdade escapara, adentrou o cômodo em que ela se encontrava, e que ela então gritou e expirou instantaneamente num transporte de contentamento. Suponhamos que ocorresse o contrário, e que, em meio à diversão de uma festividade doméstica, ele de repente caísse morto aos seus pés: seriam os efeitos igualmente violentos? Imagino que não. O coração converge para a alegria com uma elasticidade natural, abandonando-se à agradável emoção assim que o objeto de prazer se apresenta. Parece arremessar-se com ardor ao seu encontro, e a paixão, em sua plena força, imediatamente toma posse integral da alma. Com o pesar, contudo, dá-se algo diverso: o coração de tal modo se retrai e resiste às primeiras aproximações dessa paixão desagradável que leva algum tempo até que o objeto de melancolia produza pleno efeito. O pesar cresce lenta e gradualmente, e jamais se eleva subitamente ao grau de agonia que alcança após um breve lapso de tempo. Já a alegria atira-se sobre nós de uma vez, como uma torrente. Assim, a mudança

---

5 Tito Lívio, *História de Roma*, liv.XXII, cap.7. (N. T.)

Ensaios filosóficos

produzida por uma surpresa alegre é mais súbita, e por isso mesmo mais violenta e capaz de ter efeitos mais fatais do que os ocasionados pela surpresa pesarosa. Também parece haver algo na natureza da surpresa que faz que ela se una mais facilmente ao moto rápido e vivaz da alegria do que ao movimento lento e tedioso do pesar. A maioria dos homens que se disponha a recordar verificará que soubera de mais pessoas que morreram ou ficaram perturbadas em virtude de uma súbita alegria do que de um súbito pesar. No entanto, devido à natureza dos assuntos humanos, este deve ser muito mais frequente do que aquela. Um homem pode quebrar a perna ou perder o filho sem ter antecipado esses eventos, mas dificilmente encontrará uma ventura extraordinária sem que tenha de algum modo antevisto o que estava por vir.

Não só o pesar e a alegria, mas todas as paixões são mais violentas quando extremos opostos se sucedem. Haveria ressentimento tão pungente quanto o que se segue às discussões dos amantes, ou um amor tão ardente quanto o que acompanha sua reconciliação?

Mesmo os objetos dos sentidos exteriores nos afetam com mais vivacidade, quando se sucedem uns aos outros ou são postos lado a lado. O calor moderado é sentido como uma fervura insuportável, quando sucede o frio extremo. O que é amargo parecerá sê-lo mais ainda, se experimentado após algo muito doce, assim como o branco encardido parecerá alvo e lustroso quando posto ao lado do azeviche. Em suma, a vivacidade de toda sensação, bem como de todo sentimento, parece ser maior ou menor em proporção à mudança ocasionada pela sua impressão na mente ou órgão. Tal mudança, contudo, será necessariamente a maior possível quando sentimentos ou sensações opostos são contrastados ou se sucedem imediata-

193

mente uns aos outros. É então que os sentimentos e sensações são mais intensos. Essa vivacidade superior provém do fato de serem trazidos à mente ou ao órgão quando este se encontra mais impróprio para concebê-los.

Assim como a oposição de sentimentos em contraste eleva sua vivacidade, também a semelhança dos que se sucedem uns aos outros torna-os mais débeis e lânguidos. Um pai que tenha perdido vários filhos, um após o outro, será menos afetado pela morte do último que pela do primeiro, embora a perda em si seja indubitavelmente maior. Mas, como sua mente já está imersa em tristeza, o novo infortúnio não parece produzir outro efeito que não a continuidade da mesma melancolia, e não ocasiona os transportes de sentimento que tais calamidades costumam suscitar em sua primeira ocorrência. Ele o recebe com profundo abatimento, mas ainda assim mantém um certo grau de calma e compostura, sem a agonia e a agitação mental que a novidade do infortúnio tende a ocasionar. Com efeito, os que foram desafortunados ao longo de toda a vida costumam ser melancólicos, às vezes rabugentos e hipocondríacos, mas raramente descambam para uma paixão mais violenta, em face de um novo desapontamento, ainda que se vexem e reclamem um pouco. De qualquer modo, nunca chegam àqueles transportes de fúria e pesar que não raro acometem os prósperos e os afortunados em ocasiões semelhantes.

Nisso se baseiam, em larga medida, alguns dos efeitos do hábito e do costume. É bem sabido que o costume enfraquece a vivacidade tanto da dor como do prazer: reduz o pesar que sentiríamos em virtude da primeira e atenua a alegria que derivaríamos do último. Suporta-se a dor sem agonia e desfruta-se o prazer sem arrebatamento, pois o costume ou repetição

Ensaios filosóficos

frequente de qualquer objeto acaba por conformar ou inclinar a mente, ou órgão, ao ânimo e à disposição habituais que a acomodam para receber a impressão daquele objeto, sem que com isso sofra qualquer mudança violenta.

Seção II
Do espanto, ou dos efeitos da novidade

É evidente que a mente se apraz em observar as semelhanças que se pode descobrir entre diferentes objetos. É por meio de tais observações que ela procura organizar e metodizar todas as suas ideias ao reduzi-las a classes e grupos apropriados. Onde quer que a mente observe pelo menos uma qualidade comum a uma grande variedade de objetos, por mais diversos que estes sejam em outros respeitos, essa circunstância será suficiente para conectá-los, reduzi-los a uma classe comum e chamá-los por um nome geral. Assim, todas as coisas dotadas de poder de movimento voluntário, sejam feras, pássaros, peixes ou insetos, são classificadas sob a denominação geral de animal. Do mesmo modo, quando essas coisas são consideradas em conjunto com outras que carecem de tal poder, são organizadas sob a palavra ainda mais geral de Substância; e essa é a origem dos agrupamentos de objetos e ideias que nas escolas são chamados de gêneros e espécies, bem como das palavras e nomes gerais que em todas as línguas são utilizados para expressá-los.

Quanto mais avançamos em conhecimento e experiência, maior é o número de divisões e subdivisões de gêneros e espécies que somos propensos e mesmo obrigados a fazer. Observavamos, então, uma maior variedade de particularidades entre coisas que possuem uma semelhança geral, e, ao fazer novas divisões de acordo com as particularidades recém-observadas, muitas vezes não nos satisfazemos mais com a capacidade de referir um objeto a um gênero remoto ou a uma classe muito geral de coisas, dentre as quais muitas não possuem senão uma vaga e imperfeita semelhança com o referido objeto. Com efeito, uma pessoa que desconhece a Botânica pode esperar satisfazer a vossa curiosidade ao contar-vos que tal vegetal é uma erva, ou, em termos ainda mais gerais, que é uma planta. Mas um botânico não daria nem aceitaria essa resposta. Ele já desbastou e dividiu aquela ampla classe de objetos em uma multidão de agrupamentos inferiores, de acordo com as variedades que a sua experiência neles descobriu, e portanto, quer referir cada planta individual a alguma família de vegetais com os quais, em sua totalidade, ela tenha uma semelhança mais exata do que com várias outras coisas compreendidas sob o vasto gênero das plantas. Uma criança imagina que dá uma resposta satisfatória quando vos diz que um objeto, cujo nome ela desconhece, é uma coisa, e acredita que vos informa de algo quando determina a qual das duas classes mais óbvias e abrangentes de objetos aquela impressão particular deveria ser referida: se à classe das realidades ou substâncias sólidas, a que ela chama de *coisas*, ou à classe das aparências, a que ela chama de *não coisas*.

Em resumo, tudo o que nos ocorre, seja o que for, somos propensos a referir a alguma espécie ou classe de coisas com as quais a primeira tenha uma semelhança quase perfeita. E, mesmo que não saibamos mais sobre aquelas do que sobre esta, ainda assim tendemos a considerar que, por sermos capazes de fazê-lo, demonstramos ser mais familiarizados com ela e ter uma visão mais completa de sua natureza. Mas, quando algo muito novo e singular se apresenta, sentimo-nos incapazes de fazê-lo. De todas as suas provisões, a memória não consegue dispor de nenhuma imagem que se assemelhe a esse estranho fenômeno. Se, por alguma de suas qualidades, ela parece assemelhar-se e conectar-se a alguma espécie com a qual já somos familiarizados, outras, contudo, a separam ou apartam dessa espécie, bem como de todos os demais agrupamentos de coisas que já estabelecemos. Ela permanece única e isolada na imaginação, e se recusa a agrupar-se e confundir-se com qualquer conjunto de objetos. A imaginação e a memória se exercem inutilmente, e é em vão que vasculham todas as suas classes de ideias a fim de encontrar alguma sob a qual se possa organizá-la. Elas flutuam inutilmente de pensamento em pensamento, e ainda assim continuamos indecisos e sem saber ao certo onde situá-la ou o que pensar a seu respeito. Essa flutuação, e a busca em vão, juntamente com a emoção ou movimento dos espíritos que estas provocam, constituem o sentimento propriamente chamado de *espanto*, que causa aquele olhar fixo, e por vezes aquele revirar de olhos, aquela suspensão do fôlego e aquela fremência do coração que todos podemos observar em nós mesmos ou nos outros quando nos espantamos com algum objeto novo. Tais são os sintomas naturais do pensamento incerto e indeterminado. Que tipo de coisa é essa? Com que ela se parece? É o que somos naturalmente propensos a perguntar em tais ocasiões. Se conseguirmos reunir vários objetos que se assemelham exatamente à nova aparência, e que se apresentam à imaginação naturalmente, como se fosse por iniciativa própria, nosso espanto passará por completo. Se não conseguirmos reunir mais do que alguns poucos deles, e a muito custo, nosso espanto certamente diminuirá, mas não será completamente eliminado. Se não conseguirmos reunir nada e ficarmos completamente atônitos, ele atingirá o maior grau possível.

Com que curiosa atenção um naturalista examina uma planta singular ou um fóssil singular que lhe apresentam! Não há embaraço em referi-lo ao gênero geral das plantas ou fósseis, mas isso não o satisfaz: quando considera todas as diferentes tribos ou espécies que conhece, todas se recusam a admitir o novo objeto em seu grupo. Assim, a novidade permanece isolada em sua imaginação, como se estivesse apartada de todas as outras espécies do gênero a que pertence. No entanto, ele se esforça para conectá-la com alguma delas. Ora pensa que se pode situá-la neste agrupamento, ora noutro, e jamais se satisfaz até que se depare com um a que ela se assemelhe na maior parte de suas qualidades. Se não conseguir fazê-lo, nunca a abandonará isolada; antes alargará, por assim dizer, os limites de alguma espécie para acomodá-la, ou então criará uma nova espécie com o propósito de recebê-la, e dirá que se trata de um jogo da natureza ou lhe dará alguma outra denominação que comporte todas as singularidades com as quais não há mais nada a fazer. De qualquer modo, deve referir a novidade a uma classe qualquer de objetos conhecidos e encontrar uma ou outra semelhança entre estes e aquela antes que possa se livrar do espanto, da incerteza e da curiosidade ansiosa excitada pela sua aparência singular ou sua dissimilitude para com os objetos já observados.

Assim como objetos individuais e singulares excitam desse modo o nosso espanto quando, em virtude de suas qualidades incomuns e aparência singular, deixam-nos incertos quanto à espécie de coisas a que devemos referi-los, assim também uma sucessão de objetos que se seguem uns aos outros numa série

Ensaios filosóficos

ou ordem incomum produzirá o mesmo efeito, mesmo que não haja nada de extraordinário em cada um deles isoladamente.

Quando um objeto usual aparece depois de outro a que aquele normalmente não se seguiria, primeiro excita, devido ao seu caráter inesperado, o sentimento a que propriamente se chama surpresa, e, em seguida, devido à singularidade da sucessão ou à ordem de aparição, o sentimento que se chama propriamente de espanto. Sobressaltamo-nos e ficamos surpresos ao notá-lo ali, e então nos indagamos como ele veio a estar naquele lugar. O deslocamento de uma pequena peça de ferro sobre uma superfície plana não é em si um objeto extraordinário. Assim mesmo, a pessoa que primeiro o viu ocorrer sem qualquer impulso visível, em consequência do deslocamento de um ímã a pequena distância da peça, não poderia deixar de ter a mais extrema surpresa. Uma vez passada a emoção momentânea, ele ainda se perguntaria como o primeiro evento pôde relacionar-se ao outro, visto que, de acordo com o curso ordinário das coisas, ele não poderia minimamente suspeitar daquela conexão.

Quando se observa amiúde que dois objetos, por mais díspares que sejam, se sucedem um ao outro e se apresentam constantemente aos sentidos naquela ordem, eles passam a ser conectados na imaginação, de modo que a ideia de um deles parece evocar e introduzir, por iniciativa própria, a ideia do outro. Se esses objetos são sempre observados em tal sucessão, essa conexão, ou, como se tem dito, essa associação das suas ideias se torna cada vez mais determinada, e o hábito da imaginação de passar da concepção de um para a do outro se fixa e confirma cada vez mais. Como as ideias se movem mais rapidamente do que os objetos externos, a imaginação constantemente os precede e, portanto, antecipa todo evento que ocorre conforme ao curso ordinário das coisas. Quando os objetos se sucedem uns aos outros na mesma sequência em que as ideias da imaginação, como se explicou antes, foram acostumadas a se mover e adquiriram uma tendência a seguir por iniciativa própria – mesmo que não conduzidas por aquela cadeia de eventos apresentada aos sentidos –, tais objetos aparecem todos estritamente conectados uns aos outros, e o pensamento os percorre sem esforço ou interrupção. Eles se harmonizam com o curso natural da imaginação, e, assim como as ideias que representaram aquela série de eventos pareciam todas introduzir-se mutuamente umas às outras, cada último pensamento sendo evocado pelo anterior e evocando o seguinte, assim também, quando os próprios objetos ocorrem, cada último evento parece igualmente ser introduzido pelo anterior e introduzir o seguinte. Não há interrupção, parada, lacuna ou intervalo. As ideias excitadas por um encadeamento tão coerente de coisas parecem como que flutuar através da mente por si mesmas, sem obrigá-la a se empenhar ou realizar qualquer esforço para passar de uma a outra.

Mas, se essa conexão costumeira for interrompida, se um ou mais objetos aparecerem numa ordem completamente diferente daquela a que a imaginação se acostumou e para a qual está preparada, ocorre então exatamente o contrário. Primeiro nos surpreendemos pelo caráter inesperado do novo fenômeno, e, quando essa emoção momentânea passa, ainda nos perguntamos como ela pôde ocorrer naquela situação. A imaginação já não sente a facilidade usual para passar de um evento para o seguinte. Trata-se de uma regra ou ordem de sucessão à qual ela não está acostumada, e, por isso, encontra alguma dificuldade

Ensaios filosóficos

em segui-la ou acompanhá-la. O movimento ou curso natural com que a fantasia procedia é pausado ou interrompido. Os dois eventos parecem permanecer afastados um do outro. A fantasia se empenha em agrupá-los, mas eles se recusam a unir--se. É então que ela sente, ou imagina sentir algo como uma lacuna ou intervalo entre eles, e naturalmente hesita, e como que se detém à beira desse intervalo. Esforça-se para encontrar algo que possa preencher a lacuna, algo que, como uma ponte, possa ao menos provisoriamente unir aqueles objetos aparentemente distantes, de modo a tornar a passagem do pensamento de um ao outro suave, natural e fácil. A suposição de um encadeamento de eventos intermediários que, embora invisíveis, articulem os dois fenômenos à parte e, ao mesmo tempo, sucedam uns aos outros numa série semelhante àquela em que a imaginação está acostumada a mover-se, tal é a única ponte que pode, por assim dizer, suavizar a passagem da imaginação de um objeto ao outro. Assim, quando observamos o movimento do ferro em consequência do movimento do ímã, pasmamos e hesitamos, sentimos uma falta de conexão entre dois eventos que se seguem numa série tão incomum. Mas, quando imaginamos com Descartes certos eflúvios invisíveis a circular em torno de um deles e, por seus repetidos impulsos, a impelir o outro, ambos movendo-se na sua direção e seguindo os seus movimentos, preenchemos então o intervalo entre os dois eventos, ligamo-los por uma espécie de ponte, e assim livramo-nos da hesitação e da dificuldade que a imaginação sentia ao passar de um ao outro. Sob essa hipótese, o ferro mover-se atrás do ímã parece em certa medida estar de acordo com o curso ordinário das coisas. De todos os tipos de sucessão, o movimento por impulso é aquele com que estamos mais familiarizados.

Adam Smith

Dois objetos conectados desse modo deixam de parecer desconexos, e a imaginação desliza suave e facilmente entre eles.

Tal é a natureza dessa segunda espécie de espanto, resultante de uma sucessão incomum de coisas. A essência dessa emoção consiste na pausa imposta ao curso da imaginação, na dificuldade que ela encontra em transitar pelos objetos desconexos, bem como na impressão da existência de uma lacuna ou intervalo entre eles. Diante da clara descoberta de uma cadeia de eventos intermediários a uni-los, tal emoção se dissipa inteiramente. O que obstruía o movimento da imaginação é então removido. Quem se espantaria com a maquinaria do teatro de ópera depois de ter sido admitido aos bastidores? Quanto às maravilhas da natureza, entretanto, é raro que possamos descobrir tão claramente essa cadeia de conexão. Na verdade, somos admitidos nos bastidores de apenas alguns deles, e nosso espanto se extinguiu por completo. Assim, os eclipses do Sol e da Lua, que outrora excitaram, mais que todos os outros fenômenos celestes, o terror e a estupefação da humanidade, hoje não mais parecem ser espantosos, já que se encontrou a cadeia de conexão que os une ao curso ordinário das coisas. Do mesmo modo, nos casos em que não tivemos tanto sucesso, até as hipóteses vagas de Descartes e as noções ainda mais indeterminadas de Aristóteles contribuíram para dar alguma coerência aos fenômenos da natureza, e lograram assim diminuir o seu espanto, embora não tenham sido capazes de suprimi-lo. Se não preencheram completamente o intervalo entre os dois objetos desconexos, ao menos lhes conferiram algum tipo de conexão frouxa que antes lhes faltava.

Que a imaginação sente uma dificuldade real em transitar entre dois eventos que se seguem numa ordem incomum pode

Ensaios filosóficos

ser confirmado por muitas observações óbvias. Se a imaginação tenta acompanhar por muito tempo uma longa série desse tipo, os contínuos esforços que ela é obrigada a fazer a fim de passar de um objeto ao outro, e assim seguir o progresso da sucessão, logo a extenuam. Se esses esforços se repetem com muita frequência, eles desorganizam e desarticulam toda a estrutura da imaginação. É por isso que uma aplicação muito severa aos estudos por vezes leva ao delírio e à insânia, especialmente no caso dos que estão um tanto avançados na vida, mas cujas imaginações, por ser aplicadas muito tardiamente, não possuem o hábito que as torna aptas para seguir facilmente os raciocínios das ciências abstratas. Cada passo de uma demonstração, que para um praticante tarimbado é muito fácil e natural, requer deles a mais intensa aplicação do pensamento. Contudo, emulados pela ambição ou pela admiração pelo objeto, prosseguem ininterruptamente até ficarem de início confusos, depois tomados de vertigens, e, finalmente, dementes. Imaginemos uma pessoa de juízo absolutamente são que houvesse atingido a sua maturidade, e cuja imaginação tivesse adquirido todos os hábitos e o feitio que a constituição das coisas neste mundo necessariamente imprime. Imaginemos, então, que ela fosse subitamente transportada viva para algum outro planeta onde a natureza fosse governada por leis inteiramente diferentes das que existem aqui. Como ele iria ser continuamente obrigado a acompanhar eventos que devem parecer-lhe extremamente incompatíveis, irregulares e discrepantes, logo começaria a se sentir acometido daquela mesma confusão e vertigem, as quais finalmente terminariam da mesma maneira: em delírio e demência. Para produzir esse efeito não é necessário que os objetos sejam grandiosos, interessantes ou extraordinários em si mesmos. Basta que eles se sigam uns aos outros numa ordem incomum. Que alguém tente observar um jogo de cartas e acompanhar em particular cada lance individual: se essa pessoa não estiver familiarizada com a natureza e as regras do jogo, isto é, com as leis que regulam a sucessão das cartas, logo começará a se sentir acometida daquela mesma confusão e vertigem, as quais, se a situação prosseguisse por dias e meses, acabariam da mesma maneira: em delírio e demência. Mas, se a mente é desse modo lançada na mais violenta desordem quando acompanha uma longa série de eventos que se seguem uns aos outros numa série incomum, é provável que ela sinta a mesma desordem no mesmo grau quando observa apenas um evento particular que ocorre dessa maneira anormal: pois a desordem violenta pode surgir meramente da repetição excessiva dessa inquietação menor.

Não é menos evidente que é apenas o caráter extraordinário da sucessão, bem como a noção de um intervalo entre dois objetos em sucessão imediata – a ser preenchido por uma cadeia de eventos intermediários –, que ocasionam a pausa e a interrupção no progresso da imaginação. As mesmas ordens de sucessão que, para um grupo de homens, parecem em total acordo com o curso natural das coisas, de modo a não necessitar de quaisquer eventos intermediários para uni-las, para outro parecerão inteiramente incoerentes e disjuntas, a não ser que se suponham alguns daqueles eventos. A única razão para isso é que tais ordens são familiares para o primeiro grupo, assim como são estranhas ao segundo. Quando visitamos as oficinas dos mais comuns dos artesãos, tais como tintureiros, cervejeiros e destiladores, observamos vários fenômenos que se apresentam para nós em uma ordem que nos parece muito es-

Ensaios filosóficos

tranha e mesmo espantosa. Nosso pensamento tem dificuldade de acompanhá-la, sentimos um intervalo entre os fatos de uma mesma série, e sentimos falta de uma cadeia de eventos intermediários para preencher essa lacuna e reuni-los. Mas o artesão, que há muitos anos está familiarizado com as consequências de todas as operações de sua arte, este não sente nenhum intervalo. Tais eventos são concordes ao movimento que o costume tornou natural à sua imaginação e, portanto, não lhe excitam mais espanto algum. A não ser que tenha um gênio superior à sua profissão, de modo a ser capaz de realizar a reflexão muito simples de que aquelas coisas que lhe são familiares podem ser estranhas a nós, salvo essa possibilidade, ele será mais propenso a rir de nós do que de compreender o nosso espanto. Ele não pode conceber por que se necessita de eventos de conexão para unir fenômenos que, aos seus olhos, sucedem-se uns aos outros de modo muito natural. É da natureza deles, conta-nos, seguir-se uns aos outros nessa ordem, e, portanto, é assim que eles sempre fazem. Da mesma maneira, desde o início do mundo, o pão tem sido o alimento trivial do corpo humano, e há tanto tempo que os homens o veem diariamente convertido em carne e ossos, substâncias muito diversas do pão em todos os aspectos, que raramente tiveram a curiosidade de investigar por qual processo de eventos intermediários essa mudança se dá. Pois o costume tornou a passagem do pensamento de um objeto a outro muito fácil e suave, praticamente sem que haja a suposição de processo algum. Na verdade, os filósofos, sempre à procura de um encadeamento de objetos invisíveis para unir eventos com os quais todo mundo está familiarizado, são os únicos que se esforçam para descobrir um encadeamento desse tipo entre os dois eventos que acabei de mencionar, assim como para conectar, através de um desses encadeamentos intermediários, a gravidade, a elasticidade, e mesmo a coesão dos corpos naturais com algumas de suas outras qualidades. Nenhuma dessas combinações de eventos, contudo, constitui obstáculo para as imaginações do grosso da humanidade, de modo que não causam espanto, nem qualquer percepção de que falte uma conexão mais precisa entre eles. Mas, assim como ocorre com alguns sons, que para a maioria dos homens parecem perfeitamente concordes à medida e à harmonia, e, no entanto, o ouvido mais sutil do músico lhes descobre falta tanto de precisão no compasso como de perfeição na concordância, assim também o pensamento mais experimentado do filósofo, que passa toda a vida a estudar os princípios de conexão da natureza, muitas vezes sentirá um intervalo entre dois objetos que, para observadores menos cuidadosos, parecem estritamente unidos. A constante atenção dedicada a todas as conexões que já se apresentaram à sua observação, e o fato de sempre comparar umas com as outras, fizeram que ele, do mesmo modo que o músico, adquirisse um ouvido mais sutil e uma sensibilidade mais delicada para coisas dessa natureza. E, assim como para o primeiro parece dissonância a música cuja harmonia esteja aquém da maior perfeição, assim também para o último parecem totalmente separados e desconexos eventos que não estejam exata e perfeitamente conectados entre si.

A Filosofia é a ciência dos princípios de conexão da natureza. Ante a mais ampla experiência que a observação comum pode alcançar, a natureza parece abundante em eventos que se mostram solitários e incoerentes com tudo que os precede, o que, consequentemente, embaraça a fluência do movimento da imaginação, fazendo que as suas ideias se sucedam umas às ou-

Ensaios filosóficos

tras, por assim dizer, por arrancos e ímpetos irregulares, o que, por seu turno, tende, em certa medida, a introduzir as confusões e perturbações já mencionadas. A Filosofia, ao representar os encadeamentos invisíveis que ligam todos aqueles objetos desconexos, busca introduzir ordem nesse caos de aparências discrepantes e incompatíveis, atenuar o tumulto da imaginação e reconduzi-la, quando observa as grandes revoluções do universo, ao tom de tranquilidade e compostura que, além de ser em si mesmo mais agradável, é o mais adequado à sua natureza. A Filosofia, portanto, pode ser vista como uma das artes que dizem respeito à imaginação, cuja teoria e história, por conseguinte, estão devidamente abarcadas pela circunscrição de nosso objeto. Esforcemo-nos para remontá-la desde o seu primórdio até o auge da perfeição que agora se supõe que ela tenha alcançado, o qual, na verdade, em quase todos os tempos se supôs igualmente que ela houvesse atingido. Trata-se da mais sublime de todas as artes agradáveis, e as suas revoluções têm sido as maiores, as mais frequentes e as mais notáveis de todas as que já ocorreram no mundo literário. Assim, a sua história deve ser, sob todos os aspectos, das mais interessantes e das mais instrutivas. Examinemos, portanto, todos os diferentes sistemas da natureza que, nestas bandas ocidentais do mundo — a única parte de sua história de que temos algum conhecimento —, foram sucessivamente adotados pelos eruditos e pelos homens de gênio; e, sem atentar para o seu absurdo ou probabilidade, sua coerência ou inconsistência com a verdade e a realidade, consideremo-los apenas do ponto de vista específico pertinente ao nosso objeto, e contentemo-nos em investigar o quanto cada um deles foi capaz de confortar a imaginação e fazer do teatro da natureza um espetáculo mais coerente, portanto mais magnificente, do que de outro modo ele pareceria ser. Ao seu fracasso ou sucesso nesse particular tem correspondido o seu fracasso ou sucesso em granjear reputação e renome aos seus autores. Ver-se-á que este é o fio mais apto a nos conduzir por todos os labirintos da história filosófica, uma vez que servirá ao mesmo tempo para confirmar o que veio antes e jogar luz sobre o que virá em seguida, pois, de modo geral, observamos que jamais houve sistema algum, por mais bem fundamentado que fosse, que tenha sido capaz de ganhar reconhecimento geral no mundo sem que os seus princípios de conexão fossem familiares a toda a humanidade. Por que ao longo de todos os tempos a Filosofia Química tem engatinhado na obscuridade e recebido a negligência da generalidade dos homens, enquanto outros sistemas menos úteis e não mais coerentes com a experiência têm cativado a admiração universal por séculos a fio? Os homens em geral nada sabem sobre os princípios de conexão da Filosofia Química, raramente os viram e nunca se familiarizaram com eles. Para esses homens, portanto, tais princípios são incapazes de suavizar a passagem da imaginação entre qualquer dupla de objetos aparentemente desconexos. Sais, súlfures e mercuriais, ácidos e álcalis, são todos princípios que só podem unir coisas para quem vive ao redor da fornalha, mas cujas operações mais comuns parecem ao grosso da humanidade tão disjuntas quanto qualquer dupla de eventos que os químicos conectariam por meio desses princípios. Todavia, esses artistas naturalmente explicaram coisas para si mesmos por meio de princípios que lhes eram familiares. Como Aristóteles observa, os primeiros pitagóricos a estudar a Aritmética explicavam todas as coisas por meio das propriedades dos números. Cícero conta

Ensaios filosóficos

que Aristoxenus, o músico, constatou que a natureza da alma consistia na harmonia. Da mesma maneira, recentemente, um médico erudito apresentou-nos um sistema de Filosofia Moral baseado nos princípios de sua própria arte, segundo o qual a sabedoria e a virtude seriam o estado sadio da alma, e os diferentes vícios e imprudências, as diferentes doenças a que a alma está sujeita. Tal doutrina distingue as causas e sintomas dessas doenças e, no mesmo estilo médico, prescreve um método adequado de cura. Do mesmo modo, outros também traçaram paralelos entre pintura e poesia, entre poesia e música, entre música e arquitetura, entre beleza e virtude, entre todas as belas artes. Tais sistemas devem universalmente a sua origem às elucubrações dos que eram familiarizados com uma das artes, mas ignorantes da outra, e que portanto explicaram para si mesmos os fenômenos que lhes eram estranhos pelos que lhes eram familiares. Por conta disso, a analogia, que em outros escritores origina umas poucas similitudes engenhosas, no caso deles tornou-se a grande articulação por meio da qual tudo se desdobra.

Seção III
Da origem da Filosofia

Nos primórdios da sociedade, antes que a lei, a ordem e a segurança se estabelecessem, os homens tinham pouca curiosidade em descobrir as cadeias de eventos ocultas que unem fenômenos da natureza aparentemente desconexos entre si. Um selvagem cuja subsistência é precária e cuja vida o expõe diariamente aos mais violentos perigos não tem a inclinação de se aprazer com a busca daquilo que, uma vez descoberto, não parece servir a outro propósito que tornar o teatro da natureza um espetáculo mais coeso para a sua imaginação. Muitas das pequenas incoerências que no correr das coisas deixam o filósofo perplexo escapam inteiramente à sua atenção. As irregularidades mais grandiosas, cujo esplendor ele não pode ignorar, inspiram-lhe assombro. Cometas e outros meteoros, eclipses, trovões e relâmpagos naturalmente o apavoram por sua grandiosidade, e ele os encara com uma reverência próxima do temor. A sua inexperiência e incerteza quanto a tudo que lhes diz respeito, como surgiram, como desaparecem, o que veio antes, o que se seguirá, tudo isso exacerba o seu sentimento até o terror e a consternação. Mas, como observa o padre Malebranche, todas as nossas paixões justificam a si mesmas, isto é, sugerem-nos opiniões que as justificam. Assim, visto que essas aparições[6] o aterrorizam, o selvagem é propenso a acreditar em tudo que possa torná-los ainda mais os objetos de seu terror. A noção de que esses eventos procedam de uma causa inteligente, embora invisível, e que sejam os sinais ou efeitos de sua vingança ou o seu desagrado, é a mais apta de todas as possíveis para intensificar a paixão do selvagem, e é esta, portanto, que ele está mais propenso a acolher. Ademais, a covardia e a pusilanimidade, tão naturais aos homens no estado incivilizado, os dispõem ainda mais a isso: sem a proteção das leis de sociedade, exposto e indefeso, ele sente a sua fraqueza em todas as ocasiões, ao passo que em nenhuma delas sente a sua força e segurança.

---

6 No original inglês, *appearance*. Ao longo da tradução, o termo encontra-se vertido, conforme o contexto, por "aparição", "aparência" ou "fenômeno" – este último vocábulo oriundo da filosofia natural de Newton. (N. T.)

Ensaios filosóficos

Mas nem todas as irregularidades da natureza são do tipo medonho ou terrível. Algumas são perfeitamente belas e agradáveis. Estas, em virtude da mesma impotência da mente, seriam consideradas com amor e complacência, e até com transportes de gratidão. Pois qualquer causa de prazer excita a nossa gratidão. A criança acaricia a fruta que lhe é agradável, ao passo que bate na pedra que a fere. As noções de um selvagem não são muito diferentes. Os antigos atenienses, que puniam solenemente o machado que houvesse causado a morte de um homem por acidente, erigiram altares e ofereceram sacrifícios ao arco-íris. Por vezes, sentimentos não muito diferentes destes podem, em tais ocasiões, começar a ser sentidos até mesmo no peito dos mais civilizados, mas são prontamente coibidos pela reflexão de que as coisas não são os objetos próprios de tais sentimentos. Mas um selvagem, cujas noções se orientam inteiramente pela natureza bruta e a paixão indômita, não espera outra prova de que uma coisa é o objeto próprio de um sentimento além do fato de que ela o provoca. A reverência e a gratidão que algumas aparições da natureza lhe inspiram convencem-no de que elas são os próprios objetos de reverência e gratidão, e, consequentemente, provêm de seres inteligentes que se aprazem com a expressão desses sentimentos. Para ele, portanto, o ato de qualquer objeto da natureza que, pela beleza ou grandiosidade, pela utilidade ou caráter ameaçador, seja notável o suficiente para atrair a sua atenção, e cujas operações não sejam perfeitamente regulares, é tomado como obra de alguma potência invisível e dotada de intenção. O mar se dissipa em calmaria ou se arrepia em tempestade ao bel-prazer de Netuno. A terra proveu uma safra exuberante? Isso se deve à indulgência de Ceres. A vinha proporcionou uma vindima

Adam Smith

abundante? Graças à generosidade de Baco. Os deuses recusam as suas oferendas? Atribui-se ao aborrecimento dessas deidades quando ofendidas. A árvore, que ora viceja, ora definha, é habitada por uma dríade, de cuja boa ou má saúde dependem as suas várias aparências. A nascente, que num momento jorra uma torrente copiosa, noutro, um escasso fio d'água, algumas vezes brota clara e límpida, outras turva e agitada, é afetada por Náiade, que vive no seu interior. Eis a origem do politeísmo e da superstição vulgar que atribui todos os eventos irregulares da natureza às boas graças ou ao descontentamento de seres inteligentes, mas invisíveis, deuses, demônios, bruxas, gênios e fadas. Pois em todas as religiões politeístas cultuadas pelos selvagens, bem como pela Antiguidade pagã em seus primórdios, observa-se que apenas os eventos irregulares da natureza é que são atribuídos à intervenção ou poder de seus deuses. O fogo queima e a água refresca, corpos pesados descendem e substâncias mais leves ascendem, tudo pela necessidade de sua própria natureza, sem que jamais se tenha considerado que a mão invisível de Júpiter[7] se ocupasse de tais matérias. Mas trovões e relâmpagos, tempestades e dias ensolarados, esses eventos mais irregulares eram atribuídos ou bem às suas boas graças, ou bem à sua ira. O homem, única potência dotada de intenção com a qual eles eram familiarizados, não age senão para interromper ou alterar o curso natural que os eventos tomariam se abandonados a si mesmos. Assim, naturalmente supunham

---

7 Trata-se da primeira vez que Smith se utiliza da metáfora da "mão invisível", posteriormente repetida, em outro contexto, em *Teoria dos sentimentos morais* (IV, i) e celebrizada em *A riqueza das nações* (IV, ii). (N. T.)

Ensaios filosóficos

que os outros seres inteligentes que eles imaginavam, mas não conheciam, agissem da mesma maneira: não se empregavam na sustentação do curso ordinário das coisas, o qual se mantinha por si mesmo, mas para interrompê-lo, contrariá-lo ou transtorná-lo. E assim, nas primeiras eras do mundo, a mais baixa e pusilânime das superstições supria o lugar da Filosofia.

Todavia, quando a lei estabelece a ordem e a segurança, e a subsistência deixa de ser precária, então a curiosidade dos homens aumenta e os seus temores diminuem. O ócio de que eles passam a usufruir torna-os mais atentos aos fenômenos da natureza, mais observadores das suas menores irregularidades e mais desejosos de conhecer o encadeamento que os une. Que um tal encadeamento subsiste entre todos os fenômenos aparentemente desconexos é algo que eles concebem necessariamente; mas a magnanimidade e o ânimo benigno que todas as naturezas generosas adquirem quando educadas em sociedades civilizadas, nas quais têm tão pouca ocasião para sentir sua fraqueza e tantas ocasiões para ficar cientes de sua força e segurança, tais qualidades os tornam menos propensos a preencher aquele encadeamento de conexão com os seres invisíveis engendrados pelo medo e a ignorância de seus rudes ancestrais. Os homens abastados cuja atenção não esteja muito absorvida pelos negócios ou pelos prazeres não têm como preencher o vazio de sua imaginação, afastada dos afazeres ordinários da vida, a não ser pela dedicação à série de eventos que ocorre no seu entorno. Desse modo, enquanto os principais objetos da natureza se sucedem diante deles, muitas coisas ocorrem numa ordem a que eles não estão acostumados. Sua imaginação, que acompanha com facilidade e prazer o andamento regular da natureza, pausa e se embaraça com essas aparentes incoerên-

213

cias. Estas excitam o seu espanto, parecem exigir alguma cadeia intermediária de eventos que, ao conectá-las com algo que os precedeu, possa fazer do curso do universo algo inteiramente consistente e uniforme. Por conseguinte, o espanto, e não uma expectativa qualquer de obter vantagem com as suas descobertas, é o princípio primeiro que instiga os homens ao estudo da Filosofia, essa ciência que pretende desvelar as conexões ocultas que unem as várias aparências da natureza. Eis que os homens se empenham nesse estudo no interesse do próprio estudo, como um prazer original ou um bem em si, sem ter em vista a sua tendência a lhes proporcionar meios para tantos outros prazeres.

A Grécia e as colônias gregas na Sicília, na Itália e na Ásia Menor foram os primeiros países nestas bandas ocidentais do mundo a chegar ao estado de sociedade civilizada. Foi neles, portanto, que apareceram os primeiros filósofos de cuja doutrina temos algum conhecimento. Na verdade, a lei e a ordem parecem ter se estabelecido nas grandes monarquias da Ásia e do Egito muito antes de começar a deitar raízes na Grécia. No entanto, não obstante tudo o que já se disse quanto à sabedoria dos caldeus e dos egípcios, não é possível distinguir se em algum momento houve nestas nações algo que merecesse o nome de ciência ou se o despotismo que predominou em todo o Oriente, e que é mais ruinoso para a segurança e a tranquilidade do que a própria anarquia, impediu o florescimento da Filosofia. Trata-se de uma questão que, por falta de documentação histórica, não se pode averiguar com o mínimo de precisão.

Dado que as colônias gregas se estabeleceram em meio a nações totalmente bárbaras ou amistosas — sobre as quais, portan-

Ensaios filosóficos

to, logo adquiriram grande autoridade –, parece que chegaram a ser um império importante, e alcançaram considerável opulência antes que qualquer estado do continente grego houvesse superado a extrema pobreza que, ao não dar ensejo para qualquer clara distinção de classes, necessariamente acarreta a confusão e o desregramento decorrentes da completa falta de subordinação regular. As ilhas gregas, também pelo fato de estarem a salvo de invasões de exércitos por terra e ataques de forças navais, visto que estas últimas eram pouco conhecidas naqueles tempos, parecem ter se antecipado ao continente em todos os tipos de civilidade e progresso. Desse modo, os primeiros filósofos, bem como os primeiros poetas, parecem ter sido todos nativos das colônias ou das ilhas gregas. A elas se deve o nascimento de Homero, Arquíloco, Estesícoro, Simônides, Safo e Anacreonte. Tales e Pitágoras, fundadores das duas mais antigas seitas filosóficas, surgiram, respectivamente, em uma colônia asiática e numa ilha, e nenhum deles estabeleceu sua escola na pátria continental.

Quanto ao sistema específico de cada um desses filósofos, ou mesmo se as suas doutrinas eram metódicas o suficiente para merecer o nome de sistema, é impossível estabelecer tais coisas com precisão, dadas as imperfeições, bem como as incertezas de todas as tradições relativas a eles que chegaram até nós. A escola de Pitágoras, contudo, parece ter avançado mais no estudo dos princípios de conexão da natureza do que a escola do filósofo jônico. Os relatos sobre Anaximandro, Anaxímenes, Anaxágoras, Arquelau, sucessores de Tales, representam as doutrinas desses sábios como plenas das mais inextricáveis confusões. Entretanto, pode-se entrever algo próximo de um sistema composto e ordenado no que nos chegou a respeito das doutrinas de Empédocles, de Arquitas, de Timeu e de Ocelo de Lucânia, os mais renomados filósofos da escola italiana. As opiniões dos dois últimos coincidem em muito com as de Platão e Aristóteles, respectivamente. Com relação aos dois primeiros, suas opiniões não parecem ser muito diferentes: o primeiro foi o autor da doutrina dos quatro elementos, ao passo que o segundo foi o inventor das categorias. Por isso, eles podem ser vistos, respectivamente, como os fundadores da Física e da Dialética antigas. Ver-se-á mais adiante o quanto essas doutrinas se aproximam. Contudo, foi na escola de Sócrates, com Platão e Aristóteles, que a Filosofia recebeu pela primeira vez a forma que lhe conferiu, se é que assim se pode dizer, o reconhecimento geral do mundo. Será a partir deles, portanto, que começaremos a apresentar a história da Filosofia em detalhe. Parece que tudo que havia de válido nos primeiros sistemas e era inteiramente consistente com os princípios gerais destes últimos filósofos, estes o consolidaram em seus próprios sistemas. Até onde pude descobrir, eles não derivaram nada da Filosofia jônica. Tanto Platão como Aristóteles parecem ter derivado os princípios fundamentais de quase todas as suas doutrinas da escola pitagórica. Platão também parece ter sido influenciado por duas outras seitas de filósofos cuja extrema obscuridade impediu que tivessem maior reputação: uma foi a de Crátilo e Heráclito, a outra, de Xenofonte, Parmênides, Melisso e Zenão. Pretender resgatar os sistemas desses filósofos pré-socráticos do esquecimento em que atualmente se encontram seria vão e inútil. Contudo, aquilo que parece ter sido apropriado deles será por vezes assinalado ao longo do percurso.

Há ainda uma outra escola filosófica, anterior a Platão, da qual, entretanto, ele esteve tão longe de se apropriar de alguma coisa que parece, pelo contrário, ter se utilizado de toda a força de sua razão para desacreditar e desmascarar os seus princípios. Trata-se da filosofia de Leucipo, Demócrito e Protágoras, a qual, com efeito, tudo indica, sucumbiu à sua eloquência e permaneceu dormente e quase esquecida por algumas gerações, até que fosse posteriormente despertada, com mais êxito, por Epicuro.

Seção IV
História da Astronomia

De todos os fenômenos da natureza, os mais universais objetos da curiosidade humana são os fenômenos celestes, devido à sua grandeza e beleza. Mesmo os que dedicam uma atenção menos cuidadosa à observação dos céus necessariamente distinguem três diferentes tipos de objetos: o Sol, a Lua e as estrelas. Visto que estas últimas surgem sempre na mesma posição e à mesma distância umas das outras, e parecem girar todos os dias em torno da Terra em círculos paralelos, gradualmente afastados uns dos outros desde os polos até o equador, pensava-se naturalmente que eram tão fixas no lado côncavo do firmamento quanto aqui o são numerosas pedras de brilho. Consequentemente, supunha-se que giravam em virtude das revoluções diárias daquele corpo sólido, pois, em virtude da uniformidade dos movimentos aparentes das estrelas, o céu azul no qual estas pareciam estar suspensas era imediatamente percebido como um corpo sólido, como um teto ou uma longínqua muralha do universo, em cuja superfície interna se encontravam fixados todos aqueles pequenos objetos cintilantes.

O Sol e a Lua, por mudarem constantemente de distância e localização com relação aos outros corpos celestes, não poderiam ser considerados fixos na mesma esfera que estes. Por conseguinte, atribuíram a cada um deles uma esfera própria, isto é, supuseram que cada um deles era fixo no lado côncavo de um corpo sólido e transparente, a cujas revoluções se devia o seu giro em torno da Terra. Na verdade, nesse caso não havia o mesmo motivo para a suposição de uma esfera como no caso das estrelas fixas, pois nem o Sol, nem a Lua parecem manter a mesma distância com relação a qualquer um dos outros corpos celestes. Mas, como já se explicara o movimento das estrelas por meio de uma hipótese desse tipo, explicar os movimentos do Sol e da Lua da mesma maneira conferiu maior uniformidade à teoria dos céus. Situaram a esfera do Sol acima da esfera da Lua, dado que nos eclipses se observava claramente que a Lua se interpunha entre o Sol e a Terra. Supunha-se que cada uma dessas esferas girava por um movimento próprio, o qual, no entanto, era ao mesmo tempo afetado pelo movimento das estrelas fixas. Assim, o Sol girava do leste para o oeste em virtude do movimento comunicado pela esfera mais distante,[8] o qual acarretava as revoluções diárias do Sol, bem como a alternância do dia e da noite. Mas, ao mesmo tempo, esse corpo celeste tinha um movimento próprio, contrário ao primeiro, do oeste para o leste, o qual ocasionava a sua revolução anual e a contínua mudança de lugar com relação às estrelas fixas. Esse movimento seria mais fácil, pensaram, se transversal, e não em

---

8 Trata-se da esfera das "estrelas fixas", *"a longínqua muralha do universo"* mencionada. Essa esfera mais exterior movimentaria consigo, na mesma direção, as esferas do Sol e da Lua. (N. T.)

Ensaios filosóficos

oposição direta ao movimento da esfera mais exterior, o que ocasionou a inclinação do eixo da esfera do Sol relativamente ao da esfera das estrelas fixas. Isto, por seu turno, produzia a obliquidade da eclíptica e as consequentes mudanças das estações. A Lua, por situar-se abaixo da esfera do Sol, tinha uma trajetória menor a percorrer, bem como uma resistência menor a enfrentar em virtude do movimento contrário da esfera das estrelas fixas, da qual era mais afastada. Ela terminava o seu ciclo, portanto, num período de tempo menor: completava-o em apenas um mês, em vez de um ano.

Quando se examinou mais atentamente as estrelas, observou-se que algumas delas são menos constantes e uniformes em seus movimentos do que as demais, e que mudam as suas posições com respeito aos outros corpos celestes, movendo-se geralmente para o leste, mas algumas vezes permanecendo aparentemente imóveis, e outras vezes parecendo até mesmo mover-se para o oeste. Distinguiam-se tais estrelas, em número de cinco, pela denominação de planetas, ou estrelas errantes, os quais foram designados pelos seguintes nomes particulares: Saturno, Júpiter, Marte, Vênus e Mercúrio. Visto que, tal como o Sol e a Lua, estes pareciam acompanhar o movimento das estrelas fixas do leste para o oeste, mas, ao mesmo tempo, possuir um movimento próprio, geralmente do oeste para o leste, considerou-se que cada um deles, tal qual os dois luminares dos céus, era fixo no interior de uma esfera sólida, côncava e transparente, a qual tinha um movimento próprio, quase diretamente contrário à revolução do firmamento longínquo, mas que era ao mesmo tempo arrastada pela maior violência e rapidez deste último.

Adam Smith

Assim é o sistema de esferas concêntricas, o primeiro sistema regular de Astronomia que o mundo praticou, conforme ensinado na escola italiana antes que Aristóteles e dois outros filósofos contemporâneos seus, Eudoxo e Cálipo, houvessem levado esse sistema à máxima perfeição de que é capaz. Embora rudimentar e canhestro, ele é capaz de conectar na imaginação os fenômenos celestes mais impressionantes e mais visivelmente desconexos. Por meio dessa hipótese, os movimentos dos objetos mais notáveis das regiões celestes, isto é, o Sol, a Lua e as estrelas fixas, são suficientemente conectados uns aos outros. Os eclipses dos dois grandes luminares se explicam tão bem pelo sistema antigo quanto pelo moderno, embora no caso do primeiro não se possa calculá-los tão facilmente. Quando esses primeiros filósofos explicaram aos seus discípulos a grande simplicidade das causas daqueles fenômenos assombrosos, foi sob o mais absoluto sigilo que o fizeram, pois deveriam evitar a fúria do povo e a acusação de impiedade que lhes poderiam imputar por tomarem aos deuses o controle dos eventos que eram tidos como os mais terríveis sinais de sua vingança. A obliquidade da eclíptica, as consequentes mudanças das estações, a alternância do dia e da noite e as suas diferentes durações nas diversas estações também se harmonizam com bastante exatidão sob a doutrina antiga. Não houvesse outros corpos observáveis nos céus além do Sol, da Lua e das estrelas fixas, a velha hipótese poderia ter resistido ao exame de todos os tempos e seguido triunfante até a mais longínqua posteridade.

Se ela conquistou a crença dos homens pela sua plausibilidade, atraiu também o seu espanto e admiração em virtude da novidade e primor da visão de natureza que apresentava à

Ensaios filosóficos

imaginação, sentimentos estes que fortaleceram ainda mais o crédito que lhe davam. Antes que esse sistema fosse ensinado mundo afora, a Terra era vista tal como aparece aos olhos, como um vasto plano acidentado e irregular, base e fundação do universo, cercado pelo oceano por todos os lados, e cujas raízes se estendiam através de toda a profundidade infinita debaixo dele. Considerava-se o céu como um hemisfério sólido que cobria a Terra e que se unia ao oceano na extremidade do horizonte. O Sol, a Lua e todos os corpos celestes emergiam do oceano oriental, elevavam-se pelo lado convexo dos céus e submergiam novamente no oceano ocidental, donde, por algumas passagens subterrâneas, retornavam para o seu lugar de origem no leste. Tal noção não se restringia ao povo ou aos poetas que retrataram as opiniões do povo: Xenófanes, o fundador da filosofia eleática, a defendia, baseado nas escolas jônica e italiana, as primeiras a aparecer na Grécia. Tales de Mileto, que, de acordo com Aristóteles, representou a Terra a flutuar num imenso oceano de água, também pode ter entretido opinião semelhante, a despeito do que nos contam Plutarco e Apuleio sobre as suas descobertas astronômicas, as quais decerto datam de período muito posterior. Para os que não tinham outra ideia de natureza além do que derivavam de uma explicação tão confusa das coisas, deve ter parecido extremamente apropriado esse sistema que representava a Terra como dividida em solo firme e água, autonomamente equilibrada e suspensa no centro do universo, cercada pelos elementos ar e éter e envolvida por oito esferas lisas e cristalinas, cada uma das quais distinta por pelo menos um belo corpo luminoso, todas a se revolver ao redor de seu centro comum, em movimentos variados, porém uniformes e proporcionais. Ao que parece, a beleza desse sistema deu a

Platão a noção de algo como uma proporção harmônica a ser constatada nos movimentos e disposições dos corpos celestes, assim como sugeriu aos primeiros pitagóricos a celebrada fantasia da Música das Esferas, uma ideia romântica e extravagante que, no entanto, corresponde bem à admiração que um sistema de tal beleza, ademais recomendado pelas graças da novidade, tende a inspirar.

Quaisquer que sejam os defeitos de que padece essa explicação das coisas, eles são tais que não poderiam ser percebidos de imediato pelos primeiros observadores dos céus. Se essa explicação não consegue conectar, em sua maior parte, os movimentos dos cinco planetas, estes e todas as suas noções, são, no entanto, os objetos menos notáveis nos céus. A maior parte dos homens simplesmente não os percebe, portanto um sistema cujo único defeito consiste na explicação que oferece sobre esses corpos não poderia por esse motivo cair em desgraça na sua opinião. Se algumas das aparências do Sol e da Lua e alguns movimentos ora acelerados, ora novamente retardados desses luminares não se ajustam bem àquele sistema, tais falhas também não podem ser descobertas a não ser pela mais atenta observação, de modo que não é de admirar que as imaginações dos primeiros estudiosos as negligenciassem, se assim podemos dizer, e atentassem tão pouco para elas.

Contudo, foi para remediar tais defeitos que Eudoxo, amigo e ouvinte de Platão, considerou necessário aumentar o número de esferas celestiais. Observa-se que cada planeta ora avança em direção ao leste na trajetória que lhe é peculiar, ora recua, e por vezes permanece imóvel. Supor que a esfera do planeta, por seu próprio movimento, se assim podemos dizê-lo, ora gire para a frente, ora para trás e ora não faça nem um nem outro

Ensaios filosóficos

movimento é contrário a todas as propensões naturais da imaginação, a qual acompanha com facilidade e prazer qualquer movimento regular e ordenado, mas se sente constantemente obstruída e interrompida quando tenta seguir um movimento oscilante e incerto como aquele. Ela observaria natural e espontaneamente o movimento direto[9] ou progressivo da esfera, mas a todo momento colidiria, por assim dizer, e seria violentamente desviada de seu curso natural, devido à aparência retrógrada e estacionária do planeta. A fantasia sente uma falta de conexão, uma lacuna ou intervalo entre essa aparência e o movimento mais usual do planeta, e não pode preencher esse intervalo a não ser pela suposição de que haveria uma cadeia de eventos intermediários a uni-los. A hipótese de um certo número de outras esferas a revolver nos céus além daquelas nas quais os próprios corpos luminosos estavam fixos foi a cadeia com a qual Eudoxo procurou preenchê-lo. Admitiu que havia quatro dessas esferas para cada um dos cinco planetas: uma na qual o próprio corpo luminoso revolvia, três outras acima dela. Cada uma destas últimas tinha um movimento regular e constante, porém específico, o qual se comunicava à esfera do planeta propriamente dita, ocasionando, assim, a diversidade de movimentos observável nos planetas. Uma dessas esferas, por exemplo, tinha um movimento oscilatório, como o pêndulo circular de um relógio. Assim como quando girais um relógio tal qual uma esfera sobre o seu eixo, o pêndulo, volvido juntamente com o relógio, continuará a oscilar normalmente e comunicará a todo corpo que esteja nele compreendido tanto as suas próprias oscilações quanto o movimento circular do re-

---

9 Em Astronomia, movimento dos planetas do oeste para o leste. (N. T.)

lógio, assim também aquela esfera oscilante, sendo ela própria volvida pelo movimento da esfera superior, comunicava à esfera inferior tanto o movimento circular quanto o seu próprio movimento oscilatório. O primeiro deles produzia as revoluções diárias; o outro, os fenômenos de movimento direto, estacionário e retrógrado do planeta, cuja órbita anual se completava em virtude das revoluções originadas por uma terceira esfera. Os deslocamentos dessas esferas eram em si mesmos constantes e uniformes, e a imaginação podia facilmente acompanhá-los e observá-los, ao mesmo tempo em que eles se conectavam aos diversos movimentos observáveis na esfera do planeta, os quais, de outro modo, pareceriam incoerentes. Quanto ao Sol e à Lua, visto que os seus movimentos são mais regulares que os dos cinco planetas, Eudoxo imaginou que poderia concatená-los em toda a diversidade observável através da atribuição de três esferas para cada um daqueles corpos. Julgou que uma esfera era suficiente para as estrelas fixas, já que seu movimento é perfeitamente regular. Assim, de acordo com a sua explicação, o número total de esferas celestiais correspondia a 27. Cálipo, contemporâneo de Eudoxo, embora um pouco mais jovem, constatou que nem mesmo tal número de esferas era suficiente para conectar simultaneamente a enorme variedade de movimentos por ele observados, de modo que aumentou o número de esferas para 34. Aristóteles, mediante observação mais atenta, verificou que nem mesmo todas aquelas esferas seriam suficientes, e acrescentou outras 22, aumentando o seu número para 56. Posteriormente, outros observadores vieram a descobrir novos movimentos e novas irregularidades nos céus. Assim, novas esferas haveriam de se acrescentar ao sistema, algumas das quais até mesmo acima das estrelas fixas. Tanto que, quando Fracostoro,[10] encantado com a eloquência de Platão e Aristóteles, bem como com a regularidade e harmonia de seu sistema (em si mesmo perfeitamente belo), não obstante o fato de este não corresponder aos fenômenos a não ser de modo impreciso, empenhou-se em reviver essa antiga Astronomia, que havia muito cedera lugar à de Ptolomeu e Hiparco, e considerou necessário aumentar o número de esferas celestes para 72; tampouco estas todas foram suficientes.

Agora o sistema se tornara tão complexo e intricado quanto as próprias aparências que ele deveria tornar uniformes e coerentes, sendo esse o motivo de sua invenção. Por conseguinte, uma explicação tão confusa das coisas pouco aliviava a imaginação do embaraço em que aquelas aparências a haviam deixado. Eis a razão pela qual, não muito depois dos tempos de Aristóteles, Apolônio inventou um outro sistema, o qual foi posteriormente aperfeiçoado por Hiparco e nos chegou através de Ptolomeu,[11] o sistema mais engenhoso das esferas excêntricas e epiciclos.

Nesse sistema, pela primeira vez, distinguiu-se o movimento real do movimento aparente dos corpos celestes. Observaram que estes, por conta de sua imensa distância, devem necessariamente parecer girar em círculos concêntricos em relação à Terra e uns em relação aos outros, mas que por isso mesmo não podemos estar certos de que realmente revolvem em tais círculos, visto que, mesmo que não o fizessem, ainda assim a aparência continuaria a ser a mesma. Portanto, aque-

---

10 Girolamo Fracostoro (1483-1553), autor de *Homocentrica* (1583). (N. T.)

11 Teoria exposta na obra de Ptolomeu intitulada *Almagest*. (N. T.)

les filósofos imaginaram que poderiam explicar as velocidades aparentemente desiguais de todos aqueles corpos pela suposição de que o Sol e os outros planetas revolviam em círculos cujos centros eram muito distantes do centro da Terra, e por conseguinte deveriam se aproximar ou recuar com relação a este último ao longo do curso de suas órbitas. Consequentemente, aos habitantes da Terra pareceriam mover-se mais rápido, no primeiro caso, e mais devagar, no outro.

Supuseram que na parte sólida da esfera de cada um dos cinco planetas havia outra pequena esfera constituída, denominada epiciclo, a qual revolvia em torno de seu próprio centro ao mesmo tempo que era transportada em torno do centro da Terra pela revolução da esfera grande, entre cujos lados côncavo e convexo estava encerrada. Suponhamos uma pequena roda anexa ao círculo mais externo de uma grande roda. A primeira rodopia várias vezes em torno de seu próprio eixo enquanto o seu centro gira em torno do eixo da grande roda. Da mesma maneira, eles imaginaram que poderiam explicar as aparências estacionária e retrógrada daqueles objetos, os mais irregulares dos céus. O planeta, eles supunham, era anexado à circunferência e volteava ao redor do centro dessa pequena esfera[12] e ao mesmo tempo era transportado ao redor da Terra pelo movimento da esfera grande. A revolução dessa pequena esfera, ou epiciclo, era de tal modo que o planeta, quando na parte mais elevada dele, ou seja, quando se distanciava e se tornava menos sensível a nossos olhos, era transportado ao

---

12 O sistema ptolomaico não tomou conhecimento das esferas; estas foram introduzidas depois por astrônomos árabes sob a influência clara da física aristotélica. (N. T.)

Ensaios filosóficos

redor pela mesma direção que o centro do epiciclo, ou pela da esfera na qual o epiciclo se encerrava, mas quando o planeta se localizava na parte mais baixa, ou seja, na mais próxima a nós e mais perceptível por nossos olhos, era transportado em uma direção contrária àquela do centro do epiciclo, do mesmo modo que qualquer ponto na parte elevada do círculo externo de um coche revolve-se adiante na mesma direção que os eixos, enquanto todo ponto da parte mais baixa revolve-se para trás na direção oposta ao eixo. O movimento do planeta, inspecionado a partir da Terra, parece direto quando na parte elevada do epiciclo e retrógrado quando na parte mais baixa. Quando o planeta novamente aparece descendendo da parte mais elevada para a mais baixa, ou ascendendo da mais baixa para a mais elevada, ele parece estacionário.

Mas, ainda que pela excentricidade da grande esfera, eles sejam, por conseguinte, capazes, em certa medida, de conectar as velocidades desiguais dos corpos celestes e, pelas revoluções da esfera menor, a aparência direta, estacionária e retrógrada dos planetas, há ainda uma dificuldade que permanece. Nem a Lua nem os três planetas superiores aparecem sempre na mesma parte dos céus quando no período de mais retardado movimento, ou quando eles são supostos estar na maior distância da Terra. O apogeu, portanto, ou o ponto de maior distância da Terra, na esfera de cada um desses corpos, deve ter seu próprio movimento, que pode carregá-lo sucessivamente por todos os diferentes pontos da eclíptica. Eles supunham, por isso, que, enquanto a grande esfera excêntrica se revolvia na direção leste ao redor de seu centro, seu centro também se revolvia na direção oeste num círculo que lhe seria próprio, ao redor do centro da Terra e assim carregaria seu apogeu por todos os pontos diversos da eclíptica.

Mas, com todos esses centros combinados e emaranhados, embora os patronos desse sistema tenham sido capazes de dar algum grau de uniformidade para a direção real dos planetas, eles tinham por impossível ajustar as velocidades dessas supostas esferas aos fenômenos, como a revolução de qualquer uma delas, quando demarcadas a partir de seu próprio centro, pois elas deveriam aparecer totalmente equáveis e uniformes. A partir desse ponto, o único no qual a velocidade do que se move em um círculo pode ser realmente julgada, elas também apareceriam como irregulares e inconstantes, desse modo tendendo a embaraçar e confundir a imaginação. Eles inventaram, assim, para cada um deles um novo círculo, o chamado círculo equalizador, a partir do centro do qual todos eles deveriam aparecer como perfeitamente equáveis; em suma, eles ajustaram as velocidades dessas esferas, e assim, ainda que a velocidade de cada uma delas devesse aparentar irregularidade quando observada a partir de seu próprio centro, deveria haver um ponto compreendido em sua circunferência de onde seus movimentos pareceriam seccionar, em tempos iguais, porções iguais do círculo do qual esse ponto seria o centro.

Nada pode mostrar com maior evidência o quanto o repouso e a tranquilidade da imaginação é o fim último da Filosofia do que a invenção desse centro equalizador. Os movimentos dos corpos celestes se mostravam inconstantes e irregulares tanto nas suas velocidades quanto em suas direções. Eles eram de tal maneira que pareciam tender a embaraçar e confundir a imaginação, sempre que ela se esforçava para delineá-los. A invenção dos centros das esferas excêntricas parecia amenizar

Ensaios filosóficos

essa confusão para reunir aparências desconexas e introduzir harmonia e ordem na concepção que o espírito tinha dos movimentos desses corpos. Fez-se isso, no entanto, de modo imperfeito, o que introduziu uniformidade e coerência nas suas reais direções, mas suas velocidades, quando observadas a partir do único ponto no qual a velocidade do que se move em um círculo pode ser realmente julgada, mostram que o centro desse círculo continua, em certa medida, inconstante como antes, o que é um embaraço para a imaginação. De algum modo, o espírito encontrou-se aliviado desse embaraço quando concebeu que, por maior que seja a aparente irregularidade de qualquer dos movimentos desses círculos, quando observados a partir de seu próprio centro, haveria, entretanto, em cada um deles, um ponto onde sua revolução aparentaria ser perfeitamente equável e uniforme, de modo que a imaginação poderia facilmente segui-la. Aqueles filósofos transportaram-se, de modo fantasioso, para os centros desses círculos imaginários e tiveram prazer em observar a partir deles todos esses movimentos fantásticos arranjados de acordo com essa harmonia e ordem que eram onde repousava todo o fim de todos os seus inquéritos. Aqui, eles finalmente se regozijaram da tranquilidade e repouso que passaram a possuir por meio de todos esses labirintos dessa intricada hipótese e contemplaram isso como a mais bela e magnificente parte do grande teatro da natureza, disposto e construído de tal modo que eles poderiam assistir, com facilidade e deleite, todas as revoluções e mudanças que ocorriam nele.

O sistema das esferas concêntricas e o das esferas excêntricas parecem ter sido os dois sistemas de Astronomia que obtiveram mais crédito e reputação nessa parte do mundo antigo que se empenhou particularmente no estudo dos céus. Cleanto e outros filósofos da seita estoica que o seguiram aparentemente tinham um sistema próprio, um tanto diverso de ambos. Mas, ainda que eles tenham sido renomados por suas habilidades dialéticas e pela segurança e sublimidade de suas doutrinas morais, esses filósofos não parecem ter gozado de nenhuma grande reputação por seu conhecimento dos céus. Nenhum de seus nomes aparece no catálogo dos grandes astrônomos e observadores estudiosos das estrelas dentre os antigos. Eles rejeitaram a doutrina das esferas sólidas e mantiveram que as regiões celestes eram preenchidas com um éter fluido, de uma natureza por demais branda para que pudesse tracionar consigo corpos tão imensos como o Sol, a Lua e os cinco planetas. Esses, portanto, bem como as estrelas fixas, não derivavam seus movimentos de um corpo que circundava o ambiente, mas tinham cada um deles, em si mesmos, e particularmente para si, um princípio vital de movimento que os fazia se moverem com sua velocidade peculiar e em sua própria direção. Seria graças a esse princípio interno que as estrelas fixas se revolveriam diretamente de leste a oeste em círculos paralelos ao equador que seriam maiores ou menores de acordo com sua distância ou proximidade em relação aos polos. Isso ocorreria com velocidades tão equacionadas que cada um deles encerraria seu período diurno ao mesmo tempo, em algo menos que 23 horas e 56 minutos. Era por um princípio similar que o Sol se movia na direção oeste, dado que eles não permitiam nenhum movimento na direção leste nos céus, mas o Sol se movia com menos velocidade que as estrelas fixas, como que para terminar o seu período diurno em 24 horas e consequentemente para cair todos os dias por detrás delas por um espaço

Ensaios filosóficos

dos céus quase igual àquele pelo qual ele percorre em quatro minutos, o que seria quase o mesmo que um grau. Essa revolução do Sol não era também nem estritamente na direção oeste, nem exatamente circular. Mas, depois do solstício de verão, seu movimento começava a se inclinar gradativamente um pouco para o sul, aparecendo em seu meridiano, mais ao sul hoje do que ontem, mais ao sul amanhã do que hoje e assim por diante, continuando dia após dia a descrever uma linha espiral ao redor da Terra, que o transporta gradativamente mais e mais ao sul até que se atinja o solstício de inverno. Então essa espiral começa a mudar sua direção, trazendo o Sol gradativamente, dia após dia, cada vez mais para o norte, até que ele seja reestabelecido para o solstício de verão. Do mesmo modo, eles abordaram o movimento da Lua e o dos cinco planetas, supondo que cada um deles se revolvia na direção oeste, mas com direções e velocidades todas diferentes umas das outras e em contínua variação. Isso ocorria, de maneira geral, em linhas esféricas de algum modo inclinadas para o equador.

Parece que esse sistema nunca esteve em voga. O sistema das esferas concêntricas e o das esferas excêntricas dão algum tipo de razão tanto para a constância e equidade do movimento das estrelas fixas quanto para a variabilidade e incerteza do movimento dos planetas. Cada um deles outorgou alguma sorte de coerência a esses fenômenos desconexos. Mas esse outro sistema parece deixá-los do mesmo modo como foram encontrados. Pergunte a um estoico: por que todas as estrelas fixas perfazem suas revoluções diárias em círculos paralelos uns aos outros, ainda que em diâmetros diferentes e com velocidades tão proporcionais que elas todas terminam seu período ao mesmo tempo e preservam por todo o seu curso a mesma distância e situação com respeito umas às outras? Ele não pode dar outra resposta a não ser aquela da natureza peculiar, ou, como se poderia dizer, do capricho[13] de cada estrela que se movimenta desse modo peculiar. Seu sistema não proporciona a ele nenhum princípio de conexão pelo qual ele poderia interligar em sua imaginação um tão vasto número de revoluções harmônicas. Mas qualquer um dos outros dois sistemas, pela suposição de um firmamento sólido, proporcionava essa conexão facilmente. O estoico também estaria igualmente diante da perda da conexão das peculiaridades que são observadas nos movimentos de outros corpos celestes: o movimento espiral deles todos, a progressão alternada do norte e do sul, os movimentos por vezes acelerados e por vezes retardados do Sol e da Lua, a aparência retrógrada ou estacionária dos planetas. Tudo isso não teria em seu sistema nenhuma cadeia que os unisse, mas se manteriam como algo solto e incoerente na fantasia, do mesmo modo como eles apareciam primeiramente para os sentidos, antes que a Filosofia tentasse, dando um novo arranjo, localizá-los em distâncias, atribuindo para cada um seu princípio de movimento peculiar e ao mesmo tempo regular, a dar método e disposição a eles numa ordem que permitiria à imaginação passar suavemente e com o mínimo de embaraço ao longo deles, bem como ao longo dos fenômenos mais regulares, familiares e coerentes da natureza.

Assim eram os sistemas da Astronomia que parecem ter sido adotados por uma parte considerável no mundo antigo. De todos eles, o sistema das esferas excêntricas foi o que cor-

---

13 A noção do "capricho de cada estrela" teria um papel fundamental na filosofia natural posterior e na medicina em especial. (N. T.)

Ensaios filosóficos

respondeu mais exatamente aos fenômenos celestes. Só foi inventado quando esses fenômenos foram observados com alguma precisão por mais de um século, e veio a ser sistematizado por Ptolomeu, durante o reinado de Antonino,[14] após muitas e muitas observações. Porém, não se deve imaginar que ele fosse mais adequado a um grande número de fenômenos do que os dois sistemas formados antes das observações em questão. Pois esses fenômenos só poderiam ser conectados tais como eram considerados, ou seja, de modo bruto, mas não poderíamos esperar que, quando passassem à consideração detalhada, pudéssemos lhes aplicar de imediato um sistema. Desde o tempo de Hiparco, esse sistema parece ter sido recebido, de modo geral, por todos aqueles que trataram do estudo dos céus. Esse astrônomo primeiro fez um catálogo das estrelas fixas. Calculadas por mais de seis séculos as revoluções do Sol, da Lua e dos cinco planetas, marcou os seus lugares nos céus no qual, durante todo esse período, cada um desses corpos deveria aparecer, acertando os momentos dos eclipses do Sol e da Lua e os lugares particulares da Terra nos quais eles seriam visíveis. Seus cálculos foram embasados nesse sistema e considerados eventos correspondentes às suas predições com um grau de acuidade que, ainda que seja inferior ao grau que a Astronomia atingiu desde então, era em muito superior a qualquer um que o mundo havia tomado conhecimento; eles determinaram, para todo astrônomo e matemático, a preferência por esse sistema por sobre todos os outros que eram anteriormente correntes.

---

14 Cláudio Ptolomeu presumivelmente escreveu sua obra principal em meados do reinado de Antonino Pio (138-161 a.C.). (N. T.)

Contudo, foi apenas entre astrônomos e matemáticos que isso se verificou. A despeito da superioridade evidente desse sistema em relação a todos para os quais o mundo era familiar, ele nunca foi adotado por nenhuma seita de filósofos.

Os filósofos, muito antes dos tempos de Hiparco, pareceram abandonar o estudo da natureza para empregar-se majoritariamente em questões de ética, retórica e dialética. Cada um dos partidos filosóficos havia completado também sua teoria do universo particular e nenhuma consideração humana poderia tê-los induzido a desistir de nenhuma parte dessa teoria. Esse desdém arrogante e ignorante com que consideravam os matemáticos, dentre os quais eles colocavam os astrônomos, parece também ter dificultado até mesmo que os filósofos lhes indagassem acerca de suas doutrinas ou de suas opiniões. Nem Cícero nem Sêneca, que tiveram tantas ocasiões para mencionar os antigos sistemas de Astronomia, tomaram conhecimento de Hiparco. Seu nome não será visto nos escritos de Sêneca. Ele é mencionado apenas uma vez nos de Cícero, em uma carta a Ático,[15] mas sem nenhum tom de aprovação acerca dele, nem como geógrafo nem como astrônomo. Plutarco, em seu segundo livro acerca dos filósofos, quando arrola todos os sistemas da Astronomia,[16] nem sequer menciona este que seria o único sistema de Astronomia de seu tempo tolerável. Esses três autores, ao que parece, dialogavam apenas com os escritos dos filósofos. Plínio, o Velho,[17] porém, como homem cuja curiosidade se estendia igualmente para qualquer parte do

---

15 *Cartas a Ático*, II, 6, I. (N. T.)

16 Em um texto a ele atribuído, *Placita Philophorum*. (N. T.)

17 *História Natural*, II, 54-6. (N. T.)

Ensaios filosóficos

aprendizado, descreveu o sistema de Hiparco e não mencionou seu autor uma vez sequer sem algum tom daquela alta admiração que ele exprimia tão justamente acerca de seus méritos, algo que teve muitas ocasiões de fazer. Tamanha ignorância desses professados instrutores da humanidade acerca de uma tão importante parte dos ensinamentos de seu próprio tempo é tão notável que creio que ela mereça ser destacada, mesmo neste pequeno relato das revoluções da Filosofia.

Sob muitos aspectos, sistemas são similares a máquinas.[18] Uma máquina é, na verdade, um pequeno sistema, criado por um artista para efetuar e conjugar diferentes movimentos e efeitos. Um sistema é uma máquina imaginária inventada para reunir diversos movimentos e efeitos que já acontecem na realidade. As primeiras máquinas inventadas para efetuar um movimento qualquer são sempre as mais complexas, e os artífices posteriores geralmente descobrem que, com menos rodas e menos princípios de movimento, podem-se produzir mais facilmente os mesmos efeitos. Do mesmo modo, os primeiros sistemas são sempre os mais complexos, e geralmente se postula como necessária uma cadeia de conexões ou um princípio, para assim suprimir a dúvida em relação a fenômenos desconexos. Com frequência, porém, acontece de um princípio importante de conexão ser posteriormente considerado suficiente para atar os fenômenos discordantes que relativos a coisas de uma mesma espécie. Quantas rodas são necessárias para tracionar os movimentos dessa máquina imaginária, o sistema das esferas? As revoluções diurnas em direção ao oeste do firma-

---

18 Ver a parte final das "Considerações sobre a origem da linguagem". (N. T.)

mento, cuja rapidez traciona todos os outros corpos celestes consigo, requerem uma. As revoluções na direção leste do Sol, da Lua e dos cinco planetas, requerem, para cada um desses corpos, outra. Seus movimentos acelerados e retardados requerem que essas rodas ou círculos não sejam nem concêntricos com o firmamento nem com outro desses corpos, o que, mais do que qualquer outra coisa, parece perturbar a harmonia do universo. A aparência retrógrada e estacionária dos cinco planetas, bem como a extrema inconstância do movimento da Lua, requerem, por sua vez, um epiciclo, ou seja, outra pequena roda presa à circunferência da grande roda, o que mais do que interrompe a uniformidade do sistema. O apogeu de cada um desses corpos requer, em cada caso, outra roda, para tracionar os centros de suas esferas excêntricas ao redor do centro da Terra. E, assim, essa máquina imaginária, quiçá mais simples, certamente mais adequada que as 56 esferas de Aristóteles, era ainda demasiado intrincada para que a imaginação pudesse repousar com plena tranquilidade e satisfação.

A autoridade dessa máquina manteve-se inabalada, e sua reputação permaneceu intocada enquanto a ciência foi objeto de ocupação no mundo antigo. Muito depois do reinado de Antonino, durante a época de Hiparco, que viveu quase três séculos mais tarde, a grande reputação outrora adquirida pelos filósofos havia se imposto de tal maneira à imaginação dos homens que eles pareciam ter desistido de rivalizar com ela. Supunham que toda sabedoria humana estava contida nos escritos desses sábios dos tempos antigos. Resumir, explicar e comentar seus escritos, e apenas depois desvendar alguns de seus mistérios sublimes, tal era a única via aberta à reputação. Proclo e Téon

Ensaios filosóficos

escreveram comentários do sistema de Ptolomeu;[19] querem, porém, inventar um sistema novo seria não apenas uma presunção, mas também uma impiedade para com a memória de tão reverenciados predecessores.

A ruína do Império Romano, e com ela a subversão de toda lei e ordem, que perdurou por alguns séculos, produziu uma completa negligência do estudo dos princípios de conexão dos fenômenos da natureza, que necessitam de ócio e de segurança. Depois da queda desses grandes conquistadores e civilizadores da humanidade, o império dos califas parece ter sido o primeiro Estado sob o qual o mundo usufruiu do grau de tranquilidade necessário para o cultivo das ciências. Sob a proteção desses príncipes generosos e magníficos, a Filosofia e a Astronomia antigas foram restauradas e estabelecidas no Oriente, e a tranquilidade que seu governo suave, justo e pio difundiu por seu vasto império despertou novamente a curiosidade dos homens que os incita a investigar os princípios de conexão da natureza. A fama dos ensinamentos gregos e romanos, que permanecia recente na memória dos homens, despertou neles o desejo de conhecer as doutrinas dos célebres sábios dessas nações a respeito de tais objetos abstrusos.

Traduziram então para a língua árabe e estudaram com grande afinco os trabalhos dos filósofos gregos, em particular de Aristóteles, Ptolomeu, Hipócrates e Galeno. A superioridade que perceberam, em comparação com os rudes ensaios que sua

---

19 Proclo (410-485 d.C.), filósofo neoplatônico cujos extensos trabalhos incluíam a *Hipotipose das posições astronômicas*. Téon de Alexandria (século IV d.C.) escreveu um comentário acerca da *Sintaxis* de Ptolomeu. (N. T.)

nação produzira, era tamanha, que podemos supor que adotaram de pronto os sistemas gregos de Astronomia. De resto, não chegaram a ir tão longe a ponto de abandonar sua autoridade. Por isso, embora a generosidade dos abássidas, a segunda raça dos califas, ter propiciado aos astrônomos árabes maiores e melhores instrumentos que os conhecidos por Ptolomeu ou Hiparco, o estudo da ciência parece ter sido, nesse poderoso império, demasiado exíguo e descontínuo para permitir correções de monta nas doutrinas dos antigos matemáticos. A imaginação dos homens não tivera tempo para se familiarizar com os sistemas da Antiguidade a ponto de abordá-los sem que permanecesse algo do espanto excitado por uma novidade e grandeza de tipo particular, que tinha ao mesmo tempo a graça do que é novo e a autoridade do que é antigo. Permaneciam escravos desses sistemas, e não ousavam abandoná-los. Quando vieram os tumultos que sacudiram e por fim derrubaram o pacífico trono do califado, os estudos das ciências foram banidos. Haviam realizado avanços importantes. Mediram a obliquidade da eclíptica com mais precisão do que antes. As tabelas de Ptolomeu, pela distância temporal e pela imprecisão das observações em que se baseavam, estavam longe do que seria a verdadeira situação dos corpos celestes, algo que ele mesmo antecipara. Compuseram novas tabelas, por ordem do califa Almamon.[20] Também sob suas ordens realizou-se a primeira medição da Terra de que temos conhecimento depois do início da era cristã. Foi levada a cabo por dois astrônomos que, na planície do Sinar,[21] mediram dois graus de sua circunferência.

---

20 Sétimo califa abássida, seu califado iniciou no ano 813. (N. T.)

21 Outros relatos dizem que essa medição foi feita por duas companhias de astrônomos. (N. T.)

Ensaios filosóficos

Os exércitos vitoriosos dos sarracenos levaram para a Espanha não somente a galanteria do Oriente, mas também seu conhecimento, e, com isso, as tabelas de Alamamon e as traduções árabes de Ptolomeu e Aristóteles. A Europa recebeu então pela segunda vez, da Babilônia, os rudimentos da ciência dos céus. Os escritos de Ptolomeu foram traduzidos do árabe para o latim e a filosofia peripatética foi estudada por Averróis e Avicena com tanto afinco e reverência quanto outrora no Oriente.

A doutrina das esferas sólidas foi inventada originalmente com intenção de dar uma descrição física das revoluções dos corpos celestes de acordo com o sistema dos círculos concêntricos ao qual essa doutrina é facilmente acomodada. Os matemáticos que inventaram a doutrina dos círculos excêntricos e epiciclos se contentaram em mostrar como, supondo que os corpos celestes revolvem-se nessas órbitas, os fenômenos podem ser relacionados e como alguma uniformidade e coerência podem ser conferidas aos seus movimentos reais. As causas físicas desses movimentos eles deixaram à consideração dos filósofos, ainda que, como parece acontecer em algumas passagens de Ptolomeu, tivessem um receio geral de que elas fossem explicadas por alguma espécie de hipótese. Mas, ainda que o sistema de Hiparco tenha sido adotado por todos os astrônomos e matemáticos, ele nunca foi aceito, como já observamos, por nenhum partido de filósofos da Antiguidade. Nenhum esforço foi por eles empreendido para acomodar esse sistema em nenhuma hipótese dessa espécie.

Os escolásticos receberam a filosofia de Aristóteles e a astronomia de Hiparco dos árabes, e foram obrigados a reconciliá-los entre si e a combinar as revoluções dos círculos e

Adam Smith

epiciclos excêntricos de um com as esferas sólidas do outro. Muitos esforços desse tipo foram empreendidos por diversos filósofos, mas, de todos eles, o de Peuerbach,[22] no século XV, foi o mais feliz e o mais estimado. Ainda que sua hipótese seja a mais simples de todas, seria vão tentar descrevê-la sem um esquema, e mesmo com um ela não é também facilmente inteligível. Se o sistema dos círculos e epiciclos excêntricos era antes muito confuso e intricado para a imaginação repousar nele em completa tranquilidade e satisfação, isso se intensificou quando essa adição lhe foi feita. O mundo, de modo muito justo, aplaudiu a engenhosidade desse filósofo que uniu de modo tão feliz dois sistemas aparentemente incompatíveis. Seus trabalhos, contudo, parecem ter mais aumentado que diminuído as causas dessa insatisfação que os letrados começaram a ter em relação ao sistema de Ptolomeu. Assim como todos os que trabalharam no mesmo plano antes dele, Ptolomeu tornou essa descrição das coisas tão complexa, que ela terminou por ser ainda mais embaraçosa do que a anterior.

A complexidade desse sistema não era a única causa da insatisfação que o mundo em geral expressou acerca dele depois de Peuerbach. As tabelas de Ptolomeu, graças à inexatidão das observações nas quais se baseavam, se tornaram completamente alheias em relação à verdadeira situação dos corpos celestes; as tabelas de Almamon, do século IX, foram compostas sob a mesma hipótese para corrigir os desvios das de Ptolomeu. Pela mesma razão, algumas eras depois, tornaram-se igual-

---

22 Georg von Peurbach ou Peurbach (1423-1461) foi um humanista e não um escolástico. (N. T.)

Ensaios filosóficos

mente inutilizáveis. No século XIII, Alfonso, o rei filósofo de Castela,[23] achou ser necessário ordenar a composição daquelas tabelas que levam seu nome. Esse monarca se tornou muito conhecido pela caprichosa impiedade ao falar que, se tivesse sido consultado no momento da criação do mundo, poderia ter dado bons conselhos, dito que se supõe ter sido consequência de sua insatisfação com o sistema intricado de Ptolomeu. No século XV, os desvios das tabelas alfonsinas começaram a ser perceptíveis, como foram antes aqueles das de Ptolomeu e Almamon. Parecia evidente, consequentemente, que ainda que o sistema de Ptolomeu possa, no principal, ser verdadeiro, algumas correções eram necessárias antes que ele pudesse corresponder com precisão acurada aos fenômenos. Para a revolução de seus círculos e epiciclos, supondo sua existência, era evidente que não se podia ser do modo como ele as representou, dado que as revoluções dos corpos celestes, em pouco tempo, desviaram muito dos mais cuidadosos cálculos que se fundaram nessa hipótese e as representaram. Tornou-se claramente necessário que se corrigissem as velocidades e direções de todas as rodas e círculos dos quais essa hipótese era composta por observações mais precisas. Isso, portanto, começou a ser feito por Peuerbach e foi levado adiante por Regiomontanus,[24] discípulo, continuador e aperfeiçoador do sistema de Peuerbach, cuja morte prematura deve ser lamentada até os nossos dias, pois se deu no meio de diversos pro

---

23 Alfonso X, "o Sábio", rei de Castela e Leão (1252-1284). (N. T.)

24 Johhannes Muller (1436-1476), o nome assumido de Regiomontanus provém da latinização do nome de sua cidade natal: Königsberg. (N. T.)

jetos para a recuperação das antigas ciências, bem como para a invenção e avanço de ciências novas.

Quando se consegue convencer o mundo de que um sistema estabelecido precisa ser corrigido, não é muito difícil persuadi-lo que deve ser destruído. Por isso, não muito depois da morte de Regiomontanus, Copérnico[25] começou a meditar acerca de um novo sistema, que deveria conectar as aparições celestiais de um modo mais simples e mais preciso que o de Ptolomeu.

A confusão com a qual a velha hipótese representava os movimentos dos corpos celestes foi, de acordo com o que esse autor nos conta, o que primeiramente sugeriu a ele o desígnio de formar um novo sistema para que essa, a mais nobre dentre as obras da natureza, não precisasse mais aparecer como que desprovida daquela harmonia e proporção que são descobertas até nas menos significativas de suas produções. O que mais o desafiou foi o movimento do círculo equalizador, que, por representar as revoluções das esferas celestes como apenas equáveis, quando observado de um ponto diverso do dos seus centros, introduziu uma desigualdade nos seus movimentos; isso era contrário àquela ideia mais natural e ainda assim fundamental, com a qual todos os autores de sistemas astronômicos — Platão, Eudoxo, Aristóteles, até mesmo Hiparco e Ptolomeu — tiveram até agora de lidar, que os movimentos de objetos tão belos e tão divinos tinham de ser perfeitamente regulares e seguir tão concordante com a imaginação quanto os próprios objetos o são em relação aos sentidos. Portanto, ele passou a considerar que, assumindo que os corpos celestes

---

25 Prefácio à sua obra *Das revoluções dos orbes celestes*. Trad. portuguesa. Lisboa: Calouste-Gulbenkian, 1984. (N. T.)

Ensaios filosóficos

fossem arranjados numa ordem diversa daquela na qual Aristóteles e Hiparco os localizaram, que essa grande solicitação por uniformidade não poderia ser concedida para seus movimentos. Para descobrir esse arranjo, ele examinou todas as obscuras tradições que nos foram legadas acerca de cada uma das outras hipóteses que os antigos tinham inventado para o mesmo propósito. Ele encontrou em Plutarco[26] que alguns pitagóricos antigos representavam a Terra revolvendo-se no centro do universo, como uma roda ao redor de seu próprio eixo e que outros, da mesma facção, a removeram do centro representando-a como movendo-se na eclíptica como uma estrela ao redor do fogo central. Por fogo central, Copérnico supôs que entendessem o Sol, e, ainda que isso fosse um grande equívoco, foi a partir dessa interpretação que ele começou a considerar o quanto uma tal hipótese pode ser adequada em sua correspondência com as aparências A suposta autoridade desses antigos filósofos, se não lhe sugeriu originalmente seu sistema, parece, ao menos, tê-lo confirmado em uma opinião para a qual ele tinha antecipado outras razões adotar; isso não é improvável, a despeito de ele mesmo ter afirmado o contrário.

Então ocorreu a ele que, se a Terra foi suposta como que se revolvendo diariamente ao redor de seu eixo, de oeste a leste, todos os corpos celestes pareceriam revolver-se na direção contrária, de leste a oeste. A revolução diurna dos céus, diante dessa hipótese, seria apenas aparente. O firmamento, que não possui nenhum movimento sensível, deveria estar em um repouso perfeito, enquanto o Sol, a Lua e os cinco planetas não

---

26 Assume-se aqui, como em Copérnico, que o *Placita Philosophorum* seja obra de Plutarco. (N. T.)

deveriam ter nenhum outro movimento que aquela revolução na direção oeste que lhes é peculiar. Isso, supondo que a Terra revolve-se com os planetas ao redor do Sol, em uma órbita que compreende em si as órbitas de Vênus e Mercúrio e é compreendida pelas de Marte, Júpiter e Saturno, permitiu que se conectasse a aparente revolução anual do Sol e a aparência direta, estacionária e retrógrada dos planetas, sem o embaraço dos epiciclos. Enquanto a Terra revolve-se ao redor do Sol em um lado dos céus, o Sol pareceria revolver-se na outra direção ao redor da Terra; enquanto ela, na verdade, avançava em seu curso anual, ele pareceria avançar na direção leste naquele movimento que lhe seria peculiar. Por supor que o eixo da Terra era paralelo em relação ao Sol, não perpendicular, e tampouco inclinado para o plano de sua órbita e consequentemente expor para o Sol um polo em um lado dele e o outro de seu outro lado, ele teria de levar em consideração a obliquidade da eclíptica, a visível alternância na progressão do Sol de norte a sul e de sul para norte, que consequentemente muda as estações do ano e as diferentes durações dos dias e das noites nas suas diferentes estações.

Se essa nova hipótese conectou, portanto, esses fenômenos do mesmo modo que a de Ptolomeu, havia outras que os conectavam ainda melhor. Os três planetas superiores, quando próximos de sua conjunção com o Sol, parecem sempre estar na maior distância da Terra, são menores e menos perceptíveis ao olho e parecem revolver adiante no seu movimento direto com uma maior rapidez. Ao contrário, quando esses planetas se encontram em oposição ao Sol, ou seja, quando for meia noite em seus meridianos, eles aparentam uma maior proximidade com a Terra, são maiores e parecem revolver-se para trás

Ensaios filosóficos

num movimento retrógrado. Para explicar essas aparências, o sistema de Ptolomeu supôs que cada um desses planetas estivesse na parte alta de seus epiciclos individuais em um dos casos e na mais baixa no outro. Mas isso não forneceu um princípio de ligação satisfatório que pudesse conduzir o espírito a conceber facilmente como os epiciclos desses planetas, cujas esferas estavam tão distantes da esfera do Sol, poderiam, então, manter, como se diz, um tempo coerente com a sua velocidade. O sistema de Copérnico proporcionou esse princípio mais facilmente e, como uma máquina mais simples, sem a assistência dos epiciclos, reuniu em poucos movimentos os complexos fenômenos celestes. Quando os planetas superiores aparecem quase que em conjunção com o Sol, eles se encontram no lado de suas órbitas que é quase oposto à Terra e mais distante dela, portanto se afiguram ao olho como que menores e menos perceptíveis. Mas como eles revolvem-se numa direção que é quase contrária àquela da Terra, eles parecem revolver-se adiante com velocidade dobrada, assim como a partir de um barco que navega numa direção contrária a outro, nos parecerá, a partir deste ponto, que ambas as embarcações estão navegando em sua própria velocidade somada à velocidade daquela a partir da qual se observa. Do contrário, quando esses planetas estão em oposição ao Sol, eles estão do mesmo lado do Sol que a Terra, estão mais próximos dela e mais perceptíveis ao olho e revolvem-se na mesma direção dela, mas, como suas revoluções ao redor do Sol são mais lentas que a da Terra, eles são deixados para trás por ela e por isso parecem revolver-se para trás, assim como um navio que navega mais lentamente que um outro, ainda que naveguem na mesma direção, pareça, a um observador que está no navio mais rápido, estar navegando para trás. Do mesmo modo, pela mesma revolução anual da Terra, ele conectou os movimentos diretos e retrógrados dos dois planetas inferiores, bem como a aparência estacionária de cada um deles.

Há também alguns outros fenômenos particulares dos dois planetas inferiores que correspondem melhor a esse sistema e se ligam de maneira muito pior ao de Ptolomeu. Vênus e Mercúrio parecem atender constantemente ao movimento do Sol, aparecendo por vezes de um lado e por vezes do outro dessa grande lumínária. Mercúrio sendo sempre enterrado por seus raios e Vênus sem nunca descer mais do que 48 graus, ao contrário do que observamos nos outros três planetas, que normalmente são vistos no lado oposto dos céus, na maior distância possível do Sol. O sistema de Ptolomeu abarcou isso supondo que os centros dos epiciclos desses dois planetas estavam sempre na mesma linha daqueles do Sol e da Terra, e que eles apareciam, portanto, em conjunção com o Sol, tanto na parte alta quanto na baixa de seus epiciclos, e em uma maior distância em relação a ele quando se encontravam em seus lados. Não se atribuiu uma razão, entretanto, para os epiciclos desses dois planetas seguirem uma regra tão diversa daquela que ocorre com os outros três, nem para o enorme epiciclo de Vênus, cujos lados deviam ter 48° de distância do Sol enquanto seu centro estivesse em conjunção com ele e cujo diâmetro deveria cobrir mais de um quadrante do grande círculo. Mas quão facilmente todas essas aparições coincidem com a hipótese que representa esses dois planetas inferiores revolvendo ao redor do Sol em órbitas compreendidas pela órbita da Terra é óbvio em demasia para que se explique.

Ensaios filosóficos

Essa nova descrição das coisas transmitiu as aparições nos céus de modo mais completo e coerente do que foi feito por qualquer um dos sistemas anteriores. Ele fez isso por um mecanismo mais simples e inteligente, bem como mais bonito. Representou o Sol, o grande iluminador do universo, cujo corpo sozinho é maior do que todos os planetas tomados em conjunto, como estavelmente inamovível no centro, vertendo sua luz e calor a todos os mundos que circulam ao seu redor em uma direção uniforme, mas em períodos longos ou curtos de acordo com suas distâncias. Isso removeu a revolução diurna do firmamento, cuja rapidez, diante da velha hipótese, estava para além de qualquer coisa que se pudesse conceber. Isso não só libertou a imaginação do embaraço dos epiciclos, mas da dificuldade de se conceber esses dois movimentos opostos ocorrendo ao mesmo tempo, que Ptolomeu e Aristóteles conferiram a todos os planetas, isto é, as revoluções periódicas diurnas na direção oeste e leste. A revolução da Terra em torno de seu eixo retirou a necessidade de se supor o primeiro e o segundo foi facilmente concebido por si só. Os cinco planetas, que nos outros sistemas pareciam ser objetos de uma espécie que lhes era peculiar, diferentes de tudo ao que a imaginação estava acostumada, quando supostos como se revolvendo juntamente com a Terra ao redor do Sol, eram naturalmente apreendidos como objetos do mesmo tipo que a Terra, habitável, opaco e iluminados apenas pelos raios do Sol. E assim essa hipótese, classificando-os na mesma espécie de coisas que um objeto que dentre todos era ao qual nós mais estávamos familiarizados, tirou aquele espanto e incerteza que a estranheza e a singularidade de suas aparições excitavam e, até então, respondeu também melhor ao grande fim da Filosofia.

Adam Smith

Tomadas em isolado, nem a simplicidade nem a beleza desse sistema o recomendam à imaginação. A novidade e a imprevisibilidade dessa visão da natureza, quando se abriu para a fantasia, provocou mais espanto e surpresa do que as mais inusitadas aparições, as mesmas que esse sistema quis tornar naturais e familiares, cuja estranheza só fez aumentar. A finalidade da Filosofia é aliviar o espanto que aparições naturais inusitadas e aparentemente desconexas excitam, mas seu triunfo nunca é tão grande como quando cria, por assim dizer, uma nova constituição das coisas, para ligar entre si uns poucos objetos que, em si mesmos, podem não ser tão importantes. Essa constituição é de fato mais natural, de modo que a imaginação pode abarcá-la mais facilmente, pois, por mais que seja nova, ela contraria mais a opinião e a expectativa comuns do que os fenômenos mesmos. Como em caso: para ligar algumas visíveis irregularidades nos movimentos dos planetas, os mais insignificantes objetos nos céus e dos quais grande parte da humanidade não teve sequer a ocasião de ter notícia no decorrer de sua vida, a Filosofia, para falar em uma linguagem hiperbólica, como a de Tycho Brahe, moveu a Terra de seus fundamentos, parou a revolução do firmamento, fez o Sol ficar parado e subverteu toda a ordem do universo.

Tais eram as vantagens dessa nova hipótese, segundo a visão de seu autor quando a inventou. Mas, ainda que esse amor ao paradoxo, tão natural aos letrados e cujo prazer eles são tão aptos a despertar pela novidade de suas descobertas, o encantamento da humanidade talvez, apesar de os seus discípulos dizerem o contrário, tenha tido o seu peso para instigar Copérnico a adotar esse sistema. Ainda assim, quando ele terminou seu *Tratado das revoluções*, começou a considerar friamente o quão

Ensaios filosóficos

estranha era a doutrina que ele estava para oferecer ao mundo. Tanto temia o preconceito que a humanidade poderia dirigir a essa doutrina que, por uma espécie de decoro, de todos o mais difícil para um filósofo, ele a deteve em seu armário por cerca de trinta anos. Finalmente, nos anos de extremada velhice, ele permitiu que ela fosse arrebatada dele, mas ele morreu assim que foi impressa e antes de ser tornada pública.[27]

Quando essa doutrina surgiu no mundo, foi quase universalmente desaprovada, tanto pelos letrados quanto pelos ignorantes. Os preconceitos naturais dos sentidos, confirmados pela educação, prevaleceram em demasia para que se permitissem examiná-la com justiça. Apenas alguns discípulos que ele mesmo havia instruído em sua doutrina receberam-na com estima e admiração. Um deles, Reinhold,[28] formou, diante dessa hipótese, tábuas astronômicas maiores e mais precisas que aquelas que acompanharam o *Tratado das revoluções*, nas quais Copérnico foi culpado por alguns erros de cálculos. Logo pareceu que essas Tábuas Prutênicas, como eram chamadas, correspondiam com mais exatidão com os céus que as tábuas de Alfonso. Isso deve ter naturalmente criado uma inclinação a favor da diligência e precisão de Copérnico ao observar os céus, mas não deve ter formado nada em favor de sua hipótese, dado que as mesmas observações e o resultado dos mesmos cálculos podiam ser acomodados no sistema de Ptolomeu, sem fazer alterações nesse sistema que fossem mais significativas que

---

27 Trata-se de *Revolutionibus Orbium Coelestium*, de 1543. (N. T.)

28 Erasmus Rheinhold (1511-1553), autor de *Prutenicae Tabulae Coelestium Motum* (1551), que foi adotado como base para a reforma gregoriana do calendário juliano em 1583. (N. T.)

aquelas que Ptolomeu anteviu e pediu que se fizesse. Isso formou uma inclinação a favor de ambos e os letrados começaram a examinar, com alguma atenção, uma hipótese que permitia métodos mais fáceis de cálculo e com os quais as previsões mais precisas foram feitas. O grau superior de coerência conferida às aparições celestiais, a simplicidade e a uniformidade que essa hipótese introduziu nas verdadeiras direções e velocidades dos planetas logo dispuseram muitos astrônomos, primeiro a favor e depois a adotar mesmo um sistema que ligou de modo tão feliz os mais desconexos dos objetos que ocuparam majoritariamente seus pensamentos. Nada pode demonstrar de maneira tão evidente como eles facilmente aprendem a desistir da evidência de seus sentidos para que se preserve a coerência das ideias de sua imaginação que a prontidão com a qual esse, o mais violento dos paradoxos de toda a Filosofia, foi adotado por muitos astrônomos engenhosos, independentemente de sua incompatibilidade com todos os sistemas de Física que eles conheciam, e não obstante o grande número de outras rejeições mais reais, às quais, do modo como Copérnico a deixou, essa concepção das coisas estava exposta mais justamente.

Ele foi adotado, no entanto, e isso nos deve espantar, apenas por astrônomos. Os doutos de todas as outras ciências continuavam a considerá-lo com o mesmo desdém que o vulgo. Até mesmo os astrônomos se dividiam acerca de seu mérito, e muitos deles rejeitaram uma doutrina que não só contradizia o estabelecido sistema da filosofia natural, mas também, considerando-a apenas astronomicamente, parecia funcionar sob uma grande gama de dificuldades.

Algumas das objeções acerca do movimento da Terra que eram decorrentes dos preconceitos dos sentidos foram facil-

Ensaios filosóficos

mente superadas pelos patronos desse sistema. Eles defenderam que a Terra devia realmente estar em movimento, embora para os seus habitantes ela pareça em repouso e que o Sol e as estrelas fixas devem estar realmente em repouso, do mesmo modo como um barco que navega num mar calmo parece estar em repouso para os que estão nele, ainda que esteja em movimento, enquanto os objetos pelos quais ele passa pareçam estar em movimento, ainda que parados.

Mas havia outras objeções que, embora estivessem baseadas nos mesmos preconceitos naturais, eram mais difíceis de superar. A Terra sempre se apresentou aos sentidos não apenas em repouso, mas como inerte, pesada e até como avessa ao movimento. A imaginação sempre foi acostumada a conceber as coisas desse modo e sofreu a maior violência quando obrigada a buscar e a assistir à Terra no rápido movimento com o qual o sistema de Copérnico a dotou. Para fazer prevalecer suas objeções, os adversários dessa hipótese esforçaram-se para calcular a extrema velocidade desse movimento. Eles afirmaram que a circunferência da Terra teria cerca de 23 mil milhas, se se supusesse que a Terra revolvia em seu eixo todos os dias, todo ponto próximo ao equador deveria percorrer cerca de 23 mil milhas por dia, consequentemente, próximo a mil milhas por hora e cerca de dezesseis milhas por minuto; um movimento mais rápido que o de uma bola de canhão ou da mais veloz progressão do som. A rapidez dessa revolução periódica era ainda mais violenta que aquela da rotação diurna. Como poderia a imaginação considerar um objeto tão pesado dotado naturalmente de um movimento tão rápido? A filosofia peripatética, então a única conhecida no mundo, reforçou ainda mais esse preconceito. Tal filosofia, por uma distinção natural, embora sem fundamento, dividiu todo o movimento em natural e violento. O movimento natural emana de uma tendência inata ao corpo, como quando uma pedra cai, o movimento violento surge de uma força externa que é, em certa medida, contrária à tendência natural do corpo, como quando uma pedra é lançada para o alto ou na horizontal. Nenhum movimento violento pode perdurar; por ser constantemente enfraquecido pela tendência natural do corpo, seria destruído. O movimento natural da Terra, que era evidente em todas as suas partes, era descendente e em linha reta na direção do centro, bem como o do fogo era para cima em linha reta a partir do centro. Apenas os céus se revolviam naturalmente em um círculo. Portanto, nem a suposta revolução da Terra ao redor de seu próprio centro, nem aquela ao redor do Sol, poderiam ser movimentos naturais, teriam, então, de ser do tipo violento e, consequentemente, não poderiam ser de longa duração. Em vão Copérnico respondeu que a gravidade era uma tendência nas diferentes partes do mesmo planeta, para uni-las umas às outras, e que essa tendência existia, provavelmente, nas partes de outros planetas, bem como nas da Terra e que, sendo assim, essa tendência poderia naturalmente ser unida a um movimento circular, pois seria igualmente natural para o corpo total do planeta e para cada parte dele. Replicou ainda, que seus próprios adversários reconheciam que um movimento circular era natural para os céus, cuja revolução diária era infinitamente mais rápida que aquele movimento que ele conferira à Terra e que, embora um movimento desse tipo fosse natural à Terra, ela ainda assim pareceria estar em repouso para os seus habitantes, e todas as suas partes se dirigiriam em linha reta

Ensaios filosóficos

para o centro, do mesmo modo que no presente. Mas essa resposta, por mais nos que pareça satisfatória, não pareceu satisfatória na época. A mesma ignorância acerca dos princípios mecânicos fundamentou a distinção entre movimento natural e movimento violento, e essa objeção ao sistema de Copérnico. Os sistemas de Aristóteles e Hiparco supunham o movimento diurno dos corpos celestes como infinitamente mais rápido que qualquer movimento que Copérnico tenha atribuído à Terra. Mas eles supunham, ao mesmo tempo, que tais corpos eram objetos de uma espécie em muito distinta de qualquer um próximo à superfície da Terra aos quais estamos acostumados, e para os quais era menos difícil atribuir qualquer sorte de movimento como natural. Esses objetos, além disso, nunca se apresentavam aos sentidos como se movendo com menos velocidade do que a que lhes era atribuída por esses sistemas. A imaginação não sentia dificuldade em seguir uma representação com as quais os sentidos já estavam familiarizados. Mas, quando os planetas passaram a ser considerados outras Terras, o caso foi totalmente alterado. A imaginação se acostumara a conceber tais objetos como tendendo mais ao repouso que ao movimento e essa ideia da natural inércia deles, se é que se pode dizer, atravancou e obstruiu seu voo sempre que se esforçou em persegui-los em seu curso periódico e em concebê-los como continuamente impelidos através dos espaços celestiais com tão violenta e incessante velocidade.

Os primeiros seguidores de Copérnico não foram mais afortunados em suas respostas para algumas outras objeções que eram fundadas, no entanto, na mesma ignorância acerca das leis do movimento, mas que se ligavam necessariamente a esse modo de conceber as coisas que prevaleciam então em todo o mundo letrado.

Dizia-se que se a Terra revolvia tão rapidamente de oeste a leste, um vento perpétuo deveria soprar de leste a oeste, mais violentamente que o que sopra no mais violento furacão. Que uma pedra, jogada na direção oeste, deveria percorrer uma distância muito maior que uma lançada com a mesma força na direção leste, assim como aquilo que se movesse em uma direção contrária ao movimento da Terra deveria percorrer uma porção maior de sua superfície que aquele que, com a mesma velocidade, se move na mesma direção desse movimento; que uma bola jogada do mastro de um navio em movimento não cairia exatamente na base desse mastro, mas atrás dele, assim como uma pedra jogada de uma torre alta não deveria, dada a suposição do movimento da Terra, cair precisamente na base dessa torre, mas a oeste dela, já que a Terra teria sido tracionada a leste nesse meio-tempo. É divertido observar por que tipo de evasão sutil e de metafísica os seguidores de Copérnico tentaram escapar dessa objeção, que, antes de a doutrina da composição do movimento ser explicada por Galileu, era completamente irrespondível. Eles aceitaram que uma bola jogada do mastro de um navio em movimento não deveria cair no pé do mastro, mas atrás dele, pois a bola, eles diziam, não era parte do navio e porque o movimento do navio não era natural nem para ele nem para a bola. Mas a pedra era uma parte da Terra, e as revoluções diurnas e anuais da Terra eram naturais para o todo e para cada parte dela, portanto também para a pedra. Então, a pedra, tendo, naturalmente, o mesmo movimento que a Terra, caia exatamente na base da torre. Mas essa resposta não satisfazia facilmente a imaginação, que ainda achava difícil compreen-

Ensaios filosóficos

der como esses movimentos poderiam ser naturais à Terra, ou como um corpo, que se apresentou aos sentidos como sempre inerte, pesado e avesso ao movimento, poderia naturalmente estar rodando em relação tanto ao seu eixo como ao Sol com um velocidade tão grande. Além disso, Tycho Brache, baseado nos princípios da mesma filosofia que forneceram a objeção bem como a resposta, argumentou que, até sob a suposição de que um tal movimento fosse natural ao corpo da Terra, ainda assim a pedra, que estava dele separada, não poderia ter esse movimento atuando nela. O membro, quando cortado de um animal, perde aqueles movimentos que eram naturais ao todo. O ramo que é cortado do tronco perde o movimento vegetativo que é natural à árvore. Até mesmo os metais, minerais e pedras que são cavados do seio da terra perdem os movimentos responsáveis por sua produção e crescimento, que eram naturais a eles em seu estado natural. Portanto, o movimento diurno e o anual da Terra, apesar de terem sido naturais a eles quando se encontravam no seio dela, não poderiam ser-lhes naturais quando se separavam dela.

Tycho Brache, o grande restaurador da ciência dos céus, que passou sua vida e gastou sua fortuna para fazer avançar a Astronomia, e cujas observações eram tanto mais numerosas como mais precisas que as de todos os astrônomos que se empenharam nisso antes dele, era muito afetado pela força de tal objeção, tanto que, ainda que não tenha mencionado o sistema de Copérnico sem algum tom de grande admiração que ele concedeu a seu autor, nunca foi induzido a adotá-lo, ainda que todas as suas observações tendessem a confirmá-lo. Essas observações demonstraram que Vênus e Mercúrio estavam às vezes por cima e às vezes por baixo do Sol, consequentemente, o Sol, e não a Terra, era o centro de suas revoluções periódicas. Elas mostraram que Marte, quando em seu meridiano à meia-noite, estava mais próximo da Terra do que a Terra em relação ao Sol, no entanto, quando em conjunção com o Sol, ele se encontrava muito mais remotamente localizado em relação à Terra do que à grande luminária, uma descoberta que era totalmente inconsistente com o sistema de Ptolomeu. Isso provou que o Sol, e não a Terra, era o centro das revoluções periódicas de Marte, bem como de Vênus e Mercúrio, e se demonstrou que a Terra estava localizada entre as órbitas de Marte e Vênus. Essas observações fizeram a mesma coisa provável em relação a Júpiter e Saturno, ou seja, que eles também se revolviam ao redor do Sol; e isso, portanto, tornou o Sol, se não o centro do universo, ao menos o centro desse sistema planetário. Provou-se também que os cometas eram superiores à Lua e se moviam através dos céus em todas as direções possíveis; uma observação incompatível com as esferas sólidas de Aristóteles e Peuerbach, e que, então, derrubou a parte física, finalmente, da Astronomia estabelecida.

Essas observações, juntadas à sua aversão a tal sistema, e talvez, a despeito da generosidade de seu caráter, a alguma inveja da fama de Copérnico, sugeriram a Tycho uma hipótese nova, na qual a Terra continuaria a ser, como na velha teoria, o centro inamovível do universo, ao redor do qual o firmamento revolvia-se todos os dias de leste a oeste e, por alguma virtude secreta, tracionava o Sol, a Lua e os cinco planetas com ela, a despeito da grande distância que os separava e de não haver nada entre eles a não ser o mais fluido éter. Mas, ainda que todos esses sete corpos obedecessem à revolução diurna do fir-

Ensaios filosóficos

mamento, cada um deles tinha, como no antigo sistema, uma revolução periódica contrária para leste que lhes era própria, o que os fazia aparecer todos os dias, sendo mais ou menos deixados para trás pelo firmamento. O Sol era o centro das revoluções periódicas dos cinco planetas: a Terra era o centro das do Sol e da Lua. Os cinco planetas seguiam o Sol em suas revoluções periódicas ao redor da Terra, como faziam em relação ao firmamento em sua rotação diurna. Os três planetas superiores compreendiam a Terra nas órbitas nas quais eles se revolviam ao redor do Sol e tinham cada um o seu epiciclo para uni-los, do mesmo modo que no sistema ptolomaico, em suas aparições diretas, retrógradas e estacionárias. Como, a despeito de sua imensa distância, eles seguiam o Sol em sua revolução periódica ao redor da Terra, mantendo-se sempre equidistantes dele, eles necessariamente eram trazidos para muito mais perto da Terra quando em oposição ao Sol do que quando em conjunção com ele. Marte, o mais próximo deles, quando estava na meia-noite de seu meridiano, chegava à órbita que o Sol descrevia ao redor da Terra e, consequentemente, estaria assim mais próximo da Terra que a Terra do Sol. As aparições dos dois planetas inferiores seriam explicadas, do mesmo modo que no sistema de Copérnico, e, consequentemente, não precisavam de um epiciclo para se reunirem. Os círculos nos quais os cinco planetas realizavam suas voltas ao redor do Sol, assim como as que o Sol e a Lua faziam ao redor da Terra, eram, tanto na nova como na velha hipótese, círculos excêntricos, para conectar seus movimentos diferentemente acelerados e retardados.

Assim, o sistema de Tycho Brache era composto, como é evidente, a partir dos de Ptolomeu e Copérnico, mais feliz que o de Ptolomeu, na abordagem aos movimentos dos dois planetas inferiores, mais complexo por supor que as diferentes revoluções de todos os cinco planetas seriam executadas ao redor de dois centros diferentes, o diurno ao redor da Terra e o periódico ao redor do Sol. Mas, em todos os aspectos, era também mais complexo e inconsistente que o de Copérnico. Tamanha era, contudo, a dificuldade que a humanidade sentia ao conceber o movimento da Terra, que isso foi durante muito tempo o motivo da reputação desse sistema, por outro lado mais belo. Deve ser dito que aqueles que apenas consideravam o céu eram favoráveis ao sistema de Copérnico, que conectava de modo tão feliz as aparições que se apresentam nele. Mas aqueles que olhavam para a Terra adotaram a explicação de Tycho Brache, que, deixando-a em repouso no centro do universo, cometeu menos violência aos hábitos da imaginação. Os letrados eram, no entanto, sensíveis ao quão intricado e a quantas incoerências esse sistema possuía, de que ele não dava explicação de por que o Sol, a Lua e os cinco planetas deveriam seguir a revolução do firmamento, ou por que os cinco planetas, não obstante a imensa distância dos três superiores , deviam obedecer ao movimento periódico do Sol, ou por que a Terra, ainda que localizada entre as órbitas de Marte e Vênus, tinha de permanecer imóvel no centro do firmamento e resistir constantemente à influência de seja o que for que traciona os corpos que eram tão maiores que ela e que se localizavam dos dois lados dela ao redor do Sol. Tycho Brache morreu antes de ter explicado completamente seu sistema. Seu grande e merecido renome dispôs muitos dos homens letrados a acreditar que, se sua vida fosse mais longa, ele teria reunido muitas dessas incoerências e conhecido métodos de adaptar seu sistema a algumas outras

Ensaios filosóficos

aparições às quais nenhum de seus discípulos pode conectar seu sistema.

A objeção ao sistema de Copérnico que se baseava na natureza do movimento e na qual Tycho Brache muito insistiu foi completamente respondida por Galileu, mas apenas trinta anos depois da morte de Tycho e cem anos da de Copérnico. Foi então que Galileu, ao explicar a natureza da composição do movimento, demonstrando, tanto racionalmente como por experiências, que uma bola jogada do mastro de um navio em movimento cairá precisamente no pé do mastro, e por submeter essa doutrina a um grande número de outras instâncias muito familiares à imaginação, retirou, quiçá, a principal objeção feita a essa hipótese.

Muitas outras dificuldades astronômicas que atravancaram essa descrição das coisas foram removidas pelo mesmo filósofo. Copérnico, depois de alterar o centro do universo, fazendo a Terra, bem como todos os planetas, se revolverem ao redor do Sol, foi obrigado a deixar a Lua se revolvendo ao redor da Terra, como acontecia antes. Mas, sem que nenhum exemplo desses planetas secundários tenha sido descoberto nos céus, parecia que esse sistema ainda tinha uma irregularidade remanescente. Galileu, tendo aplicado pela primeira vez telescópios à Astronomia, descobriu, com essa ajuda, os satélites de Júpiter, que, revolvendo-se ao redor desse planeta, ao mesmo tempo que eram tracionados juntamente com ele em sua revolução ao redor seja da Terra, seja do Sol, fez que fosse menos contrário à analogia da natureza que a Lua se revolvesse ao redor da Terra e a acompanhasse na sua revolução ao redor do Sol.

Objetou-se a Copérnico que se Vênus e Mercúrio giram ao redor do Sol numa órbita compreendida dentro daquela da

Terra, eles deveriam mostrar as mesmas fases que a Lua, por vezes apresentando seu lado escurecido e por vezes seu lado luminoso para a Terra, bem como por vezes parte de um e de outro. Ele respondeu que eles o faziam indubitavelmente, mas seu tamanho pequeno e sua distância nos impediam de perceber isso. Essa afirmação arrojada de Copérnico foi confirmada por Galileu. Seus telescópios tornaram as fases de Vênus muito perceptíveis e, então, demonstraram, de modo mais evidente do que havia sido feito até então, tanto as observações que Tycho Brache fez das revoluções desses dois planetas inferiores ao redor do Sol, quanto destruiu o sistema de Ptolomeu.

As montanhas e mares que ele descobriu ou imaginou ter descoberto na Lua com a ajuda do mesmo instrumento tornaram esse planeta em todos os aspectos similar, fazendo-o parecer menos contrário à analogia da natureza, dado que a Lua revolve ao redor da Terra, a Terra deve revolver ao redor do Sol. As manchas que do mesmo modo foram encontradas no Sol demonstraram, por seus movimentos, a revolução do Sol em torno de seu eixo, e isso fez que fosse menos improvável que a Terra, um corpo tão menor que o Sol, do mesmo modo girasse ao redor de seu eixo.

Sucessivas observações com telescópios descobriram que em cada um dos cinco planetas havia lugares não muito diferentes daqueles que Galileu observou na Lua, e isso pareceu demonstrar o que Copérnico apenas conjecturou: que os planetas eram naturalmente opacos, iluminados apenas pelos raios do Sol, habitáveis, diversificados por mares e montanhas e eram, em muitos aspectos, corpos do mesmo tipo da Terra, acrescentando, assim, uma outra probabilidade a esse sistema. Ao descobrir, também, que cada um desses planetas se revolvia ao

Ensaios filosóficos

redor de seu eixo, ao mesmo tempo que esse movimento também tracionava a Terra ou o Sol, eles fizeram que fosse muito concordante à analogia da natureza que a Terra, que em todos os outros aspectos se assemelhava aos planetas, devia, bem como eles, revolver-se ao redor de seu eixo e ao mesmo tempo fazer seu movimento periódico ao redor do Sol. Enquanto na Itália o desafortunado Galileu adicionava tantas possibilidades ao sistema de Copérnico, outro filósofo na Alemanha se empregava a ajustá-lo, corrigi-lo e melhorá-lo: Kepler. Com grande gênio, mas sem o critério ou a ordem e método de Galileu, ele possuía, como todos os seus conterrâneos, uma grande e laboriosa diligência que juntou a essa paixão por descobrir proporções e semelhanças entre as diferentes partes da natureza, algo que, ainda que seja comum a todos os filósofos, era nele excessivo. Ele foi instruído por Maestlin[29] no sistema de Copérnico e sua primeira curiosidade foi, como ele nos conta, a de achar a razão de os planetas, a Terra contada como um deles, serem em número de seis; saber por que eles eram localizados em distâncias tão irregulares em relação ao Sol e se havia alguma proporção uniforme entre as muitas distâncias e tempos empreendidos em suas periódicas revoluções. Até que alguma razão ou proporção desse tipo pudesse ser descoberta, o sistema não pareceria para ele completamente coerente. Ele se esforçou, primeiro em encontrar isso na proporção dos números e das figuras planas; depois, na dos sólidos perfeitos, e, por fim, nas divisões das oitavas musicais. Qualquer que fosse a ciência que Kepler estudasse, ele parecia se deleitar em encontrar ana-

---

29 Michael Maestlin (1550-1631), professor de matemática em Tubingen. (N. T.)

logias entre elas e o sistema do universo; e então, aritmética e música, geometria plana e sólida, vieram todas em turnos para ilustrar a doutrina da esfera, na explicação na qual ele estava, por sua profissão, principalmente aplicado. Tycho Brache, para quem ele havia presenteado um dos seus livros, mesmo que ele não pudesse mais que desaprovar seu sistema, se deleitou, no entanto, com seu gênio e com sua infatigável diligência em fazer os mais laboriosos cálculos. Esse generoso e magnificente dinamarquês convidou o indigente e obscuro Kepler para viver consigo e lhe comunicou, assim que ele chegou, acerca de suas observações sobre Marte, as quais os seus discípulos estavam empenhados em arranjar e dar método. Kepler, ao compará-las com outras, achou que a órbita de Marte não era um círculo perfeito, que um de seus diâmetros era de algum modo maior do que o outro, e que ele se aproximava de uma oval, ou uma elipse, que teria o Sol como um de seus focos. Ele achou também que o movimento do planeta não era equável; que ele era mais veloz quando próximo ao Sol e mais lento quando mais distante e que sua velocidade gradualmente crescia ou diminuía de acordo com o fato de estar se aproximando ou se afastando dele. As observações do mesmo astrônomo mostraram para ele, ainda que de modo nem tão evidente, que isso era verdade para todos os outros planetas: que suas órbitas eram elípticas e que seus movimentos eram mais rápidos quando mais próximos do Sol e mais lentos quando longe dele. Mostrariam a mesma coisa, também, acerca do Sol, caso se supusesse que ele se revolvia ao redor da Terra, e consequentemente da Terra, caso se supusesse que ela girava em torno do Sol.

Que os movimentos de todos os corpos celestes eram perfeitamente circulares tinha sido a ideia fundamental sobre a

Ensaios filosóficos

qual se construíram todas as hipóteses astronômicas, exceto a hipótese irregular dos estoicos. Um círculo, como o grau de sua curvatura é sempre o mesmo em todo lugar, é a mais simples de todas as linhas curvas concebidas. Desde que ficou claro que os corpos celestes não se movem em linha reta, a imaginação indolente achou que seria mais fácil tratar de seus movimentos se pensá-los como circulares. Isso determinou, a partir dessa consideração, que o movimento circular era o mais perfeito dos movimentos. Sendo assim, nenhum movimento a não ser o mais perfeito seria digno desses objetos belos e divinos. E, a partir dessa consideração, muitas vezes em vão, se tentou ajustar as aparências, nos mais diversos sistemas, de forma que todos os corpos se movessem desse modo.

A uniformidade de seus movimentos era outra ideia fundamental, que, do mesmo modo e pela mesma razão, foi suposta por todos os descobridores dos sistemas astronômicos. Um movimento uniforme é mais fácil de ser considerado do que um em constante aceleração ou retardamento. Toda inconstância, portanto, foi declarada como indigna desses corpos que se revolviam nas regiões celestes e poderiam ser adequados apenas às coisas inferiores e sublunares. Os cálculos de Kepler derrubaram esses dois preconceitos naturais da imaginação a respeito dos planetas: destruíram suas órbitas circulares e introduziram em seus movimentos reais uma desigualdade que nenhum círculo equalizador poderia remediar. Foi, entretanto, para tornar seus movimentos perfeitamente equáveis, sem a assistência de um círculo equalizador, que Copérnico, como ele mesmo nos assegura, inventou originalmente seu sistema. Quando os cálculos de Kepler, no entanto, derrubaram aquilo que Copérnico tinha em vista ao estabelecer seu sistema, não

Adam Smith

podemos imaginar que tais cálculos devessem à primeira vista parecer mais o importunar do que o aprimorar.

É verdade que por essas órbitas elípticas e movimentos desiguais Kepler tirou do sistema o desembaraço dos pequenos epiciclos que Copérnico deixara para ligar os movimentos aparentemente acelerados e retardados dos planetas com sua suposta uniformidade real. Para tal, é notável que, ainda que Copérnico tenha distribuído as órbitas dos planetas a partir dos enormes epiciclos de Hiparco, o que é considerado uma superioridade desse sistema sobre os dos astrônomos antigos, ele ainda se visse obrigado a abandonar em alguma medida essa vantagem e fazer uso de alguns pequenos epiciclos para reunir essas aparentes irregularidades. Seus epiciclos, na verdade, como as irregularidades graças às quais eles foram introduzidos, eram pequenos e a imaginação de seus primeiros seguidores parece, de acordo com isso, ter passado por alto por eles sem os observar. Nem Galileu nem Gassendi, dois de seus mais eloquentes defensores, parecem ter reparado neles. Nem parece ter-se percebido que havia alguma coisa como epiciclos no sistema de Copérnico, até que Kepler, para justificar suas próprias órbitas elípticas, insistiu que, de acordo com Copérnico, o corpo do planeta teria de ser encontrado, mas em dois lugares diferentes na circunferência desse círculo cujo centro de seu epiciclo descrevera.

Também é verdade que uma elipse é, de todas as figuras curvas depois do círculo, a mais simples e de mais fácil concepção. E também é verdade que Kepler tirou do movimento dos planetas a mais fácil de todas as proporções, a da uniformidade, mas não os deixou sem essa característica de modo absoluto, determinando a regra pela qual suas velocidades variam conti-

Ensaios filosóficos

nuadamente. Para um gênio tão pródigo em analogias, suprimir uma implicaria substituí-la por outra. A despeito disso, e a despeito do fato de esse sistema ser mais amparado pela observação do que qualquer outro anterior, tal era a ligação aos movimentos uniformes e órbitas circulares dos planetas que parece que, por algum tempo, ele foi pouco considerado em geral pelos estudiosos e ter sido ignorado pelos filósofos e não muito respeitado mesmo pelos astrônomos.

Gassendi, que começou a se destacar perto dos últimos dias de Kepler e não era um grande astrônomo, parece ter nutrido grande apreço pela diligência e acuidade de Kepler ao acomodar as observações de Tycho Brache ao sistema de Copérnico. Mas Gassendi não compreendeu a importância das alterações que Kepler fez naquele sistema, como fica evidente pelo fato de mal o ter mencionado no curso de seus enormes volumes acerca da Astronomia. Descartes, contemporâneo e rival de Gassendi, parece não ter dado atenção a elas e construído sua teoria dos céus sem nenhuma consideração a elas. Até aqueles astrônomos cuja atenção séria os convenceu da justeza de suas correções estavam ainda tão enamorados pelas órbitas circulares e pelos movimentos uniformes que se esforçaram por compor seus sistemas com aqueles antigos, porém naturais, preconceitos. Então Ward[30] se esforçou para mostrar que, ainda que os planetas se movessem em órbitas elípticas que tinham o Sol como um dos focos, e ainda que suas velocidades nessa elipse variassem continuamente, se um raio fosse suposto como se

---

30 Seth Ward (1617-1689), professor de Astronomia em Oxford, membro fundador da Sociedade Real e bispo de Exeter. (N. T.)

estendendo do centro de um dos focos e levado ao longo pelo movimento periódico do planeta, isso faria ângulos uniformes em tempos iguais e consequentemente seccionaria porções iguais do círculo do qual o outro foco seria o centro. Caso alguém se colocasse naquele foco, o movimento do planeta lhe parceria perfeitamente circular e perfeitamente uniforme, do mesmo modo que nos círculos equalizadores de Ptolomeu e Hiparco. Então Bouillaud,[31] que havia censurado a hipótese de Ward, inventou outra de mesmo tipo, muito mais extravagante e caprichosa. Os planetas, de acordo com esse astrônomo, sempre se revolvem em círculos, pois este é a mais perfeita dentre as figuras e seria impossível que eles se movessem de outro modo. Nenhum deles, de qualquer modo, continua a mover-se em determinado círculo, mas ficariam passando perpetuamente de um para outro em um número infinito de círculos no curso de cada revolução; dado que a elipse, disse ele, é um corte oblíquo em um cone, e em um cone, entre os dois vértices da elipse, há uma infinidade de círculos, a partir da infinitamente pequena porção das quais a linha elíptica é formada. O planeta que se move nessas linhas, portanto, em cada ponto dela se move uma porção infinitamente pequena de um determinado círculo. O movimento de cada planeta era também necessariamente, de acordo com ele, perfeitamente uniforme, pela mesma razão. Um movimento uniforme seria o mais perfeito de todos os movimentos. Entretanto, não seria em uma linha elíptica que esse movimento seria totalmente uniforme, mas em um dos círculos paralelo à base desse cone, cuja secção forma a linha elíptica. Para isso, se um raio se estender do planeta para

---

31 Ismael Boulliau (1605-1694). (N. T.)

Ensaios filosóficos

qualquer um desses círculos e for tracionado nele por seu movimento periódico, ele deve seccionar porções iguais desse círculo em tempos iguais, outro círculo equalizador ainda mais fantástico, assegurado por nenhum outro fundamento além da irrelevante conexão entre um cone e a elipse e recomendado por nada além da paixão natural em relação às órbitas circulares e movimentos uniformes. Esse pode ser considerado um último esforço dessa paixão e serve para mostrar a força desse princípio que pôde obrigar aquele observador preciso e reformador da teoria dos céus a adotar uma hipótese tão estranha. Tais foram a dificuldade e a hesitação com que os seguidores de Copérnico adotaram as correções de Kepler.

A regra que Kepler apurou para determinar a aceleração gradual ou retardamento do movimento dos planetas, no entanto, era intricada e de difícil compreensão; ela poderia ajudar apenas um pouco a facilitar o progresso da imaginação em traçar aquelas revoluções que eram supostas serem conduzidas desses dois modos. De acordo com o astrônomo, se uma linha reta for feita do centro de cada planeta em direção ao Sol e for levada pelo movimento periódico do planeta, ela vai descrever áreas iguais em tempos iguais, ainda que o planeta não passe por espaços iguais; e ele encontrou essa mesma regra também no que concerne ao movimento da Lua. A imaginação, quando toma conhecimento da lei pela qual qualquer movimento é acelerado ou retardado, pode seguir e tratar disso de modo mais fácil do que quando, perdidos, vagamos na incerteza no que se refere à proporção que regula suas variações; a descoberta dessa analogia, sem dúvida, deu ao sistema de Kepler uma concordância com o gosto natural da humanidade. Esta foi uma analogia, de qualquer modo, difícil de se seguir ou compreender para que ela se tornasse completamente aceita.

Adam Smith

Kepler introduziu ainda outra analogia no sistema e descobriu, primeiramente, que havia uma relação uniforme entre as distâncias dos planetas e o Sol e os tempos empregados em seu movimento periódico. Pensou que seus tempos periódicos eram maiores que a proporção de suas distâncias e menores em proporção aos quadrados dessas distâncias, mas que eles eram aproximadamente como que as principais proporcionais entre suas distâncias e os quadrados delas, ou, em outras palavras, que os quadrados de seus tempos periódicos eram aproximadamente os cubos de suas distâncias, uma analogia que, como todas as outras, entretanto, sem dúvida tornou o sistema mais distinto e compreensível. Mas, assim como a anterior, era de natureza intricada demais para diminuir o esforço da imaginação em concebê-la.

A verdade de ambas as analogias, intricadas como eram, foi em definitivo estabelecida pelas observações de Cassini.[32] Esse astrônomo foi o primeiro a descobrir que os planetas secundários de Júpiter e Saturno revolviam-se ao redor de seus planetas primários, de acordo com as mesmas leis que Kepler tinha observado na revolução dos planetas ao redor do Sol e da Lua ao redor da Terra, e que cada um deles descrevia áreas iguais em tempos iguais e que os quadrados de seus períodos eram aproximadamente os cubos de suas distâncias. Quando essas duas últimas analogias abstrusas, às quais se deu pouca atenção quando Kepler as observou pela primeira vez, foram encontradas nas revoluções dos quatro satélites de Júpiter e nos cinco

---

32 Giovani Domenico Cassini (1625-1712), o primeiro de uma família de distintos astrônomos e diretor do Observatório da Academia Real de Ciências da França, da qual era pensionário. (N. T.)

Ensaios filosóficos

de Saturno, não somente a doutrina de Kepler foi confirmada, como se acrescentou uma nova probabilidade à hipótese copernicana. As observações de Cassini parecem ter estabelecido como lei do sistema que, quando um corpo revolve ao redor de um outro, ele descreve áreas iguais por períodos iguais e que, quando muitos se revolvem ao redor de um mesmo corpo, o quadrado de seus períodos é igual ao cubo de suas distâncias. Se a Terra e os cinco planetas são supostos como se revolvendo ao redor do Sol, essas leis, dizia-se, deviam valer universalmente. Mas se, de acordo com o modelo de Ptolomeu, supõe-se que o Sol, a Lua e os cinco planetas se revolvem ao redor da Terra, os movimentos periódicos do Sol e da Lua deveriam, de fato, observar a primeira dessas leis e descrever áreas iguais em tempos iguais, mas não deveriam observar a segunda lei e, portanto, os quadrados de seus tempos periódicos não seriam como o cubo de suas distâncias; e as revoluções dos cinco planetas não deveriam obedecer nem a uma lei nem a outra. Ou, caso se supusesse, de acordo com o sistema de Tycho Brahe, que os cinco planetas se revolviam ao redor do Sol, enquanto o Sol e a Lua se revolviam ao redor da Terra, as revoluções dos cinco planetas ao redor do Sol deveriam, de fato, observar a ambas essas leis, mas as do Sol e da Lua ao redor da Terra deveriam obedecer somente à primeira delas. A analogia da natureza, portanto, só poderia ser preservada completamente no sistema de Copérnico, o qual, de acordo com essa consideração, deveria ser o verdadeiro. Esse argumento é tido por Voltaire[33] e pelo cardeal Polignac[34]

---

33 Em seus *Elementos da filosofia de Newton*. (N. T.)
34 Cardeal Melchior de Polignac (1661-1742). (N. T.)

como demonstração irrefutável; mesmo McLaurin,[35] mais capaz de julgar isso, e o próprio Newton, parecem mencioná-lo como uma das principais evidências da verdade dessa hipótese. Contudo, uma analogia desse tipo, longe de uma demonstração, pode proporcionar apenas, no máximo, a sombra de uma probabilidade.

É verdade que Cassini supôs que os planetas revolviam numa curva oblonga, mas essa curva era de algum modo diversa da de Kepler. Na elipse, a soma das duas linhas que são desenhadas de qualquer ponto da circunferência para os dois focos é sempre igual à soma daquelas que são desenhadas a partir de qualquer outro ponto da circunferência para o mesmo foco. Na curva de Cassini, não é a soma das linhas, mas os retângulos contidos nas linhas que são sempre iguais. Como isso, no entanto, era uma proporção mais difícil de ser compreendida pelos astrônomos do que qualquer outra, a curva de Cassini nunca foi adotada.

Agora nada impedia o triunfo do sistema de Copérnico, exceto pela dificuldade que a imaginação sente de conceber que corpos tão pesados como a Terra e outros planetas revolveriam ao redor do Sol com tamanha rapidez. Em vão Copérnico simulou que, a despeito dos preconceitos dos sentidos, esse movimento circular deveria ser tão natural aos planetas como seria a uma pedra cair ao chão. A imaginação se acostumou a conceber tais objetos como tendendo mais ao repouso do que ao movimento. Em vão Kepler, para ajudar a fantasia a conectar essa inércia natural com sua velocidade surpreendente, falou de alguma virtude vital e imaterial, que seria vertida pelo Sol

---

35 Colin McLaurin (1698-1746). (N. T.)

Ensaios filosóficos

nos espaços à sua volta ao girar ao redor de seu próprio eixo e que, tomando os planetas, os força, a despeito de seu peso e de sua propensão ao repouso, a girar em torno do centro do sistema. A imaginação não apreendeu essa virtude imaterial e não pôde formar nenhuma ideia determinada acerca do que esta era constituída. De fato, sentiu uma lacuna ou intervalo entre o constante movimento e a suposta inércia dos planetas e nisso, como em todos os casos, alguma ideia geral ou apreensão de que deve haver uma cadeia que conecte os objetos intermediários que ligue essas qualidades discordantes. Em que consiste essa cadeia seria, de fato, difícil de se conceber, e a doutrina de Kepler não prestou nenhuma assistência a esse respeito. Essa doutrina, como todas as filosofias em moda na época, dotou essa cadeia invisível de um nome, chamando-a de virtude imaterial, mas não proporcionou nenhuma ideia determinada de qual era a sua natureza.

Descartes foi o primeiro a tentar determinar precisamente em que consistiria essa cadeia e permitir à imaginação uma sucessão de eventos intermediários que, colocando cada um em relação aos outros em uma ordem mais familiar a ela, deveria unir essas qualidades incoerentes: o movimento rápido e a inércia natural dos planetas. Descartes foi o primeiro a explicar em que consistia a verdadeira inércia da matéria, que ela não estaria em uma aversão ao movimento ou em uma propensão ao repouso, e sim numa força de continuar indiferentemente tanto em movimento como em repouso, bem como de resistir, com certa força, a qualquer esforço para mudar seu estado para um outro. De acordo com esse engenhoso e imaginativo filósofo, todo o espaço infinito estava cheio de matéria, que ele supunha ser dividida em um infinito número de cubos muito pequenos, os quais, sendo girados ao redor de seus próprios centros, necessariamente deram ocasião para a produção de dois elementos diferentes. O primeiro consistia nas partes angulares que, tendo sido necessariamente friccionadas e trituradas em partes menores por sua mútua fricção, constituíam a mais sutil e móbil parte da matéria. O segundo consistia nos pequenos glóbulos que se formavam pelo friccionar do primeiro. Os interstícios entre esses glóbulos do segundo elemento eram preenchidos por partículas do primeiro. Mas, nas infinitas colisões que ocorrem em um espaço infinito cheio de matéria em movimento, isso deve acontecer de tal modo que muitos dos glóbulos do segundo elemento se quebrem e sejam triturados e transformados no primeiro. Assim, a quantidade do primeiro elemento aumentando mais do que o suficiente para preencher os interstícios do segundo deve, em muitos lugares, ter se acumulado sem nenhuma mistura do segundo com ele. Tal era, conforme Descartes, a divisão original da matéria. Diante dessa infinitude da matéria então dividida, certa quantidade de movimento foi originalmente gravada pelo Criador de todas as coisas e as leis desse movimento estavam de tal forma ajustadas para preservar sempre a mesma quantidade sem aumentar e sem diminuir. Seja qual for o movimento que se perdeu em uma parte da matéria, ele era comunicado a outra, e qualquer movimento que fosse adquirido por uma parte da matéria era derivado de outra. Assim, diante da eterna revolução do repouso ao movimento, e do movimento ao repouso, em toda parte do universo, a quantidade de movimento do todo foi sempre a mesma.

Mas, como não havia vazio, nenhuma parte da matéria poderia ser movida sem que outra fosse empurrada do seu lugar, nem sem empurrar alguma outra, e assim por diante. Para evitar,

Ensaios filosóficos

portanto, um infinito progresso, Descartes supôs que a matéria deslocada por um corpo rolaria imediatamente para trás, para preencher o lugar daquela matéria que fluísse atrás dela; como podemos observar no nado de um peixe; a água empurrada para trás dele rola imediatamente na direção traseira para suprir o lugar do que flui atrás desse peixe, e assim forma um pequeno círculo ou vórtice ao redor do corpo dele. Da mesma maneira, o movimento originalmente gravado pelo Criador sobre a infinitude da matéria produziu necessariamente uma infinitude de vórtices maiores e menores, ou fluxos circulares. A lei do movimento foi então ajustada para preservar sempre a mesma quantidade de movimento no universo. Esses vórtices ou continuariam para sempre, ou dariam origem a outros do mesmo tipo através de sua dissolução. Houve, assim, a cada momento, um número infinito de vórtices maiores e menores, ou fluxos circulares, girando no universo.

O que quer que se mova em um círculo se esforça constantemente para sair do centro de sua própria revolução, pois o movimento natural de todos os corpos é retilíneo. Todas as partículas de matéria desses vórtices maiores, portanto, estavam pressionando continuamente a partir do centro na direção da circunferência, com mais ou menos força, de acordo com os diferentes graus de seu volume e solidez. Os maiores e mais sólidos glóbulos do segundo elemento projetaram-se para o alto na circunferência, enquanto as menores, mais produtivas e mais ativas partículas do primeiro que poderiam fluir, mesmo através dos interstícios do segundo, foram forçadas para baixo e para o centro da circunferência. E isso apesar de sua tendência natural de ir para o alto da circunferência, pela mesma razão que um pedaço de madeira, quando mergulhado na água, é forçado para cima, para a superfície, não obstante sua tendência natural de ir para baixo, até o fundo. E, posto que a sua tendência para baixo tem menos força do que a das partículas de água, pode-se dizer que há uma pressão na sua parte anterior que a forçaria, desse modo, para cima. Mas, havendo uma quantidade maior do primeiro elemento do que a necessária para preencher os interstícios do segundo, ele necessariamente se acumula no centro de cada um desses grandes cursos circulares, e formam lá a quente e ativa substância do Sol. Pois, de acordo com Descartes, os sistemas solares eram infinitos em número e cada estrela fixa seria o seu centro. Ele está entre os primeiros modernos que retiraram, desse modo, os limites do universo. Mesmo Copérnico e Kepler confinaram o universo dentro de um limite, que eles supunham ser a abóbada do Firmamento.

Sendo o centro de cada um desses vórtices ocupado pela parte mais ativa e móvel da matéria, era necessário que entre eles ocorresse uma agitação mais violenta que em qualquer outra parte dos vórtices. Essa agitação violenta do centro abrigou e deu suporte ao movimento do todo. Porém, entre as partículas do primeiro elemento que preenchiam os interstícios do segundo, haveria muitas que, devido à pressão dos glóbulos em todos os seus lados, necessariamente receberiam uma forma angular, constituindo, então, um terceiro elemento de partículas menos adequadas ao movimento que as duas outras. Como, porém, as partículas desse terceiro elemento seriam formadas nos interstícios do segundo, elas seriam necessariamente menores que as desse segundo elemento e, portanto, impelidas na direção do centro juntamente com as do primeiro. Assim, quando ocorria de um número delas tomar as partículas de outro tipo, elas formavam tais manchas na superfície das partículas acumuladas do primeiro elemento, como se descobriu muitas vezes por meio dos telescópios, na superfície do Sol, que ilumina e anima nosso sistema particular. Essas manchas eram normalmente rompidas e dissipadas pela agitação violenta das partículas do primeiro elemento como foi até agora o caso feliz daquelas manchas formadas sucessivamente na superfície de nosso Sol. Por vezes, no entanto, elas formam uma crosta sobre a totalidade da superfície daquele fogo que se acumula no centro e a comunicação entre as partes mais ativas e mais inertes desse vórtice seria então interrompida, a rapidez de seu movimento começaria a diminuir imediatamente e seria engolida e arrastada pela maior violência de alguma outra corrente circular; desse modo, o que um dia foi um sol, se tornaria um planeta. Segundo tal sistema, houve um tempo em que a Lua era um corpo de mesmo tipo que o Sol, o centro incandescente de uma corrente circular de éter, que fluía continuamente em torno dela. Sendo sua face, porém, coberta por uma crosta de partículas angulares, o movimento de sua corrente circular começou a fenecer, não podendo mais impedir de ser absorvido pelos vórtices mais violentos da Terra, que então era também um sol e que sucedeu de ser colocado nas suas cercanias. A Lua, no entanto, se tornou um planeta e passou a revolver ao redor da Terra. Num processo temporal, a mesma fortuna que se impôs à Lua se impôs também à Terra, sua superfície foi coberta por uma substância bruta e inativa, o movimento de seu vórtice começou a fenecer, sendo então absorvida pelo vórtice maior do Sol. Mas ainda que o vórtice da Terra tenha diminuído, ele ainda tinha força suficiente para ocasionar tanto a revolução diurna da Terra quanto a revolução mensal da Lua. É fácil conceber que uma corrente circular pequena flua ao redor do corpo da Terra ao mesmo tempo que é tracionada pelo grande oceano de éter que continuamente se revolve ao redor do Sol, do mesmo modo que, em um grande redemoinho de água, se pode ver uma série de outros pequenos revolvendo-se ao redor de seus próprios centros e ao mesmo tempo sendo tracionados ao redor do centro do redemoinho maior. Essa era a causa da formação originária e dos movimentos consequentes do sistema planetário. Quando um corpo sólido gira ao redor de seu centro, aquelas partes dele que estão mais próximas e as que estão mais remotas em relação ao centro completam suas revoluções ao mesmo tempo. Mas ocorre de outro modo com as revoluções dos fluidos: as partes que estão mais próximas do centro completam suas revoluções em um tempo menor do que aquelas que se encontram mais distantes. Os planetas, portanto, flutuando todos nessa imensa maré de éter que se encontra continuamente estabelecida de oeste a leste em torno do corpo do Sol, completam suas revoluções em um tempo mais longo ou mais curto de acordo com sua proximidade ou distância em relação a ele. Não haveria, no entanto, de acordo com Descartes, uma proporção exata observada entre os tempos de suas revoluções e suas distâncias em relação ao centro. Essa bela analogia entre essas coisas, descoberta por Kepler, ainda não sendo confirmada pelas observações de Cassini, foi, como apresentado anteriormente, totalmente ignorada por Descartes. Também de acordo com ele, as órbitas não deveriam ser perfeitamente circulares, porém mais longas em uma direção do que na outra, configurando uma elipse. Ainda não era necessário que se supusesse que eles descreviam ou essa figura com uma precisão geométrica ou precisamente a mesma figura.

Ensaios filosóficos

Raramente ocorre que a natureza possa ser matematicamente exata em relação à figura dos objetos que ela produz diante do cômputo das infinitas combinações dos impulsos que devem conspirar na produção de cada um de seus efeitos. Não há dois planetas e não há dois animais do mesmo tipo que tenham exatamente a mesma figura, nem há algum que seja perfeitamente regular. Foi em vão, portanto, que os astrônomos trabalharam para encontrar a constância e regularidade perfeitas no movimento dos corpos celestes, pois elas não são encontradas em nenhuma parte da natureza. Esses movimentos, como todos os outros, devem tanto diminuir quanto ser acelerados de acordo com a causa que os produziu. A revolução do Sol, tanto enfraquece quanto acelera, e existem inumeráveis eventos que ocasionam tanto uma quanto outra dessas mudanças.

Descartes se empenhou para tornar familiar para a imaginação a grande dificuldade do sistema copernicano: os movimentos rápidos dos corpos gigantescos dos planetas. Quando a fantasia foi instruída a concebê-los como se flutuando em um imenso oceano de éter, era bastante conforme aos hábitos usuais de concepção que esses corpos seguissem a corrente desse oceano, tão rápida quanto ela. Essa era uma ordem de sucessão para a qual se estava acostumado fazia muito tempo e à qual se estava, portanto, muito familiarizado. Essa descrição dos movimentos dos corpos celestes também estava conectada com um vasto e imenso sistema que reuniu um número maior de fenômenos discordantes da natureza que foram unidos por uma outra hipótese; um sistema em que os princípios de conexão, ainda que igualmente imaginários, eram mais distintos e determinados do que em qualquer outro que se conhecia e que intentou traçar para a imaginação não apenas a ordem de sucessão pela qual os corpos celestes se moviam, mas também aquela pela qual eles e quase todos os objetos naturais foram produzidos. A filosofia cartesiana começa agora a ser quase universalmente rejeitada, enquanto o sistema copernicano continua a ser aceito de modo universal. Ainda que não seja muito fácil de imaginar, quanta probabilidade e coerência esse sistema derivou dessa hipótese desacreditada. Quando Descartes publicou seus princípios, o desconexo e incoerente sistema de Tycho Brahe, ainda que não tenha sido encampado de coração e completamente por quase ninguém, era mencionado pelos eruditos como se estivesse no mesmo patamar do de Copérnico em termos de probabilidades. Eles notaram sua inferioridade no que concerne a coerência e conexão, na esperança de que esses defeitos pudessem ser remediados por aprimoramentos futuros. Quando, porém, o mundo viu aquela completa e quase perfeita coerência que a filosofia de Descartes concedeu ao sistema de Copérnico, a imaginação dos homens não pôde mais se furtar do prazer de acompanhar uma tão harmoniosa descrição das coisas. O sistema de Tycho Brahe era deixado de lado nas conversações, até ser completamente esquecido.

Mas o sistema de Descartes, ainda que tenha conectado os movimentos reais dos corpos celestes em concordância com o sistema de Copérnico de modo mais feliz do que até então, o fez apenas por considerá-los de modo bruto, e não se aplicava quando considerados detalhadamente. Descartes, conforme o que foi dito antes, nunca observou os céus com uma aplicação particular. Ainda que não ignorasse as observações anteriores, parece que ele não lhes deu um alto grau de atenção, coisa que provavelmente é consequência de sua própria inexperiência no estudo da Astronomia. Portanto, ao acomodar seu sistema a

Ensaios filosóficos

cada diminuta irregularidade verificada por Kepler nos movimentos dos planetas, ou ao mostrar, particularmente, como essas irregularidades, e não outras, deveriam emergir disso, ele se contentou com a observação de que a uniformidade perfeita não poderia ser esperada em seus movimentos, dada a natureza das causas que os produziam; que certa irregularidade deveria ocorrer neles dado o grande número de revoluções sucessivas e eles darem, em seguida, caminho para outras revoluções de tipo diferente: uma observação que, de modo feliz, o furtou da necessidade de aplicar seu sistema às observações de Kepler e de outros astrônomos.

Quando, todavia, as observações de Cassini estabeleceram a autoridade das leis que Kepler havia descoberto no sistema, a filosofia de Descartes, que não podia endossar uma razão para que essas leis fossem observadas, continuou a agradar os versados em outras ciências, mas não poderia satisfazer aqueles que se habilitaram em Astronomia. Sir Isaac Newton primeiro intentou dar uma descrição física dos movimentos dos planetas, a qual deveria acomodar-se em todas as irregularidades constantes que os astrônomos sempre observaram em seus movimentos. A conexão física, pela qual Descartes se esforçou para ligar os movimentos dos planetas, era a das leis do impulso; estas, de todas as ordens de sucessão, eram as mais familiares para a imaginação, dado que elas todas fluem da inércia da matéria. Não há outra qualidade com a qual estejamos tão familiarizados como a gravidade. Nunca atuamos sobre a matéria, mas temos ocasião de observá-la. O gênio superior e a sagacidade de Sir Isaac Newton realizaram, assim, o mais afortunado e, devemos observar, o maior e mais admirável avanço da filosofia, quando ele descobriu que podia reunir os movimentos dos planetas por um princípio tão familiar de conexão, que removia todas as dificuldades que a imaginação tivera para contemplá-los. Ele demonstrou que, se os planetas são supostos como gravitando em relação ao Sol, em relação uns aos outros e ao mesmo tempo como possuindo uma força de projeção imprimida neles originariamente, os primários deveriam todos descrever elipses em torno de um dos focos onde a grande luminária estivesse, os secundários descreveriam figuras da mesma sorte ao redor de seus respectivos primários, sem serem perturbados pelas revoluções contínuas dos centros de suas revoluções. Se a força que retém os planetas em suas órbitas fosse como a da gravidade e se direcionasse na direção do Sol, eles deveriam descrever, cada um deles, áreas iguais em tempos iguais. Se essa força atrativa do Sol, como todas as outras qualidades que se difundem como raios a partir de um centro, diminuísse na mesma proporção que os quadrados das distâncias aumentam, seus movimentos seriam mais velozes quando mais próximos ao Sol e mais lentos quando mais distantes dele na mesma proporção que se notou ocorrer por meio da observação; sobre a mesma suposição de sua diminuição gradual das respectivas gravidades, decorre que os tempos periódicos devem guardar a mesma proporção em relação a suas distâncias que Kepler e Cassini estabeleceram entre eles. Mostrando assim que a gravidade deve ser o princípio que reúne os movimentos dos planetas, ele se empenhou em seguida em provar que isso realmente procedia. A experiência nos mostra o que é a força da gravidade nas cercanias da superfície terrestre. O que é como fazer um corpo cair cerca de quinze pés parisienses no primeiro momento de sua descida. A superfície da Lua está a cerca de sessenta semidiâmetros de distância da

Ensaios filosóficos

Terra. Portanto, caso se suponha que a gravidade diminui enquanto aumentam os quadrados da distância, um corpo na Lua cairia na direção da Terra em um minuto, ou seja, em 60 segundos, através do mesmo espaço, que ele percorreu em queda, em proximidade com a superfície terrestre, em um segundo. Mas o arco que a Lua descreve em um minuto cai, segundo a observação, cerca de quinze pés parisienses abaixo da tangente desenhada em seu começo. Sendo assim, a Lua deve ser concebida como constantemente caindo na direção da Terra.

O sistema de Sir Isaac Newton correspondia a várias das irregularidades que os astrônomos observaram nos céus. Ele atribuiu uma razão pela qual os centros das revoluções dos planetas não estão precisamente no centro do Sol, mas num centro comum de gravidade do Sol e dos planetas. A atração mútua dos planetas seria a razão para algumas outras irregularidades de seus movimentos, irregularidades muito sensíveis nos casos de Júpiter e Saturno, quando eles se encontram perto da conjunção. Mas, de todas as irregularidades dos céus, a da Lua era a que até então havia trazido mais perplexidade aos astrônomos; o sistema de Sir Isaac Newton correspondia, se possível, ainda mais precisamente a tais irregularidades que às de qualquer outro planeta. A Lua, tanto quando em conjunção como em oposição ao Sol, aparece mais remotamente em relação à Terra e mais próxima quando em seus quartos. De acordo com o sistema desse filósofo, quando está em conjunção com o Sol, ela está mais próxima dele do que a Terra, consequentemente, é mais atraída por ele e, assim, mais separada da Terra. Ao contrário, quando a Lua está em oposição ao Sol, ela se encontra mais distante do Sol do que a Terra. A Terra, portanto, é aqui mais atraída pelo Sol e consequentemente, também se encontra mais afastada da Lua. Mas, por outro lado, quando a Lua está em seus quartos, a Terra e a Lua, estando ambas a uma distância igual do Sol, são igualmente atraídas por ele. Elas não poderiam, apenas por essa descrição, ser aproximadas entre si. Como não é em linhas paralelas que elas são atraídas na direção do Sol, mas sim em linhas que se encontram em seu centro, elas continuam relacionadas remotamente uma à outra. Sir Isaac Newton computou a diferença das forças pelas quais a Lua e a Terra em todas essas situações diferentes deveriam ser impelidas, de acordo com sua teoria, uma em direção à outra e descobriu que os diferentes graus de sua aproximação observados pelos astrônomos correspondiam exatamente a seus cálculos. A atração do Sol nas conjunções e oposições faz diminuir a gravidade da Lua em relação à Terra, o que, consequentemente, força-a a estender sua órbita e, portanto, levando um tempo periódico mais longo para terminá-la. Mas, quando a Lua e a Terra se encontram na parte da órbita mais próxima do Sol, essa atração do Sol será maior e, consequentemente, a gravidade da Lua em direção à Terra será menor e sua órbita mais estendida, e o tempo periódico será ainda mais longo. Isso concorda com a experiência e, na mesma proporção, com os cálculos feitos a partir desses.

A órbita da Lua não se encontra exatamente no mesmo plano que a da Terra, mas forma um pequeno ângulo com ela. Os pontos de intersecção desses dois planos são chamados nós da Lua. Esses nós da Lua estão em movimento contínuo e em dezenove ou dezoito anos eles revolvem-se para trás, de leste a oeste, por todos os pontos da eclíptica. Isso pode ocorrer porque a Lua, depois de terminar sua revolução periódica, geralmente intersecta a órbita da Terra um pouco atrás do ponto

Ensaios filosóficos

onde essa intersecção aconteceu antes. Mas, ainda que o movimento dos nós sejam geralmente retrógrados, isso não ocorre sempre, e eles, por vezes, são diretos e, outras vezes, aparentam até ser estacionários. A Lua geralmente intersecta o plano da órbita terrestre atrás do ponto em que ela o intersectou na sua revolução anterior, mas, por vezes, intersecta antes desse ponto e, em outras, exatamente no mesmo ponto. É essa situação daqueles nós que determinam o momento dos eclipses e seus movimentos tiveram, por isso, a atenção especial dos astrônomos em todos os tempos. Nada, no entanto, os deixou mais perturbados do que descrever esses movimentos inconsistentes e ao mesmo tempo preservar sua busca pela regularidade nas revoluções da Lua. Eles não possuíam outro meio para conectar as aparências fora a suposição de que os movimentos que as produziam eram, em realidade, perfeitamente regulares e uniformes. A história da Astronomia, portanto, oferece uma narrativa de um maior número de teorias inventadas para reunir os movimentos da Lua do que para reunir os dos corpos celestes tomados em conjunto. A teoria da gravidade conectou, do modo mais preciso, pelas diferentes ações do Sol e da Terra, todos os movimentos irregulares; e, ao que tudo indica, deve-se esperar, com os cálculos, que o tempo, a quantidade e a duração desses movimentos diretos e retrógrados dos nós, bem como suas situações estacionárias, se sucedam exatamente do modo como as observaçoes dos astrônomos os determinaram.

O mesmo princípio, a atração do Sol, que assim descreve os movimentos dos nós, também conecta outra irregularidade digna de perplexidade nas aparições da Lua: a variação perpétua na inclinação de sua órbita em relação à da Terra.

Como a Lua revolve-se em uma elipse que tem o centro da Terra como um de seus focos, o eixo mais longo de sua órbita é chamado de linha das suas apsides. Observa-se que essa linha nem sempre se dirige aos mesmos pontos do firmamento, mas se revolve adiante, de oeste a leste, como que para passar por todos os pontos da eclíptica e completar seu período em cerca de nove anos. Outra irregularidade que gerou perplexidade nos astrônomos, mas que a teoria da gravidade descreveu suficientemente.

A Terra, até então, era considerada perfeitamente globular, provavelmente pela mesma razão pela qual os homens imaginavam que as órbitas dos planetas fossem perfeitamente circulares. Mas Sir Isaac Newton, a partir de princípios mecânicos, concluiu que, como as partes da Terra devem ser mais agitadas por sua revolução diurna no equador do que nos polos, elas devem ser um pouco mais elevadas naquele e mais achatadas nestes. A observação de que pêndulos são mais lentos no equador do que nos polos parecia demonstrar que a gravidade era mais forte nos polos e mais fraca no equador; isso provaria, pensou ele, que o equador era mais distante do centro do que os polos. Contudo, todas as medidas da Terra feitas até então pareciam demonstrar o contrário: que ela se projetava nos polos e achatava no equador. Newton, no entanto, preferiu seus cálculos a partir da mecânica do que as medidas anteriores feitas por geógrafos e astrônomos. Nisso ele era confirmado pelas observações dos astrônomos acerca da figura de Júpiter, cujo diâmetro nos polos parece estar em relação com o do equador como doze por treze, uma diferença muito maior do que a que pode ser suposta a partir dos diâmetros correspondentes na Terra, mas que era proporcional à massa superior de Júpiter

Ensaios filosóficos

e também à maior velocidade com a qual ele realiza suas revoluções diurnas. As observações dos astrônomos na Lapônia e no Peru confirmaram por completo o sistema de Sir Isaac Newton e demonstraram não apenas que a figura da Terra era em geral como ele supôs, mas também que a proporção de seu eixo e o diâmetro do equador era precisamente como a que ele havia calculado. E, de todas as provas que foram apresentadas acerca da revolução diurna da Terra, essa talvez seja a mais sólida e satisfatória.

Hiparco, comparando suas próprias observações com as de alguns astrônomos anteriores a ele, descobriu que os pontos equinociais nem sempre eram opostos à mesma parte dos céus, mas que eles avançavam gradualmente na direção leste por um movimento tão lento que, para que se tornasse minimante perceptível, seriam necessários cem anos e que se requereria 36 mil para que fizessem uma revolução completa dos equinócios e para tracioná-los sucessivamente por todos os diferentes pontos da eclíptica. Observações mais acuradas descobriram que essa progressão dos equinócios não eram tão lentas como Hiparco as tinha imaginado e que era necessário um pouco menos que 26 mil anos para que se desse uma revolução completa. Enquanto o sistema de Astronomia da Antiguidade que representava a Terra como centro inamovível do universo foi dominante, esse fenômeno era considerado a partir da suposição de que o firmamento, além de sua rápida revolução diurna ao redor dos polos do equador, tinha também uma revolução periódica lenta ao redor da eclíptica. Quando o sistema de Hiparco foi unido pelos escolásticos com o das esferas sólidas de Aristóteles, eles colocaram uma nova esfera cristalina acima do firmamento de modo a unir esse movimento com o repouso.

Adam Smith

No sistema de Copérnico, esse fenômeno permanecera ligado a outras partes dessa hipótese e supunha uma pequena revolução no eixo da Terra, de leste para oeste. Sir Isaac Newton ligou esse movimento ao princípio da gravidade com o qual uniu todos os outros fenômenos e mostrou como a elevação das partes da Terra no equador deve produzir, pela atração do Sol, o mesmo movimento retrógrado dos nós da eclíptica que essa atração produziu nos nós da Lua. Ele calculou a quantidade de movimento que deveria surgir dessa ação do Sol, e seus cálculos, aqui também, corresponderam totalmente às observações dos astrônomos.

Os cometas eram, até então, as menos dignas de atenção dos astrônomos dentre as aparições nos céus. A raridade e a inconstância de suas aparições pareciam separá-los totalmente dos objetos constantes, regulares e uniformes dos céus e fazer que eles se assemelhassem mais aos fenômenos inconstantes, transitórios e acidentais daquelas regiões que estão nas cercanias da Terra. Aristóteles, Eudoxo, Hiparco, Ptolomeu e Peurbach, todos eles os relegaram ao sublunar e os colocaram no mesmo rol dos meteoros das regiões elevadas do ar. As observações de Tycho Brahe demonstraram que eles ascendem às regiões celestes e estão constantemente em regiões mais elevadas do que as de Vênus ou do Sol. Descartes, aleatoriamente, supôs que eles estavam sempre mais altos até mesmo que a órbita de Saturno e parece, pela elevação superior a que ele lhes atribuiu, ter desejado compensar aquela injusta degradação a que foram submetidos por tantas eras. As observações de alguns astrônomos posteriores demonstraram que também eles se revolviam em relação ao Sol e que deveriam então ser parte do sistema solar. Newton aplicou adequadamente seu princípio

Ensaios filosóficos

mecânico da gravidade para explicar os movimentos desses corpos. Que eles descreviam áreas iguais em tempos iguais era algo que astrônomos recentes haviam descoberto por observação e Newton se esforçou para mostrar como, a partir desse princípio e daquelas observações, a natureza e a posição de suas várias órbitas podem ser verificadas e seus períodos determinados. Seus seguidores, a partir de seus princípios, se aventuraram até mesmo a prever o retorno de vários cometas, particularmente de um que deve fazer sua aparição em 1758.[36] Devemos esperar por esse momento antes que possamos determinar se essa filosofia corresponde de modo tão feliz a essa parte como em todas as outras. Ao mesmo tempo, no entanto, a ductilidade de seu princípio, que se aplica de modo tão feliz àquelas mais irregulares dentre as aparições celestes e que introduziu uma coerência tão completa nos movimentos de todos os corpos celestes, não serviu em nada para recomendá-lo às imaginações da humanidade.

De todos os esforços da filosofia newtoniana, porém, aquele que aparenta estar acima do alcance da razão humana e da experiência é a tentativa de computar os pesos e as densidades do Sol e de todos os planetas. No entanto, era uma tentativa indispensável para completar a coerência do sistema newtoniano. A força de atração que cada corpo possui, de acordo com a teoria da gravidade, se dá em proporçao à quantidade de matéria contida nesse corpo. Mas o tempo periódico em que um corpo, a uma dada distância, se revolve ao redor de um outro

---

36 Devemos observar que este ensaio foi escrito antes da data aqui mencionada, e o retorno desse cometa ocorreu de acordo com essa predição. (N. A.)

que o atrai, é menor na proporção em que sua força seja maior, e, consequentemente, em relação à quantidade de matéria do corpo que atrai. Se as densidades de Júpiter e Saturno fossem as mesmas que a da Terra, a periodicidade de seus vários satélites seria menor que o que se descobriu por observação. Graças à quantidade de matéria e, consequentemente, à força de atração de cada um deles, seriam como os cubos de seus diâmetros. Comparando a massa desses planetas, e os tempos periódicos de seus satélites, descobriu-se que, diante da hipótese da gravidade, a densidade de Júpiter deve ser maior que a de Saturno e a densidade da Terra é maior que a de Júpiter. Isso parece ter-se estabelecido como uma lei no sistema: quanto mais os diversos planetas se aproximam do Sol, maior é a densidade de sua matéria, uma constituição das coisas que parece ser a mais vantajosa do que qualquer uma que tenha se estabelecido. Assim como a água de mesma densidade que a da nossa Terra congelaria sob o equador de Saturno e ferveria sob o de Mercúrio.

Tal era o sistema de Sir Isaac Newton, um sistema cujas partes são todas mais estreitamente conectadas do que em qualquer outra hipótese filosófica. Seu princípio, a gravitação universal, reconhece que ela diminui tanto quanto se aumentem os quadrados da distância e todas as aparições, que ele reúne por esse princípio, necessariamente o seguem. A conexão entre eles não é geral e frouxa, como na maioria dos outros sistemas, nos quais tanto tais aparições ou algo que se lhes assemelhe deveriam ser esperadas indiferentemente: é, por toda parte, mais preciso e particular que se poderia imaginar, pois ele calculou o momento, o lugar, a quantidade e a duração de cada fenômeno individual exatamente como eles foram

Ensaios filosóficos

observados posteriormente. Os princípios de união que ele emprega não são do tipo que a imaginação tem dificuldade para acompanhar. A gravidade da matéria é, dentre todas as suas qualidades, depois de sua inércia, aquela à qual estamos mais familiarizados. Nunca atuamos sobre a matéria sem observar essa propriedade. A lei pela qual se supõe que ela diminui conforme retrocede em relação ao centro é do mesmo tipo que ocorre com qualquer outra qualidade que seja propagada por raios a partir de um centro, na luz e em tudo que seja do mesmo tipo. Não apenas a encontramos em todas essas qualidades, mas estamos convencidos, a partir da natureza da coisa, que ela tem de estar lá. A oposição que foi feita na França, e em outras nações estrangeiras, em relação à prevalência desse sistema, não emergiu a partir de nenhuma dificuldade que a humanidade sinta em conceber a gravidade como um motor originário e primário na constituição do universo. O sistema cartesiano, que prevalecera até então de modo generalizado, acostumou os homens a conceber o movimento como algo que nunca começa, mas consequência de um impulso. Conectou-se a queda dos corpos pesados próximos à superfície da Terra e dos outros planetas por um encadeamento mais geral, e era essa ligação que o mundo concebeu para a descrição das coisas que os indispôs com Sir Isaac Newton. Seu sistema, no entanto, hoje prevalece sobre toda oposição e avançou para a aquisição do mais universal império jamais estabelecido em Filosofia. Seus princípios, que isto fique claro, têm um tal grau de firmeza e solidez que em vão buscaríamos em outros sistemas. Nem o mais cético pode furtar-se a reconhecê-lo. Não apenas reúnem de modo mais perfeito todos os fenômenos dos céus observados em tempos anteriores, mas também outros, que

Adam Smith

uma perseverante indústria e os mais perfeitos instrumentos dos astrônomos mais recentes nos tornaram conhecidos, sendo que esses últimos foram ou fácil e imediatamente explicados pela aplicação de seus princípios, ou o foram em consequência de mais elaborados e precisos cálculos feitos a partir desses princípios que os que tinham sido antes estabelecidos. E mesmo nós, enquanto nos esforçamos em representar todos os sistemas filosóficos como meras invenções da imaginação para conectar os fenômenos da natureza que de outro modo permaneceriam desconexos e discordantes, fomos insensivelmente atraídos por ele, a usar a linguagem que expressa os princípios de reunião desse sistema, como se eles fossem as verdadeiras correntes que a natureza utiliza para juntar suas muitas operações. Podemos imaginar que ele merece a aprovação geral e completa do gênero humano, e ser considerado não um esforço para conectar na imaginação os fenômenos dos céus, mas a maior descoberta já feita pelo homem: a descoberta de uma imensa cadeia das mais importantes e sublimes verdades, ligadas estreitamente entre si por um fato capital da realidade que experimentamos diariamente.

Princípios que conduzem e dirigem as investigações filosóficas, ilustrados pela história da Física antiga[1]

Partindo do arranjo e do método relativos ao sistema dos céus, a Filosofia descendeu até a consideração das partes inferiores da natureza, a terra e os corpos pelos quais ela é imediatamente cercada. Se os objetos que aí se apresentavam eram inferiores em imensidão e beleza, razão pela qual tenderiam a não atrair a atenção da mente, uma vez notados se mostraram mais aptos a embaraçá-la e deixá-la perplexa, devido à variedade de suas espécies e à intricada irregularidade das leis ou ordens de sucessão neles observáveis. As espécies de objetos que se encontram nos céus são em menor número: o Sol, a Lua, os planetas, as estrelas fixas eram tudo o que esses filósofos podiam distinguir. Mencionemos ainda que todas as mudanças observáveis nesses corpos advêm da diferente velocidade e direção de seus respectivos movimentos. Bem maior é a variedade dos meteoros na atmosfera, das nuvens, de arco-íris, trovões,

---

1 "The Principles Which Lead and Direct Philosophical Enquiries Illustrated by the History of the Ancient Physics." Tradução de Pedro Fernandes Galé. (N. T.)

raios, ventos, chuvas, granizos e nevascas, e a ordem de suas sucessões parece ainda mais irregular e inconstante. As espécies fósseis de minerais, de plantas e animais encontradas nas águas e próximas à superfície da terra são ainda mais intricadamente diversificadas. E, se atentarmos para as diferentes maneiras de sua produção e para a mútua influência na alteração, destruição e sustentação de uns em relação aos outros, veremos que a ordem em que eles se sucedem admite uma variedade quase infinita. Se, portanto, quando considera os fenômenos celestes a imaginação se vê perplexa e é impelida para fora de seu curso natural, ainda maior é a sua perplexidade quando volta a atenção para os objetos que a Terra lhe oferece e tenta traçar sua progressão e suas sucessivas revoluções.

Para introduzir ordem e coerência na concepção da mente em relação a esse aparente caos de fenômenos desiguais e desconexos, foi necessário que se deduzissem todas as suas qualidades, operações e leis de sucessão a partir de coisas particulares com as quais a mente estivesse familiarizada; plena destas, e munida de sua imaginação, foi-lhe permitido passar suave e facilmente de umas às outras, sem interrupção. Tentaríamos em vão, porém, deduzir o calor de um fogareiro a partir daquele de uma lareira aberta, caso não pudéssemos mostrar que o mesmo fogo que aparece exposto em um está encerrado no outro; do mesmo modo, seria impossível deduzir as qualidades e leis de sucessão que observamos nos fenômenos mais incomuns da natureza a partir daqueles com as quais estamos mais familiarizados, caso não supuséssemos que esses objetos costumeiros, independentemente do modo como se acobertam em sua aparência, entram na composição desses fenômenos mais raros e singulares. Portanto, para tornar essa parte mais

Ensaios filosóficos

baixa do grande teatro da natureza um espetáculo coerente para a imaginação, foi necessário supor, primeiramente, que todos os objetos estranhos dos quais ela é constituída eram feitos a partir de uns poucos objetos com os quais a mente estivesse extremamente familiarizada; e, em segundo lugar, que todas as suas qualidades, operações e regras de sucessão não eram mais que variações daquelas que a mente está longamente acostumada a encontrar nesses objetos primários e elementares.

De todos os corpos que parecem compor as regiões inferiores do universo, aqueles com os quais estamos mais familiarizados são a terra, sobre a qual pisamos, a água, que usamos todos os dias, o ar, que respiramos constantemente, e o fogo, cuja benigna influência não se limita ao preparo dos víveres comuns da vida, mas estende-se ao suporte do princípio vital que atua tanto nas planta como nos animais. Empédocles e a escola italiana supunham que eram esses os elementos a partir dos quais ao menos todas as partes inferiores da natureza eram compostas. A familiaridade da mente com esses corpos a predispôs a buscar por alguma semelhança entre eles e outros objetos apresentados à sua consideração. A descoberta de algumas dessas semelhanças uniu o novo objeto a uma sorte de coisas com as quais a imaginação estava familiarizada. E, se alguma analogia podia ser observada entre as operações e leis de sucessão do composto e aquelas dos objetos simples, o movimento da imaginação, traçando seu progresso, se tornou mais suave, natural e fácil. Essa antecipação natural era cada vez mais confirmada por uma frágil e imprecisa análise das coisas, como se pode esperar da infância das ciências, quando a curiosidade do homem, agarrando-se a uma exposição das coisas antes que isso fosse plenamente satisfatório em relação a elas, apressa-se a erigir, na imaginação, a imensa estrutura do universo. O calor, observado tanto em plantas como em animais, parecia demonstrar que o fogo fez parte de sua composição. O ar não era menos necessário para a subsistência deles, e também parecia adentrar a urdidura dos animais pela respiração e por outros meios no caso das plantas. Os sumos que circulavam neles mostravam o quanto de sua textura se devia à água. E sua decomposição na terra pela putrefação mostrara que esse elemento não fora deixado de fora na sua formação original. Uma análise similar pareceu mostrar os mesmos princípios na maioria dos corpos compostos.

A vasta amplitude desses corpos, diante de uma nova exposição, parece lhes dar a atribuição de grandiosos depósitos a partir dos quais a natureza compôs todas as outras espécies de coisas. Terra e água dividem entre si quase a totalidade do globo terrestre. A cobertura fina e transparente do ar o circunda por uma imensa altura por todos os lados. O fogo, com aquilo que o acompanha, a luz, parece descer das regiões celestes e deve, portanto, ser suposto tanto como difuso na totalidade daqueles espaços etéreos, como condensado e enovelado naqueles corpos luminosos que lampejam através deles, como acreditavam os estoicos; ou localizado abaixo da esfera da Lua, como acreditavam os peripatéticos, que não conseguiam reconciliar a natureza devoradora do fogo e a suposta essência imutável de suas sólidas e cristalinas esferas.

Todas as qualidades pelas quais estamos em geral acostumados a caracterizar e distinguir os corpos naturais são encontradas, em mais alto grau, nesses quatro elementos. As grandes divisões dos objetos próximos à superfície da Terra são entre

Ensaios filosóficos

quente e frio, úmido e seco, leve e pesado. Essas são as propriedades mais notáveis dos corpos e é delas que parecem depender
muitas outras qualidades e forças mais sensíveis. Delas, o calor
e o frio foram naturalmente considerados pelos primeiros in-
vestigadores da natureza como qualidades ativas da matéria;
a umidade e a secura foram consideradas qualidades passivas
dela. O calor e o frio pareciam ocasionar o crescimento e a dissolução das plantas e dos animais, como sugeriam os efeitos
da mudança das estações sobre eles. A gradação de umidade e
secura não seria menos necessária para esses propósitos, como
era evidenciado pelos diferentes efeitos e produções das estações e dos solos úmidos e secos. De qualquer modo, o calor e
o frio atuavam na determinação dessas duas características das
coisas, que de outro modo poderiam ser consideradas qualidades inertes delas, tanto em repouso como em movimento.
Consideravam-se gravidade e leveza como dois princípios do
movimento, que dirigiam todas as coisas sublunares para o
seu lugar adequado. Essas seis qualidades, tomadas em conjunto por uma observação imprecisa da Natureza, como seria
de esperar nos primórdios da Filosofia, foram prontamente
apreendidas como capazes de conectar as mais notáveis revoluções que ocorrem nessas partes inferiores do universo. Calor
e secura caracterizavam o elemento do fogo; calor e umidade,
o do ar; umidade e frio, o da água; frio e secura, o da terra.
O movimento natural de dois desses elementos, terra e água,
eram descendentes pela ação de sua gravidade. Entretanto,
essa tendência era mais forte em um do que no outro, graças à
gravidade superior da terra. O movimento natural dos outros
dois elementos, fogo e ar, era ascendente, em razão de sua le-

veza; essa tendência também era mais forte em um do que no outro, graças à maior leveza do fogo. Não desprezemos esses filósofos da Antiguidade pelo fato de supor que esses dois elementos tinham uma leveza positiva ou uma tendência real para o alto. Lembremos que tal noção possui uma aparente confirmação pela mais óbvia observação; os fatos e experimentos que demonstram o peso do ar, aos quais nenhuma inteligência superior, mas o próprio acaso apresentou aos modernos, eram, como um todo, desconhecidos pelos antigos. Isso, em certa medida, deve ter dado lugar para aqueles experimentos; as ideias acerca das causas da ascensão dos corpos em fluidos especificamente mais pesados do que eles parecem ter permanecido desconhecidas pelo mundo antigo até que Arquimedes as descobrisse, bem depois de que o seu sistema da Física, pelo qual ele tinha estabelecido sua reputação, estivesse completo, pois esse raciocínio estava longe de ser óbvio e parecia ser aplicável, para o seu inventor, apenas à ascensão dos sólidos na água, mas não se aplicava aos sólidos no ar e muito menos a um fluido em outro. Mas apenas por intermédio deste último caso pode-se explicar a ascensão da chama, dos vapores e exalações incandescentes sem a suposição de uma leveza específica.

Cada um desses elementos, por conseguinte, tinha um lugar especificamente alocado para si e ao qual ele tendia naturalmente no sistema do universo. Terra e água rolavam para o centro, o ar se espraiava acima delas, o fogo elevava-se para o alto, em direção à região celeste ou à imediatamente inferior a ela. Quando cada um desses corpos simples se encontrava em sua esfera apropriada, não havia nada em sua natureza que os incitasse a passar ao lugar de outro: que fizesse o fogo des-

Ensaios filosóficos

cer para a terra, ou, ao contrário, trazer a terra para o lugar da água, a água para o do ar, ou o ar para o do fogo. Portanto, se abandonadas a si mesmas, todas as coisas sublunares permaneceriam em repouso eterno. Mas as revoluções dos céus, do Sol, da Lua e dos cinco planetas, por produzirem vicissitudes como o dia, a noite e as estações do ano, impediam que esse torpor e inatividade reinassem nas partes inferiores da natureza. Pela rapidez de suas circunvoluções, o elemento do fogo se inflamou e foi forçado violentamente para baixo, em direção ao ar, à água e à terra, produzindo assim as misturas entre diferentes elementos que mantiveram o movimento e a circulação das partes mais baixas da natureza. Isso ocasiona, eventualmente, a transmutação de um elemento em outro, e a produção de novas formas e espécies diferentes deles; tão alteradas e temperadas pela mistura dos componentes originais que mal podem ser identificadas.

Em tais condições, se uma pequena quantidade de fogo for misturada com uma grande quantidade de ar, a umidade e o calor moderados deste último sobrepujam e alteram, na essência, o calor intenso e a secura do primeiro, de maneira que o agregado total se torna ar. Ao contrário, se uma pequena quantidade de ar fosse misturada a uma quantidade grande de fogo, a totalidade se tornaria fogo. Do mesmo modo, se uma quantidade pequena de fogo fosse misturada a um grande montante de água, tanto a umidade quanto o frio da água poderiam sobrepujar o calor e a secura do fogo, e, nesse caso, o todo se tornaria água, ou, ainda, a umidade da água poderia se impor à secura do fogo, ao passo que o calor do fogo sobrepujaria o frio da água, e o agregado total, com suas qualidades sendo o calor e a umidade, se tornaria ar — e esta é considerada a mais natural e fácil metamorfose desses dois elementos. Também assim, eles explicavam como mudanças de tal sorte eram produzidas por diversas misturas de fogo e terra, terra e água, água e ar, ar e terra, reunindo as sucessivas transmutações dos elementos de um ao outro.

Nenhuma mistura entre os elementos pode produzir uma transmutação completa. Eles encontram-se, nesse sistema, tão mesclados que as qualidades de um, por não terem a capacidade de destruir as dos outros, servem apenas para temperá-los. O fogo, misturado à água, produzia por vezes um vapor aquoso cujas qualidades são o calor e a umidade e que tomou ao mesmo tempo a leveza do fogo e a gravidade da água e se elevou pelo primeiro em direção do ar, sendo porém retido pelo último, sem ascender à região do fogo. O frio relativo, o qual eles supunham prevalecer na região intermediária do ar, devido à sua equidistância tanto da região do fogo quanto dos raios que são refletidos pela superfície da Terra que condensam esse vapor em água; o fogo escapa e se eleva, e a água cai em forma de chuva, ou, de acordo com a diferente gradação de frio que prevalece nas diferentes estações do ano, congela-se, tornando-se neve ou granizo. Do mesmo modo, o fogo, quando misturado à terra, produz uma emanação incandescente, cujas qualidades são o calor e a secura, a qual, elevada pela leveza do primeiro na direção do ar condensado pelo frio, como que para pegar fogo e cercado, ao mesmo tempo, por vapores aquosos, estoura abertamente como trovão, raio ou meteoros incandescentes. Reúnem-se assim, com as qualidades dos quatro elementos, as diversas aparições que surgem no ar. A partir delas, também, podem-se deduzir todas as outras qualidades de outros corpos homogêneos que se localizam próximos à superfície terrestre. Para dar um exemplo, no que concerne à dureza e à suavidade dos corpos, observaram que o calor e a umidade eram os maiores amolecedores da matéria. O que fosse duro devia essa qualidade ou à ausência de calor ou à ausência de umidade. Gelo, cristal, chumbo, ouro e quase todos os metais deviam sua dureza à ausência de calor e podiam, no entanto, ser dissolvidos pelo fogo. O sal-gema, o salitre, o alume e a argila dura devem sua dureza à ausência de umidade e são, portanto, solúveis em água. Da mesma forma, os antigos fizeram esforços para conectar boa parte das outras qualidades tangíveis da matéria. Seus princípios de união, entretanto, eram frequentemente tomados de tal modo que não possuíam uma existência real, sendo sempre vagos e indeterminados no mais alto grau. Mas eram tais como se seria de esperar dos primórdios da ciência, e, mesmo com todas as suas imperfeições, permitiram aos homens pensar e falar com mais coerência sobre esses assuntos gerais do que poderiam fazê-lo sem tais princípios. Seu sistema não era totalmente isento de beleza, nem tampouco de magnificência. Cada um dos quatro elementos, tendo uma região em particular alocada para si, possuía um lugar de repouso, para o qual tendia naturalmente por seu movimento, quer para o alto, quer para baixo, em uma linha reta, e, quando chegava a esse lugar, seu movimento cessava naturalmente. A terra descia até chegar a seu lugar, a água e o ar faziam o mesmo. E assim cada um deles tendia a um estado de eterno repouso e inação. As esferas eram constituídas de um quinto elemento, que não era nem leve nem pesado, o qual não tendia, por sua mobilidade natural, nem para o centro nem para fora dele, mas girava em círculos ao seu redor. Dado que, por seu movimento, elas não poderiam mudar sua situação em relação ao centro, não dispuseram de um lugar de repouso, de nenhum lugar ao qual tenderiam mais do que a outro, e revolviam circularmente por toda a eternidade. Esse quinto elemento não era submetido à geração, nem à corrupção nem a qualquer sorte de mudança. Os sentidos mal conseguem perceber qualquer alteração que aconteça nos céus, sua aparência parece ser a mesma através das eras. A beleza das esferas cristalinas supostas pelos antigos parecia permitir aquela distinção da imortalidade imutável. Foi o movimento de tais esferas que ocasionou as misturas dos elementos e com isso a produção de todas as formas e espécies que permitiria essa diversidade do mundo. Foi a aproximação do Sol e os outros planetas para com as diferentes partes da terra que, por forçar para baixo o elemento do fogo, teria ocasionado a geração de tais formas.[2] Foi o recuo desses corpos que, permitindo a cada elemento escapar de sua própria esfera, trouxe ao mesmo tempo sua corrupção. Foi o período daquelas grandes luminescências dos céus, que davam a medida para todas as coisas sublunares, o limite de sua duração, de seu crescimento e de sua decadência, seja em uma ou em diversos períodos, dependendo de se os elementos de que eram compostas foram mesclados de modo imperfeito ou acuradamente uns com os outros. Eles não poderiam conceder a imortalidade a nenhuma forma individual, pois os princípios pelos quais esta seria for-

---

2 Cf. Aristóteles, 336a14 e 1071a15. (N. T.)

Ensaios filosóficos

mada tendiam todos a se separar e retornar à sua esfera; sendo assim, eles traziam necessariamente a sua própria dissolução. Porém, se todas as individualidades eram perecíveis e estavam em constante descenso, todas as espécies eram imortais, dado que a matéria subordinada das quais elas eram formadas e as revoluções dos céus, ou seja, a causa de suas sucessivas gerações, eram sempre as mesmas.

Nas primeiras eras do mundo, a visível incoerência dos fenômenos da natureza confundiu tanto os homens que eles desistiram de encontrar em suas operações qualquer sorte de sistema regular. Sua ignorância e a confusão de seus pensamentos deram origem a uma superstição pusilânime que atribuía quase todo evento inesperado a uma vontade arbitrária de um criador, quer dizer, a seres invisíveis que produziriam esses eventos com algum propósito em particular. A ideia de uma mente universal, de um Deus soberano, que teria formado originariamente o todo por leis gerais, que dirigia a conservação e a prosperidade do todo sem consideração por nenhum indivíduo privado, era uma noção totalmente alheia a sua capacidade. Ainda que concebessem que seus deuses interferiam em algumas situações particulares, estavam longe de considerá-los os criadores do mundo: a própria origem desses deuses era, segundo entendiam, posterior à do mundo. A Terra, de acordo com Hesíodo,[3] foi a primeira produção do caos. Os céus ergueram-se da Terra. E a partir da união dos dois surgiram todos os deuses que vieram a habitá-los. Essa noção não

---

3 *Teogonia*, versos 116 em diante. Como notado por Aristóteles 984a27-29 e 989a10-11. (N. T.)

estava confinada ao vulgo ou aos poetas que parecem ter registrado a teologia vulgar. De todos os filósofos da escola jônica, Anaxágoras foi, como se sabe, o primeiro a supor que a mente e o entendimento eram requisitos para que se abordasse a origem primeira do mundo. Na opinião de Aristóteles, Anaxágoras, comparado com os filósofos de seu tempo, falava como um sóbrio entre ébrios,[4] mas tal opinião foi tão notável a seu tempo que se tomou daí o seu apelido.[5] A mesma noção de uma origem espontânea do mundo foi adotada pela primeira escola pitagórica, seita que no mundo antigo nunca foi considerada irreligiosa.[6] De acordo com eles, as últimas produções da natureza, por serem as mais perfeitas, foram a mente, o entendimento e, por conseguinte, a divindade. Isso valia para todas as coisas: o que fosse mais perfeito, eles observavam, viria sempre por último. O mesmo ocorreria com as plantas e os animais, o mais perfeito não é a semente, mas a planta completa, com seus ramos, folhas, flores e frutos, e o mesmo para os animais em seu gênero. Tal noção, que tinha lugar quando a natureza ainda era, em certa medida, considerada desordenada e inconsistente nas suas operações, foi descartada pelos filósofos quando, diante de uma inspeção mais atenta, descobriram, ou imaginaram ter descoberto, de modo mais distinto, a cadeia que concatena entre si todas as diferentes partes. Tão logo o universo passou a ser concebido como uma máquina completa, um sistema coerente governado por leis gerais e voltado a fins

---

4 Aristóteles, *Metafísica*, 984b15-19. (N. T.)

5 Em *Vida e doutrina dos filósofos ilustres* (II, 6), Diógenes Laércio afirma que Anaxágoras teria sido apelidado como *Nous*. (N. T.)

6 Aristóteles, *Metafísica*, 1072b30-1073a3. (N. T.)

Ensaios filosóficos

gerais que visam a sua própria preservação e prosperidade – e a de todas as espécies que nele vivem –, foi natural assimilá-lo às máquinas produzidas pela arte humana, o que gravou no espírito dos sábios a crença de que, na formação original do mundo, uma arte semelhante à humana foi empregada, mas muito superior a esta, dado que o mundo é muito superior às máquinas produzidas pela arte humana. A unidade do sistema, que, de acordo com essa filosofia, é a mais perfeita, sugeriu a ideia da unidade do princípio, que fora formada pela sua arte, e então a ignorância originou a superstição e a ciência deu a luz ao primeiro teísmo que se elevou entre aquelas nações que não tinham sido iluminadas pela revelação divina. De acordo com Timeu, seguido por Platão,[7] esse ser inteligente, que teria formado o mundo, dotou-o de um princípio de vida e entendimento que se estende a partir do centro para a linha mais remota da circunferência, que é consciente de todas as mudanças, governa e dirige todos os seus movimentos na direção do grande fim de sua formação. Essa alma do mundo era ela mesma um Deus, a maior de todas as deidades inferiores e criadas. Ela era de uma essência indissolúvel por qualquer força, excetuando-se a daquele que a teria criado. Essa alma era unida ao corpo do mundo de tal forma que era inseparável dele por qualquer força exceto a força daquele que as uniu no esforço pelo qual sua bondade as assegurou. A beleza das esferas celestiais atraiu a admiração dos homens, a constância e regularidade de seus movimentos, aparentes manifestações de uma sabedoria e de um entendimento peculiares, pareciam, por sua vez, como que animadas por uma inteligência de uma natu-

---

7 Timeu Locrus, 94D; Platão, *Timeu*, 30b-34b. (N. T.)

reza indissolúvel, imortal e unida de modo inseparável àquela esfera que ela habitava. Todos os seres mortais e mutáveis que povoam a superfície da Terra eram formados pelas divindades inferiores, e as revoluções dos corpos celestes pareciam influenciar apenas a geração e o crescimento das plantas e dos animais, cujas formas débeis e frágeis trazem marcas evidentes da fraqueza das causas inferiores que uniram suas partes umas às outras. De acordo com Platão e com Timeu,[8] nem o universo nem as deidades inferiores que o governam eram eternos, mas foram formados, no tempo, pelo Grande Autor de todas as coisas, a partir da matéria que existe desde sempre. Ao menos é o que dão a entender suas palavras a respeito, e assim eles foram compreendidos por Cícero[9] e por todos os demais autores da Antiguidade, ainda que alguns platônicos tardios os tenham interpretado de outra maneira.[10]

De acordo com Aristóteles, que parece ter seguido a doutrina de Ocelo, o mundo era eterno, o efeito eterno de uma causa eterna. Ele encontrou muitas dificuldades, ao que parece, para conceber o que poderia impedir a causa primeira de empregar essa energia divina por toda a eternidade. Seja qual for o momento em que começou a empregá-la, ela deveria estar em repouso por toda a eternidade das infinitas eras que se passaram antes disso. A qual obstrução, interna ou externa, isso deve ser atribuído? Ou, como essa obstrução, se ela subsistiu em algum

---

8 Platão 28b, 37d, 41a; Timeu Locrus, 93a-95a. (N. T.)

9 Provavelmente *De natura deorum*, 1.8.19. (N. T.)

10 Os neoplatônicos seguiram a interpretação de Xenócrates de que Platão teria usado a linguagem temporal para descrever a formação do mundo como mero expediente expositivo. (N. T.)

momento, pôde ser removida?[11] Sua ideia da natureza e do modo de existência dessa Causa Primeira, como se encontra no último livro de *Física* e nos últimos capítulos de sua *Metafísica*,[12] é, no entanto, obscura e ininteligível no mais alto grau, e deixou seus comentadores mais perplexos do que qualquer outra passagem de seus escritos. Aristóteles, porém, parece dizer de maneira suficientemente simples que o primeiro céu, o das estrelas fixas, do qual derivam os movimentos de todo o resto, é posto a girar por um ser eterno, imóvel, imutável e inextenso, cuja essência consiste em inteligência, assim como a do corpo consiste em solidez e extensão, e é, consequentemente, necessário e sempre inteligente, como um corpo é necessariamente sempre extenso. Esse Ser foi o primeiro e supremo motor do universo; já as esferas planetárias inferiores derivam suas respectivas revoluções de um ser inferior de mesmo tipo, eterno, imóvel, inextenso e necessariamente inteligente. O único objeto da inteligência desses seres era sua própria essência e as revoluções de suas próprias esfera, todas as coisas inferiores não sendo dignas de sua consideração; tudo aquilo que estivesse abaixo da Lua teria sido abandonado pelos deuses para a direção da natureza, da contingência e da necessidade. Isso porque, apesar de esses seres celestiais, pela revolução de suas incontáveis esferas, terem sido as causas originárias da geração e da corrupção das formas sublunares, eram causas que não cogitavam ou intentavam os efeitos que produziram. Esse

---

11 Tal passagem dificilmente representa o modo de pensar essa questão em Aristóteles (cf. *Física*, VIII, 5). (N. T.)

12 *Física*, VIII; *Metafísica*, 1071b3. O autor parece esquecer que esse não é último livro da *Metafísica*. Talvez ele intentasse discutir a ordenação tradicional desses livros. (N. T.)

renomado filósofo parece ter sido guiado, em suas noções teológicas, por preconceitos que, ainda que muito naturais, não eram de modo algum filosóficos. As revoluções dos céus, por sua grandeza e constância, excitaram sua imaginação, e, diante desse motivo, pareceu que tais efeitos não seriam indignos de uma inteligência divina. Contudo, ainda que essa opinião faça ruir as fundações do culto humano e deva ter os mesmos efeitos sobre a sociedade que o próprio ateísmo, pode-se traçar, dada a metafísica em que se baseia, a origem de muitas das noções, ou ainda, de muitas das expressões da teologia escolástica, às quais nenhuma noção poderia ser adicionada.

O estoicismo, a mais religiosa seita filosófica antiga, parece ter alterado e refinado a doutrina platônica a esse respeito bem como em outros pontos. A ordem, a harmonia e a coerência que essa filosofia conferira ao sistema universal impressionaram os estoicos com reverência e veneração. Nas épocas rudes do mundo, qualquer parte peculiar da natureza que excitasse a admiração era considerada como sendo animada por uma divindade particular. Nesse raciocínio, a natureza como um todo se tornou igualmente objeto de admiração, sendo apreendida como animada por uma deidade universal para ser também uma divindade, um animal – um termo que não nos soa de modo algum como sinônimo do anterior – cujo corpo seria as partes sólidas e sensíveis da natureza e cuja alma seria esse fogo etéreo que penetrava e atuava no todo. Dos quatro elementos a partir dos quais todas as coisas foram compostas, fogo ou éter pareceram ser aqueles que guardavam maior semelhança com o princípio vital que forma tanto as plantas quanto os animais, e seriam eles, portanto, os elementos que animam o universo. Esse éter infinito e ilimitado, que se estende desde

Ensaios filosóficos

o centro para além da mais remota circunferência da natureza e que foi dotado com a mais consumada razão e inteligência, ou melhor, que era ele mesmo a própria essência da razão e da inteligência, formou originalmente o mundo e comunicou uma porção ou raio de sua própria essência para qualquer coisa que fosse dotada de vida e sensação. Diante da dissolução dessas formas, imediatamente ou depois, elas eram mais uma vez absorvidas nesse oceano da deidade do qual tinham sido originalmente destacadas. Nesse sistema, o Sol, a Lua, os planetas e as estrelas fixas também eram deidades inferiores, animadas por uma parcela destacada dessa essência etérea que seria a alma do mundo. No sistema de Platão, a inteligência que animava o mundo era distinta da que o teria originalmente formado. Nem o que animava as esferas celestiais nem o que formava os inferiores animais da terra eram considerados porção dessa alma plástica do mundo. Diante da dissolução dos animais, e, por conseguinte, de suas almas, elas não seriam absorvidas na alma do mundo, mas teriam uma existência eterna em separado, o que deu origem à noção da transmigração das almas. Não seria considerado não natural que a matéria que compôs um corpo de um animal pudesse ser empregada para compor outro animal, nem que a mesma inteligência que teria animado um ser determinado poderia animar um outro novamente. No sistema dos estoicos, porém, a inteligência que formara originalmente e que animara o mundo era uma só e a mesma; todas as inteligências inferiores eram porções destacadas da inteligência maior. Portanto, em um intervalo maior ou menor de tempo, todas as inteligências, inclusive a dos deuses, que animavam os corpos celestes, seriam finalmente decompostas na essência do todo-poderoso Júpiter, que, muito depois, reuniria, por um fogo universal, todas as coisas nessa etérea e incandescente natureza, a partir da qual foram deduzidas, para trazer a lume, novamente, um novo céu e uma nova terra, novos animais e novas divindades. Tudo isso, por sua vez, seria, em um momento fatídico, engolido por um fogo similar, para depois se reproduzir, e novamente se destruir — e assim por diante, sem que se chegasse a um termo.

Princípios que conduzem e dirigem as investigações filosóficas, ilustrados pela História da Lógica e da Metafísica antigas[1]

De acordo com a filosofia antiga, em toda transmutação, seja de um elemento em outro ou de um corpo composto nos elementos que o compõem ou em outro corpo composto, parece evidente que há, nas velhas e nas novas espécies, algo que permaneceu o mesmo e algo que variou. Quando o fogo se transforma em ar, ou a água em terra, o ingrediente, ou o substrato desse ar e dessa terra é evidentemente o mesmo daqueles fogo e água iniciais; a natureza ou as espécies desses novos corpos, porém, é totalmente diversa. Quando, do mesmo modo, um número de flores frescas, verdes e odoríferas é colocado junto em um amontoado, sua natureza se altera rapidamente, e num curto espaço de tempo elas se tornam pútridas e repugnantes, dissolvem-se numa massa de esterco, e não lembram mais a bela aparência de outrora, perderam as qualidades sensíveis e os efeitos delas decorrentes. Mas, por mais diferentes que as espécies sejam, o substrato das flores e do esterco é

---

1 "The History of the Ancient Logics and Metaphysics." Tradução de Pedro Fernandes Galé. (N. T.)

Adam Smith

obviamente o mesmo. Em todo corpo, portanto, seja simples ou composto, há evidentemente dois princípios cuja combinação constituiu a totalidade de sua natureza em particular. A primeira é o ingrediente, ou o material de que ele é feito, o segundo são as espécies, a essência específica, ou, como os diziam os escolásticos, a forma substancial do corpo. O primeiro parece ser o mesmo em todos os corpos, não ter qualidades ou forças de nenhuma sorte, e ser totalmente inerte e imperecível em todos os sentidos, até que seja qualificado e apresentado como sensível por sua união com algumas espécies ou formas essenciais. As qualidades e forças dos corpos parecem depender de suas espécies ou formas essenciais. Não foi o ingrediente ou substrato do fogo, do ar, da terra ou da água que permitiu a esses elementos a produção de seus vários efeitos, mas a forma essencial que seria peculiar a cada um deles. Por isso, parece evidente que o fogo deva produzir efeitos de fogo, pelo qual ele é tornado fogo; ar pelo que o torna ar, e, do mesmo modo, os corpos simples ou compostos produzirão os vários efeitos pelos quais são constituídos como tal ou tal corpo, ou seja, segundo sua essência específica ou forma essencial. A partir dos efeitos dos corpos uns sobre os outros surgem todas as mudanças e revoluções do mundo material. Como estas, portanto, dependem das essências específicas desses corpos, deve ser propósito da Filosofia, essa ciência que se esforça em reunir todas as mudanças que acontecem no mundo, determinar em que consiste a essência específica de cada objeto para prever quais mudanças e revoluções podem ser esperadas de cada um deles. Mas a essência específica de cada objeto individual não lhe é peculiar como a um indivíduo, mas aquilo que lhe seria comum com todos os outros objetos do mesmo tipo.

Ensaios filosóficos

Sendo assim, a essência específica da água que agora está na minha frente não consiste em ela ser aquecida pelo fogo ou esfriada pelo ar em um determinado grau, nem em ser contida em um copo de tal forma e tais dimensões. Essas são circunstâncias acidentais alheias à sua natureza geral e sobre as quais nenhum de seus efeitos enquanto água depende. A Filosofia, por isso, ao considerar a natureza geral da água, deixa de lado aquelas particularidades que são peculiares a essa água, mas se limita àquelas coisas que são comuns a todas as águas. Se, no progresso de sua investigação, ela tiver de descender para a consideração da natureza da água que é modificada por tais acidentes particulares, ainda assim não confinará sua consideração a essa água contida neste copo e então aquecida por este fogo, mas estenderá suas vistas para a água em geral contida num tipo de copo e aquecida em tantos graus em tal fogo. Em todos os casos, portanto, espécies ou universais, e não os indivíduos, são os objetos da Filosofia. Porque, sejam quais forem os efeitos produzidos por indivíduos, quais mudanças emanem deles, devem todos proceder de alguma natureza universal contida neles. Assim como a tarefa da Física, ou Filosofia Natural, era a de determinar em que consiste a natureza e a essência de cada espécie particular de coisas, para conectar todos os diferentes eventos que ocorrem no mundo material, havia também duas outras ciências que, ainda que tenham surgido a partir daquele sistema da Filosofia Natural que descrevi, foram, no entanto, aprendidas para que fossem para o que antecede a ela, na ordem em que o conhecimento da natureza deveria ser comunicado. A primeira delas, a Metafísica, considerou a natureza geral dos universais e os diferentes tipos ou espécies em que deveriam ser divididos. A segunda, a Lógica, foi construída diante dessa doutrina da Metafísica e a partir da natureza geral dos universais e dos tipos nos quais eles são divididos, esforçando-se para averiguar as regras gerais pelas quais podemos distribuir todos os objetos particulares em classes gerais e determinar a qual classe pertence cada objeto individual. Para que nisso apreendessem justamente o suficiente daquilo que consistia a totalidade da arte da Filosofia. Como a primeira dessas duas ciências, a Metafísica, é completamente subordinada à segunda, a Lógica, antes dos tempos de Aristóteles, elas parecem ter sido tomadas como uma e ter engendrado entre elas a Dialética antiga, da qual tanto ouvimos e da qual sabemos tão pouco. Essa separação não parece ter sido seguida nem pelos seguidores de Aristóteles, os peripatéticos, ou por qualquer outra seita de filósofos. Os escolásticos tardios, no entanto, fizeram a distinção entre Ontologia e Lógica, mas a Ontologia deles continha apenas uma pequena parte do que era o objeto dos livros metafísicos de Aristóteles, a maior parte dos quais, a doutrina dos universais, e tudo que fosse preparatório às artes de definir e dividir, foi, desde os dias de Porfírio, inserido na Lógica.

De acordo com Platão e Timeu, os princípios a partir dos quais a deidade formou o mundo, e que são eles mesmos eternos, são em número de três. O substrato das coisas, as espécies ou essências específicas e o que é feito a partir disso, os próprios objetos sensíveis. Esses últimos não possuíam uma existência própria ou durável, e estavam em fluxo e sucessão perpétuos. Tal como Heráclito havia dito, que nenhum homem passa no mesmo rio duas vezes, pois a água na qual ele passou se foi antes que ele possa passar por ele uma segunda vez, então, da mesma maneira, nenhum homem jamais viu, ouviu

Ensaios filosóficos

ou tocou o mesmo objeto sensível duas vezes. Quando olho pela janela, por exemplo, as espécies visíveis, que impressionam meus olhos nesse momento, ainda que se pareçam, são diversas daquelas que impressionaram meus olhos no momento precedente. Quando toco um sino, o som ou as espécies audíveis que ouço nesse momento, ainda que pareçam iguais, são diferentes dos que ouvi no momento anterior. Quando pouso minha mão na mesa, as espécies tangíveis que sinto nesse momento, a despeito de se parecerem, do mesmo modo, são numericamente diferentes das que eu senti no momento anterior. Nossas sensações, portanto, nunca existem ou duram um momento propriamente, mas, no instante mesmo de sua geração, elas perecem e são aniquiladas para sempre. Nem as causas dessas sensações são mais permanentes. Nenhuma substância corpórea é sempre exatamente a mesma, nem no todo nem em uma parte assinalável, durante dois momentos sucessivos, mas a perpétua adição de partes novas, bem como a perda das velhas, está em fluxo e sucessão contínuos. Quando olhamos para ela para considerá-la, ela mudou, se foi e se aniquilou para sempre. Os objetos da ciência e todos os juízos firmes do entendimento devem ser permanentes, imutáveis, existentes de forma perene e não devem estar sujeitos nem à geração nem à corrupção, nem a alterações de nenhum tipo. Tais são as espécies ou essências específicas das coisas. O homem é perpetuamente alterado em cada partícula de seu corpo e todo pensamento em seu espírito está em um contínuo fluxo e sucessão. Mas a humanidade, ou a natureza humana, sempre foi existente, é sempre a mesma, nunca é gerada ou corrompida. Esse, portanto, é o objeto da ciência, razão e entendimento, assim como o homem é objeto dos sentidos e de suas inconstantes opiniões que são fundadas sobre os sentidos. Assim como os objetos dos sentidos são apreendidos como dotados de uma existência exterior, independente do ato da sensação, esses objetos do entendimento são ainda mais entendidos como possuindo uma existência independente do ato de pensar. Essas essências externas eram, de acordo com Platão, os exemplares com os quais a deidade formou o mundo e todos os seres sensíveis que estão nele. A deidade compreendeu dentro de sua essência infinita todas as espécies ou exemplares externos do mesmo modo que compreendeu todos os objetos sensíveis.

Platão, entretanto, parece ter considerado a primeira delas igualmente distinta da segunda, a qual podemos agora chamar de ideias ou pensamentos da mente divina,[2] e até mesmo supôs

---

2 Ele as chama, porém, de Ideias, uma palavra que, para ele como para Aristóteles e outros autores da gregos, significa espécies e é preferencialmente sinônimo da palavra *Eidos*, mais utilizada por Aristóteles. A palavra Ideia adquiriu gradualmente sua presente significação pelo fato de algumas seitas filosóficas da Antiguidade tardia, particularmente os estoicos, conceberem todas as espécies ou essências específicas como meras criaturas da mente, formadas por abstrações que não tinham existência real exterior aos pensamentos. Veio a significar, primeiro, um pensamento ou concepção abstratos; depois, um pensamento ou concepção de qualquer sorte; em seguida, tornou-se sinônimo da palavra grega *Evvoia*, originalmente de significação bastante diversa. Mas os platônicos tardios, que viveram numa época em que a noção de existência separada de essências específicas havia sido destruída, começaram a comentar os escritos de Platão a partir da estranha suposição de que havia em seus escritos uma doutrina dupla, de tal modo que quando diziam uma coisa, significavam outra. Representaram sua doutrina como se declarasse que a Deidade formou o mundo a partir do que chamamos de Ideia, ou a partir de um plano concebido em sua própria mente, como um artista qualquer o teria feito. Mas, se Platão quisesse não

Ensaios filosóficos

mais que exprimir essa noção, que é a mais natural e simples de todas, ele provavelmente o teria feito de modo mais simples, e não a teria mencionado com tanta ênfase, como uma coisa que requer o máximo alcance de pensamento para ser compreendida. De acordo com essa representação, a noção platônica de espécies ou de universais seria a mesma que a de Aristóteles. Aristóteles, no entanto, não parece compreender as coisas dessa maneira, ele dedica boa parte de sua *Metafísica* refutando isso. Opõe-se a ela em todas as suas outras obras, e tampouco dá indicação de que suspeitaria que as Ideias de Platão tinham significado os pensamentos ou concepções da mente divina. Seria possível que ele, que estivera por vinte anos na escola de Platão, o tenha compreendido mal especialmente onde seu pensamento era tão simples e óbvio? Essa noção da existência separada das espécies, distinta tanto da mente que as concebeu quanto dos objetos feitos de modo a se assemelhar com elas, não seria uma dessas doutrinas das quais Platão apenas raramente teria tido ocasião para falar sobre. Contudo isso deve ser interpretado como a verdadeira base de sua filosofia, não há um só diálogo em todas as suas obras que não se refira a isso. Deveríamos supor que aquele grande filósofo que parece ter sido tão superior ao seu mestre em todas as áreas, fora a eloquência, teria intencionalmente e em todas as ocasiões representado muito mal, não somente uma das mais profundas e misteriosas doutrinas da filosofia de Platão, mas o primeiro e mais fundamental princípio de todo o seu arrazoar. Em um momento em que os escritos de Platão estavam à mão de todos, quando seus seguidores e discípulos se espalhavam por toda a Grécia, quando quase todo ateniense de distinção, que tinha uma idade próxima a do próprio Aristóteles, deveria ser educado em sua escola, quando Espeusipo, sobrinho e sucessor de Platão, bem como Xenócrates, continuavam a escola da Academia e ao mesmo tempo Aristóteles tomava conta de seu Liceu. Nesse tempo, todos estariam prontos, o tempo todo, para confrontar este último por tamanha falta de sinceridade. Cícero e Sêneca não compreenderam essa doutrina do mesmo modo que Aristóteles a representou? Existe algum autor, em toda a antiguidade, que a tenha entendido de outra forma, antes de Plutarco, um autor que parece ter sido um mal crítico em

315

Adam Smith

filosofia e em história, e que tomou tudo, tanto em uma, quanto em outra, de segunda mão e que viveu depois da origem da filosofia eclética, da qual os plantonistas tardios afloraram e que parece ter sido ele mesmo desse secto? Existe alguma passagem em qualquer autor grego que tenha vívido em tempos próximos de Platão e Aristóteles, na qual a palavra ideia seja utilizada na sua concepçõ atual de pensamento ou concepção? Não são as palavras, que expressam realidade ou existência, em todas as línguas, opostas àquelas que expressam apenas pensamento ou concepção? Ou ainda, há alguma outra diferença entre algo que existe e algo que não existe exceto a de que uma é mera concepção e a outra é algo mais do que uma concepção? Com que propriedade, então, Platão poderia falar daquelas espécies externas, como as únicas coisas que possuíam existência real, se elas não fossem mais do que as concepções de uma mente divina? Não possui a deidade, de acordo com Platão, bem como com os estoicos, diante de toda a eternidade, a ideia de todo indivíduo, assim como de todas as espécies e de cada estado em que todo indivíduo estará em cada circunstância diferente de sua existência? Todas as ideias divinas de cada indivíduo, ou de todos os estados diferentes, nos quais os indivíduos se encontram no curso de sua existência, não são igualmente eternas e inalteráveis como aquelas das espécies? Em que sentido, contudo, Platão poderia dizer que as primeiras são eternas, pois a deidade as concebeu a partir de toda a eternidade, se ele também concebeu a partir da eternidade todas as outras e dado que suas ideias de espécies não podiam, a esse respeito, possuir nenhuma vantagem por sobre aquelas dos indivíduos? Platão não fala, em muitos lugares diferentes, das ideias das espécies ou do Universais como inatos, tendo sido impressos na mente em seu estado de pré-existência, quando teve uma oportunidade de visualizar essas espécies como elas eram em si mesmas e não como elas se expressavam em suas cópias ou representações sobre a terra? Mas se o único lugar da existência dessas espécies fosse a mente divina, isso não faria supor que Platão tenha imaginado, como o Padre Malebranche, que nesse estado de pré-existência, a mente viu todas as coisas em Deus, ou que ele era ela mesma uma emanação da Divindade? Aquele que mantiver a primeira opinião não será

Ensaios filosóficos

que elas tinham um lugar particular de existência, para além da esfera do mundo corpóreo e visível, ainda que isso tenha sido muito controverso, tanto por platônicos tardios quanto por alguns críticos judiciosos modernos, que seguiram a interpretação dos platônicos tardios, o que fez mais honra ao julgamento desse distinto filósofo. Todos os objetos neste mundo, continuava ele, são particulares e individuais. Aqui, portanto, a mente humana não teria oportunidade de ver nenhuma espécie ou natureza universal. Qualquer que seja a ideia que ela tenha desses seres, porque ela claramente as tem, deve derivar da memória do que foi visto, em algum período anterior da

---

alegado por ninguém que seja versado na história da ciência. Essa noção entusiástica, ainda que pareça ser favorecida por algumas passagens da patrística, nunca foi, como se sabe, tranquilamente e literalmente mantida por ninguém antes deste filósofo cartesiano. Que a mente humana seja ela própria uma emanação da divina, ainda que seja essa a doutrina dos estoicos, não foi nunca a doutrina de Platão, ainda que estejamos diante de uma pretensa duplicidade de doutrina, o contrário foi posteriormente afirmado. De acordo com Platão a deidade formou a alma do mundo a partir daquela substância que é sempre a mesma, ou seja, a partir das espécies ou universais, a partir também daquela substância que é sempre diferente, ou seja, das substâncias corpóreas e de uma substância de natureza intermediária, e não é fácil compreender o que ele quis dizer com isso. De uma parte dessa mesma composição, ele fez aquelas inteligências inferiores que animaram as esferas celestiais, para as quais ele entregou a parte restante disso, para formar daí as almas dos homens e dos animais. As almas daquelas deidades inferiores, ainda que feitas a partir de uma substância ou composição similar, não são consideradas partes, ou emanações, daquela alma do mundo. Nem os animais, do mesmo modo, podem ser considerados partes ou emanações daquelas deidades inferiores, menos ainda estas seriam consideradas partes ou emanações do grande Autor de todas as coisas. (N. A.)

existência, quando se teve a oportunidade de visitar o lugar ou a esfera dos universais.

Algum tempo depois, ele imergiu no corpo, durante a infância, sua meninice, e grande parte de sua juventude, a violência dessas paixões que são derivadas do corpo, e que são dirigidas para objetos particulares e individuais deste mundo, o impede de tornar sua atenção para aquelas naturezas universais com as quais ele fora familiarizado no mundo do qual chegou. Portanto, as ideias disso parecem, nesse primeiro momento da existência aqui, estarem suprimidas na confusão dessas turbulentas emoções e ser quase inteiramente banidas para fora de sua lembrança. Na continuação desse estado, ele é incapaz de raciocínio, ciência e filosofia familiarizados com os universais. Toda sua atenção está voltada a objetos particulares, a respeito dos quais, não sendo dirigidas por nenhuma noção geral, ele forma muitas opiniões vãs e falsas e se preenche de erro, perplexidade e confusão. Mas, quando a idade abate a violência das paixões e diminui a confusão desses pensamentos, ele se torna capaz de reflexão e de tornar sua atenção para aquela ideias esquecidas das coisas com as quais ele estava familiarizado em um estado anterior de sua existência. Todos os objetos particulares deste mundo sensível, sendo formados depois dos exemplares eternos no mundo intelectual, despertam diante da explicação de sua semelhança, insensível e vagarosamente, as mais obliteradas ideias desses últimos. O belo, que é dividido em diferentes porções dentre os objetos terrestres, reanima a mesma ideia da natureza universal de beleza que existe no mundo intelectual; atos particulares de justiça, a natureza universal da justiça; raciocínios particulares e ciências particulares, a natureza universal da ciência e do raciocínio; uma circularidade particular, a

Ensaios filosóficos

natureza universal da circularidade; quadrados particulares, a universal natureza da quadratura. Assim, a ciência, que é familiarizada com os universais, nos vem da memória; e instruir qualquer pessoa a respeito da natureza geral de qualquer objeto não seria mais do que despertar uma lembrança daquilo que ele sabia antes. Isso, tanto Platão como Sócrates imaginaram que poderiam confirmar pelo falacioso experimento que demonstrava que uma pessoa deve ser levada a descobrir ela mesma qualquer verdade geral, sem nenhuma informação anterior, da qual ela era totalmente ignorante, apenas por ser perguntada por um número de questões, arranjadas e reunidas apropriadamente acerca dela.

Quanto mais a alma se acostumou com a consideração dessas naturezas universais, menos ela se prendia a algum objeto particular e individual. Ela abordava o que estivesse mais próximo da perfeição originária de sua natureza, da qual, de acordo com sua filosofia, ela decaíra. A Filosofia, acostumada a considerar apenas a essência geral das coisas e a abstrair todas as suas circunstâncias particulares e sensíveis, foi, nessa consideração, colocada como a grande purificadora da alma. Assim como a morte separa o corpo da alma, bem como dos sentidos e paixões corpóreos, a Filosofia restaura a alma para aquele mundo intelectual do qual ela originariamente descendeu, onde nenhuma espécie sensível lhe chamava a atenção em detrimento das essências gerais das coisas. Em algum grau, a Filosofia traz nesta vida, ao habituar-se às mesmas considerações, aquele estado de alegria e perfeição, ao qual a morte restaura a alma dos homens justos na vida futura.

Tal era a doutrina de Platão no que concerne às espécies ou à essência específica das coisas. Ou, ao menos, é o que as palavras dele parecem querer dizer e foi assim entendido por Aristóteles, o mais inteligente e mais renomado de todos os seus discípulos. É uma doutrina que, como muitas outras de Filosofia abstrata, é mais coerente na expressão do que na ideia, e parece ter surgido mais da natureza da linguagem do que da natureza das coisas. Com todas as suas imperfeições, o que é desculpável no começo da Filosofia, e não é tão maior o seu afastamento da verdade do que muitas outras que desde então tomaram seu lugar por grandes simuladores de acurácia e precisão. A humanidade teve, em todos os tempos, uma forte propensão a realizar suas próprias abstrações, das quais nós devemos ver um exemplo, imediatamente, nas noções daquele filósofo que primeiro expôs suas mal embasadas fundações dessas ideias, ou universais de Platão e Timeu. Explicar a natureza e considerar a origem das ideias gerais até mesmo hoje é uma das maiores dificuldades da Filosofia abstrata. Como o espírito humano quando arrazoa acerca da natureza geral dos triângulos, deve ou considerar, como imagina fazer o senhor Locke, a ideia de triângulo que não é nem obtusângulo, nem retângulo, nem acutângulo, mas nenhum e todos eles juntos, ou deve, como Malebranche pensa ser necessário para esse propósito, compreender de uma vez, com sua capacidade finita, todos os triângulos possíveis de todas as formas e dimensões possíveis, que são infinitas em número; essa é uma questão para qual não é fácil dar uma resposta satisfatória. Malebranche, para resolver a questão, recorreu à entusiástica e ininteligível noção da íntima união da mente humana com a divina, em cuja infinita essência a imensidão dessas espécies deveria ser compreendida isoladamente e na qual isoladamente, no entanto, todas as inteligências infinitas poderiam ter uma oportunidade

Ensaios filosóficos

de vê-las Se, depois de mais de dois mil anos, o arrazoar acerca disso, esse engenhoso e sublime filósofo foi forçado a recorrer a uma tão estranha extravagância para explicar essas coisas, podemos ficar surpresos que Platão, nos primeiros esboços da ciência, adotou, para o mesmo propósito, uma hipótese que foi pensada, sem muita razão, como tendo afinidade àquela de Malebranche, e que não está mais fora do caminho?

O que parece ter desencaminhado esses filósofos antigos era a noção, que a princípio parece natural, de que aquelas coisas das quais o objeto é composto devem existir antes do objeto. Mas as coisas das quais todos os objetos particulares parecem ser compostos são ingredientes ou materiais desses objetos e a forma ou essência específica que determina que eles sejam dessa ou daquela classe de coisas. Portanto, pensava-se que estes deviam existir anteriormente aos objetos que foram feitos por meio deles. Platão, que assegurava que o mundo sensível, o qual, de acordo com ele, era o mundo dos individuais, era feito no tempo, necessariamente concebeu que ambos, a matéria universal, o objeto de uma razão espúria, e a essência específica, o objeto de uma razão apropriada e filosofia a partir da qual ela é composta, devem ter tido uma existência separada em toda a eternidade. Esse mundo intelectual, muito diverso do mundo intelectual de Cudworth, ainda que muito da linguagem do primeiro tenha sido emprestada pelo segundo, era necessariamente e sempre existente, já que o mundo sensível devia sua existência à vontade livre e generosidade de seu autor.

Uma noção desse tipo, quando expressa em uma maneira muito geral, quando não repousa sobre muita coisa e não pretende ser explicada particular e distintamente, passa facilmente pela indolente imaginação, acostumada a colocar palavras no lugar de ideias e, se as palavras parecem se conectar facilmente entre si, não se requer muita precisão nas ideias. Ela se esvai, no entanto, se for descoberta como completamente incompreensível e escapa ao domínio da imaginação diante de uma consideração atenta. Requer, de qualquer modo, uma consideração atenta e se ela tem sido afortunada como outras tantas opiniões do mesmo tipo e sobre o mesmo assunto, deve ter continuado, sem exame, a ser a filosofia corrente por um século ou dois. Aristóteles, no entanto, parece ter descoberto de imediato que era impossível conceber como realmente existente tanto a matéria em geral, que não era determinada por nenhuma espécie particular, ou as espécies que não eram corporificadas, se é que se pode falar assim, em alguma porção particular da matéria. Aristóteles também manteve, como já observamos, a eternidade do mundo sensível. Ainda que ele mantenha que todo objeto sensível seja feito de dois princípios, que ele chamou igualmente de substâncias, tanto a matéria como a essência específica, ele não foi obrigado a manter, como Platão, que esses princípios eram temporalmente anteriores aos objetos que eles comporiam depois. Eles eram anteriores, diz, na natureza, mas não no tempo, de acordo com uma distinção que ele usava em outras ocasiões. Aristóteles distinguiu, também, entre existência real e potencial. Pela primeira, ele parece ter entendido o que é comumente chamado de existência ou realidade; pela segunda, a mera possibilidade de existência. Seu significado, eu diria, parece ser esse, embora ele não explique isso exatamente dessa maneira. Nem a essência material do corpo poderia, de acordo com ele, existir realmente sem ser determinada por uma essência específica, para alguma classe particular de coisas, nem nenhuma essência específica sem ser incorporada a alguma por-

Ensaios filosóficos

ção particular de matéria. Cada um desses dois princípios, de qualquer forma, pode existir, em potência, nesse estado separado. Aquela matéria existiria potencialmente, e, sendo dotada de determinada forma, poderia ser trazida para a existência real; e aquela forma, ao ser incorporada em uma porção particular de matéria, poderia, do mesmo modo, ser chamada para a classe das realidades completas. Ele por vezes fala dessa existência potencial da matéria e da forma com expressões que em muito se assemelham às de Platão, com quem mantém grande afinidade em relação à noção de uma essência separada.

Aristóteles, que parece original em muitos aspectos, e que se esforçou para ser assim em tantas coisas, adicionou o princípio de privação para aqueles da matéria e forma, que ele tomou da antiga escola pitagórica. Quando a água é transformada em ar, a transmutação é levada a cabo pelo princípio material desses dois elementos sendo privados da forma da água e então assumindo a forma do ar. Privação, portanto, era o terceiro princípio oposto à forma a adentrar a geração de todas as espécies, que sempre foram de outras espécies. Era um princípio de geração, mas não de composição, como parece óbvio.

Os estoicos, cujas opiniões eram as mesmas ou muito proximamente ligadas às de Aristóteles e Platão ainda que muitas vezes disfarçadas em uma linguagem muito diferente, sustentavam que todas as coisas, até mesmo os elementos, eram compostos por dois princípios: de um deles dependiam todas as forças ativas desses corpos e do outro dependiam suas forças passivas. O último eles chamavam matéria, o primeiro, a causa, pela qual entendiam o mesmo que Aristóteles e Platão chamavam de suas essências específicas. A matéria, segundo esses estoicos, não poderia ter existência separada da causa ou princípio eficiente que a determinava em uma classe específica de coisas. Nem podia existir o princípio eficiente separadamente do material, no qual ele estava sempre corporificado. Suas opiniões, portanto, coincidiam aqui com a dos velhos peripatéticos. O princípio eficiente, ele diziam, era a deidade. Com isso eles queriam dizer que era a porção apartada da natureza divina e etérea que penetrava todas as coisas. Isso era o que Platão teria chamado de essência específica de todo objeto individual, e aqui a opinião deles coincide em muito com a dos platônicos tardios, que sustentavam que as essências específicas de todas as coisas eram porções apartadas da assim chamada deidade, a alma do mundo; com isso, alguns comentadores árabes e escolásticos de Aristóteles mantiveram que as formas substanciais de todas as coisas descendem daquelas essências divinas que animam as esferas celestes. Assim era a doutrina das quatro principais seitas dos filósofos antigos a respeito das essências específicas das coisas: dos velhos pitagóricos, dos acadêmicos, dos peripatéticos e dos estoicos.

Assim como essa doutrina das essências específicas parece ter surgido naturalmente daquele sistema antigo da Física, que descrevi antes e que não é desprovido de probabilidade, muitas doutrinas desse sistema que parecem para nós, que estamos já por muito tempo acostumados a outra, as mais incompreensíveis, necessariamente emanaram dessa noção metafísica. São as da geração, corrupção e alteração; da mistura, condensação e rarefação. Um corpo era ou gerado ou corrompido quando mudava sua essência específica e passava de uma denominação para outra. Ele era alterado quando trocava apenas algumas de suas qualidades, mas ainda mantinha a mesma essência específica e a mesma denominação. Então, quando uma flor murcha, ela não foi corrompida, dado que algumas de suas qualidades ainda mantêm a essência específica e, portanto, se mantém na denominação de uma flor. Mas quando, no progresso posterior de decadência, se desfaz na terra, ela foi corrompida, perdeu sua essência específica, ou forma substancial da flor, e assumiu a da terra e trocou, então, de denominação.

A essência específica ou natureza universal que era depositada em cada classe particular de corpos não era ela mesma objeto de nenhum dos nossos sentidos, mas podiam ser percebidas apenas pelo entendimento. Foi pelas qualidades sensíveis, contudo, que nós julgamos a essência específica de cada objeto. Algumas dessas qualidades sensíveis, portanto, foram tomadas por nós como essenciais, ou tal como se apresentaram, por sua presença ou ausência, a ausência ou presença daquela forma essencial das quais elas emanaram necessariamente. Outras são acidentais, cuja presença ou ausência não possui muitas consequências necessárias. A primeira dessas duas sortes de qualidades era chamada de propriedades, a segunda, de acidentes.

Na essência específica de cada objeto eles distinguiram duas partes: uma que era peculiar e característica da classe de coisas da qual esse objeto particular era indivíduo, e a outra era comum a ele e outras classes mais elevadas de coisas. Essas duas partes eram, para a essência específica, mais ou menos o que a matéria e a essência específica eram para cada corpo individual. A primeira, que era chamada de *Genus*, era modificada e determinada pela segunda, que era chamada de diferença específica, mais ou menos do modo que a matéria universal contida em cada corpo era modificada e determinada pela essência específica dessa classe particular de corpos. Esses quatro, com a própria essência específica ou espécie, constituíram os cinco universais, tão conhecidos pelos escolásticos pelos nomes de *genus*, espécie, *diferenttia*, *proprium* e *accidens*.

A riqueza das nações: *primeiro esboço*[1]

Cap. 2. Da natureza e das causas da opulência pública

O trabalho solitário de um único indivíduo, está claro, é totalmente incapaz de supri-lo de todo o alimento, toda a vestimenta e toda a acomodação que não só o luxo próprio dos grandes, mas também os apetites naturais do mais simples camponês parecem requerer em qualquer sociedade civilizada. Observai como se provê desses bens um trabalhador diarista comum na Bretanha ou na Holanda, e percebereis que seu luxo é frequentemente muito superior ao de qualquer príncipe indígena, senhor absoluto das vidas e da liberdade de mil selvagens nus. A veste de lã com que se agasalha um diarista, por mais grosseira e rudimentar que possa parecer, nao poderia ser produzida sem o trabalho conjunto de uma multidão de artesãos. O pastor, o criador, o tosquiador, o separador da lã, o coletor, o cardador, o tintureiro, o fiandeiro, o tecelão, o

---

1 "Early Draft of the *Wealth of Nations*." Traduzido por Alexandre Amaral Rodrigues. (N. T.)

pisoeiro, o curtidor, todos devem reunir suas diferentes artes a fim de realizar tão simples produto. Isso sem mencionar os mercadores e transportadores que levam os materiais de um artesão a outro, pois eles frequentemente vivem em locais muito distantes entre si. E quantos outros artesãos não são empregados para a produção de todas as ferramentas, mesmo as dos mais comuns desses trabalhadores? Nada direi de máquinas extremamente complexas como o tear do tecelão ou a prensa do pisoeiro; muito menos da atividade imensa do comércio e da navegação, da construção naval, da fabricação de velas e de cordas, necessárias para reunir todas as substâncias empregadas pelo tintureiro, muitas das quais oriundas das mais remotas regiões do mundo. Considerarei apenas os vários tipos de trabalho necessários para produzir uma ferramenta muito simples: a tesoura do tosquiador. O mineiro, o fabricante da fornalha para fundir o minério, o carvoeiro, cujo produto é utilizado para esse fim, o lenhador que fornece a madeira da qual se faz o carvão, o oleiro que fabrica os tijolos, o pedreiro, o operador da fornalha, o forjador, o ferreiro, todos eles devem reunir seus diferentes ofícios a fim de produzir a tesoura. Se examinássemos da mesma maneira as várias partes de que se constituem as vestes do tosquiador e a mobília de sua casa, a camisa de linho cru que traz sobre a pele, os sapatos que lhe protegem os pés, a cama em que se deita e todas as diferentes partes que a compõem, o braseiro de cozinha em que prepara seus alimentos, o carvão que utiliza para esse fim, arrancado às entranhas da terra, e talvez transportado até ele mediante longas travessias por terra e mar, todos os utensílios de sua cozinha, tudo o que utiliza em sua mesa, as facas e os garfos, os pratos de barro ou estanho, nos quais serve e divide seus

Ensaios filosóficos

alimentos, todas as mãos empregadas na preparação do pão e da cerveja que consome, o lavrador, o semeador dos cereais, o coletor, o debulhador, o produtor de malte, o moleiro, o produtor de cevada, o padeiro, junto com todos os outros artesãos que suprem cada um dos antes mencionados com os instrumentos próprios às suas respectivas atividades, as janelas de vidro que deixam passar o calor e a luz e retêm o vento e a chuva, e todo o conhecimento e a arte necessários para preparar essa bela e feliz invenção, sem a qual dificilmente estas regiões setentrionais teriam se tornado habitáveis, ao menos pela refinada e efeminada raça de mortais que atualmente as ocupa; se examinarmos, enfim, todos os diversos luxos e conveniências de que esse trabalhador se provê, e considerarmos toda a variedade de trabalhos empregada em cada um desses bens, perceberemos que, sem o auxílio e a cooperação de muitos milhares, não seria possível atender às necessidades da mais humilde pessoa de um país civilizado, mesmo de acordo com o que nós erroneamente imaginamos ser a maneira simples e modesta como ela usualmente se acomodaria. É verdade que, se comparadas com o luxo extravagante dos grandes, suas acomodações parecem, sem dúvida, extremamente simples e modestas; e, no entanto, talvez seja verdade que as acomodações de um príncipe europeu não excedem em tanto às de um camponês frugal e industrioso quanto as acomodações deste último excedem às do chefe de qualquer nação selvagem da América do Norte.

Não há grande dificuldade em explicar como podem os ricos e os poderosos de uma sociedade civilizada ser mais bem providos dos bens convenientes ou necessários à vida do que qualquer pessoa em condição selvagem e solitária. É muito fácil conceber que o indivíduo que pode sempre direcionar o trabalho de milhares para a realização de seus propósitos pessoais seja mais bem suprido de qualquer coisa de que precise do que alguém que depende apenas de seu próprio trabalho. Mas que trabalhadores e camponeses sejam igualmente bem providos, isso talvez não seja tão fácil de se compreender. Numa sociedade civilizada, os pobres suprem tanto suas próprias necessidades quanto os enormes luxos de seus superiores. A renda que sustenta a vaidade do ocioso senhor de terras é inteiramente obtida pelo trabalho do camponês. O homem endinheirado entrega-se a toda sorte de prazeres sórdidos e ignóbeis a expensas do mercador e do negociante a quem empresta sua riqueza a juros. Da mesma maneira, os frívolos e indolentes cortesãos são alimentados, vestidos e abrigados pelo trabalho dos que pagam os impostos que os sustentam. Entre selvagens, ao contrário, cada indivíduo desfruta de todo o produto de sua própria indústria. Não há entre eles senhores de terras, usurários ou coletores de impostos. Seria natural supormos, portanto, não fosse a experiência demonstrar o contrário, que entre eles cada indivíduo dispõe de muito maior afluência dos bens convenientes ou necessários à vida do que poderiam dispor as categorias inferiores do povo em uma sociedade civilizada.

O que aumenta substancialmente essa dificuldade é a consideração de que, em princípio, o trabalho de cem ou de cem mil deveria manter a mesma proporção para com o sustento de cem ou de cem mil homens que o trabalho de um mantém para com o sustento de um homem. Supondo-se, portanto, que o produto do trabalho da multidão fosse justa e igualitariamente dividido, seria de se concluir que cada indivíduo não poderia ser muito mais bem provido do que uma única pessoa que produzisse tudo para si. Mas, no que concerne ao produto

Ensaios filosóficos

do trabalho de uma grande sociedade, nunca há uma divisão justa e igualitária. Numa sociedade de cem mil famílias, haverá, talvez, cem delas que absolutamente não trabalham, e que, no entanto, seja pela violência, seja pela opressão mais ordenada da lei, usufruem de maior parcela do trabalho da sociedade do que dez mil outras famílias. E mesmo a divisão do restante após esse enorme desfalque não é de modo algum proporcional ao trabalho de cada indivíduo. Ao contrário, os que mais trabalham, menos ganham. O opulento mercador, que passa a maior parte do seu tempo em luxos e divertimentos, desfruta de uma proporção muito maior dos ganhos de seu comércio do que todos os funcionários e contadores que conduzem a atividade. Estes, por sua vez, desfrutam de considerável tempo livre e quase não passam por outras agruras que não a da obrigação de sua presença, e, no entanto, usufruem de uma parcela muito maior da produção do que um número três vezes maior de artesãos, os quais, sob sua direção, trabalham muito mais árdua e assiduamente. O artesão, por seu turno, embora trabalhe geralmente em locais cobertos, em segurança, ao abrigo das intempéries e convenientemente auxiliado por inúmeras máquinas, usufrui, no entanto, de um quinhão de riqueza muito maior do que o pobre trabalhador que tem de se debater com as dificuldades do solo e do clima, e que, ao mesmo tempo em que supre as matérias-primas que abastecem os luxos de todos os outros membros da coletividade (*common wealth*), e sustenta sobre os ombros, por assim dizer, toda a estrutura da sociedade humana, ele próprio, contudo, parece ser calcado ao subsolo por esse peso, até o ponto mais baixo das fundações do edifício, onde permanece, longe dos olhares. Em meio a tão opressiva desigualdade, como explicar a grande riqueza e abundância em que comumente vive até mesmo este mais inferior e desprezado membro da sociedade civilizada, em comparação com o que pode conseguir um selvagem, por mais respeitado e ativo que seja?

A divisão do trabalho, pela qual cada indivíduo se restringe a um ramo específico de atividade, é suficiente para explicar por que as sociedades civilizadas desfrutam de uma superior opulência, a qual se estende ao mais inferior de seus membros, apesar das desigualdades no que concerne à propriedade. Consideremos os efeitos da divisão do trabalho em alguns ramos específicos da manufatura para que possamos mais facilmente compreender como ela atua na sociedade em geral. Vejamos, pois, um exemplo bem trivial: se todas as partes de um alfinete fossem feitas por um só homem, se a mesma pessoa tivesse de extrair o metal da mina, separá-lo do minério bruto, forjá-lo, cortá-lo em pequenas hastes, esticar as hastes até tomarem a forma de arame, para finalmente fazer do arame um alfinete, talvez esse homem, com o seu máximo esforço, mal pudesse fazer um alfinete por ano. O preço do alfinete, portanto, nessas circunstâncias, teria de equivaler no mínimo à manutenção de um homem por um ano. Suponhamos que ela equivalha a seis libras esterlinas, mísera remuneração para um homem de tanto engenho, e o preço de um alfinete deverá ser de seis libras esterlinas. Suponhamos que o arame já lhe fosse fornecido pronto, como ocorre no presente; ainda assim, imagino que um homem, mesmo com a máxima diligência, não conseguiria fazer mais do que vinte alfinetes por dia, o que, considerando-se trezentos dias de trabalho por ano, resultará em 6 mil alfinetes no período, um imenso aumento! Sua manutenção diária, portanto, deve ser custeada por esses vinte alfinetes. Suponhamos que sua manutenção equivalha a dez *pence*, provento bastante liberal se comparado ao anterior. Nesse caso, deve-se acrescentar meio *penny* ao preço de cada alfinete, além do preço do arame e do lucro do mercador, o que faria com que o alfinete custasse cerca de um *penny* – o que parece irrisório, se comparado com o preço anterior, mas ainda é extravagante, se comparado com o que de fato é cobrado. Ocorre que na produção de alfinetes, esse pequeno supérfluo, o fabricante divide cuidadosamente o trabalho entre um grande número de pessoas. Um homem endireita o arame, outro o corta, um terceiro o aponta, um quarto pule uma das extremidades para receber a cabeça; três ou quatro pessoas se encarregam da produção da cabeça, enquanto um indivíduo se ocupa em encaixá-la, e outro, ainda, incumbe-se de dourar os alfinetes; até mesmo embrulhá-los constitui uma atividade em separado. Quando essa pequena atividade é assim dividida entre cerca de dezoito pessoas, elas farão conjuntamente talvez mais de 36 mil alfinetes por dia. Cada pessoa, portanto, faz $\frac{1}{18}$ de 36 mil alfinetes, o que é como se fizesse 2 mil alfinetes por dia ou, considerando-se trezentos dias anuais de trabalho, 600 mil alfinetes por ano, o que significa que cada pessoa produz 600 mil vezes a quantidade de trabalho que era capaz de produzir quando tinha de prover-se sozinho de todos os materiais e equipamentos, como primeiramente se supôs; e cem vezes a quantidade de trabalho que era capaz de produzir quando o arame já lhe era fornecido pronto, como se supôs em seguida. Por conseguinte, a manutenção anual de cada pessoa não recairá sobre um alfinete, como na primeira suposição, nem sobre 6 mil, como na segunda, mas sobre 600 mil alfinetes. Desse modo, o dono da manufatura pode a um só tempo arcar com um aumento nos salários dos trabalhadores e vender a mercadoria a um preço muito menor do que antes; e os alfinetes, em vez de serem vendidos por seis libras cada, como na primeira suposição, ou por doze *pence* a dúzia, como na segunda, são comumente vendidos pelo preço de meio *penny* por várias dúzias.

A divisão do trabalho tem em todas as artes o mesmo efeito que nessa manufatura trivial, e da mesma maneira ocasiona uma imensa multiplicação da produção de cada uma. Em toda sociedade opulenta, o agricultor é apenas agricultor, e o fabricante, apenas fabricante. O trabalho necessário para produzir qualquer artefato completo é dividido entre um vasto número de mãos. Quantas diferentes pessoas não são empregadas em cada ramo das manufaturas de linho e lã, desde os agricultores e pastoreadores até os tintureiros e curtidores do tecido, ou os branqueadores e alisadores do linho! A agricultura, por sua natureza, de fato não admite tantas subdivisões do trabalho quanto as que normalmente ocorrem na manufatura, nem uma separação tão completa das atividades que a compõem. Não é possível separar de todo as atividades do pastoreador e do cerealista, pelo menos não no mesmo grau em que o carpinteiro se distingue do ferreiro. O fiandeiro é sempre uma pessoa diferente do tecelão. Mas o arador, o gradador, o semeador e o colhedor dos cereais são frequentemente a mesma pessoa. Como cada um desses tipos de trabalho é necessário apenas em uma determinada estação do ano, é impossível para um homem empregar-se exclusivamente em qualquer um deles. Entretanto, até mesmo na agricultura, em países em que os campos são bem cultivados, as atividades do escavador e do respigador, por poderem realizar-se durante todo o ano, constituem muitas vezes negócios completos, distintos e separados de todos

Ensaios filosóficos

os outros. O mesmo ocorre com os fabricantes de arados e de todos os outros instrumentos da agricultura, os forjadores de enxadas e foices, os fabricantes de rodas, carroças e carretas. No entanto, a impossibilidade de se realizar uma separação total e completa de todos os ramos de trabalho empregados na agricultura sempre impedirá que essa arte progrida no mesmo ritmo que as manufaturas. Uma nação de grande opulência geralmente será superior às vizinhas tanto em sua agricultura como em suas manufaturas; porém sua superioridade sempre será muito mais distinta nas últimas do que na primeira, ainda que esta possa ser de muito maior valor. Os cereais franceses são tão bons quanto os ingleses, e são mais baratos nas regiões onde são cultivados, ao menos quando as estações são as usuais. Mas os brinquedos produzidos na Inglaterra, seus relógios, sua cutelaria, seus cadeados e fechaduras, suas fivelas e botões, todos são, quanto ao apuro, solidez e perfeição do trabalho, incomparavelmente superiores aos da França, além de mais baratos num mesmo grau de qualidade.

É a imensa multiplicação da produção de todas as diferentes artes, causada pela divisão do trabalho, que garante, a despeito das grandes desigualdades no que concerne à propriedade, essa opulência generalizada que, nas sociedades civilizadas, se estende aos mais baixos estratos do povo. Todas as coisas são produzidas em tão grande quantidade que se tornam suficientes para satisfazer a exuberância indolente e opressiva dos grandes e, ao mesmo tempo, suprir abundantemente as necessidades dos artesãos e camponeses. Cada homem executa uma quantidade tão grande do trabalho a que se dedica que é capaz de proporcionar algo aos que absolutamente não trabalham e, ao mesmo tempo, ficar com um restante de tal monta

335

que lhe permita, por meio da troca pelos produtos de outras artes, suprir-se de todos os bens convenientes ou necessários de que precisa. Suponhamos – para retornarmos ao caso simples exemplificado anteriormente – que os alfinetes possam ser vendidos a um *penny* o cento, que é aproximadamente o preço de algumas qualidades desse produto. O produtor que, conforme a suposição feita, fazia cerca de 2 mil alfinetes por dia, realiza um trabalho no valor de vinte *pence*. Digamos que cinco *pence* pagam o preço do arame, o desgaste das ferramentas e os lucros do dono da manufatura; restam quinze *pence* para os salários do artesão, que lhe possibilitam comprar todos os bens convenientes ou necessários à vida. É como se ele desse quinhentos alfinetes ao seu patrão por lhe proporcionar o arame, as ferramentas e o emprego, e conservasse consigo 1.500 deles, a fim de trocá-los pelos produtos de outras artes de que tivesse necessidade. Pois, no que concerne à riqueza, é a mesma coisa considerarmos a pessoa como possuidora de determinada mercadoria ou do valor dessa mercadoria. Suponhamos que, em virtude de ainda maiores divisões do trabalho e aprimoramentos da arte, um produtor de alfinetes viesse a produzir 4 mil alfinetes por dia. Nesse caso, embora os alfinetes valessem um quarto a menos e fossem vendidos, portanto, por três quartas partes do valor atual do cento, o artesão teria realizado um trabalho no valor de trinta *pence* por dia. Seu patrão poderia ficar com dez *pence*, ou o valor de 1.333 alfinetes para cobrir seus lucros e despesas, e o artesão conservaria vinte *pence*, ou o valor de 2.667 alfinetes a título de salários. O preço do trabalho teria diminuído, e os salários do trabalhador teriam aumentado; o público estaria mais bem suprido e os operários seriam mais abundantemente recompensados. Não quero com isso dizer

Ensaios filosóficos

que os lucros são de fato divididos precisamente dessa maneira, mas que eles podem sê-lo.

É dessa maneira que em uma sociedade opulenta e comercial a mão de obra se torna mais cara, enquanto o trabalho se torna mais barato, e esses dois eventos, que, segundo os preconceitos vulgares e a reflexão superficial, seriam completamente incompatíveis, mostram-se perfeitamente consistentes segundo a experiência. O elevado preço da mão de obra não deve ser considerado como mera prova da opulência geral da sociedade, que assim pode pagar bem a todos os que emprega, mas como a própria essência dessa riqueza pública, ou como aquilo em que ela consiste. É propriamente opulento o estado em que a riqueza é facilmente acessível, isto é, em que com um pouco de trabalho, própria e judiciosamente aplicado, qualquer um é capaz de prover-se com grande abundância de todos os bens convenientes ou necessários à vida. É evidente que de nenhum outro modo pode a riqueza generalizar-se ou difundir-se universalmente entre todos os membros da sociedade. A opulência nacional é a opulência de todo o povo, e nada pode ocasioná-la, a não ser a elevada recompensa do trabalho e, consequentemente, a grande facilidade em fazer aquisições. No entanto, como esse trabalho é aplicado com grande habilidade e diligência, como é favorecido pela concorrência e a união de forças de uma grande sociedade e, sobretudo, como é auxiliado por inúmeras máquinas, ele produz um efeito muito maior e executa uma quantidade de trabalho muito mais do que proporcional ao aumento de seu ganho. Quanto mais opulenta for a sociedade, portanto, tanto mais cara será a mão de obra, e tanto mais barato será o trabalho, e se, no entanto, países opulentos já perderam vários ramos de manufatura e comércio nos mercados internacionais devido aos menores preços praticados por negociantes e artesãos de países mais pobres, que se contentam com menor lucro e salários mais baixos, raramente se poderá concluir que isso foi mero efeito da opulência de um país e da pobreza do outro. Podemos estar certos de que outra causa deve ter concorrido para isso. O país rico deve ser culpado por algum grande erro em suas políticas. Talvez um ramo particular de comércio ou manufatura tenha sido onerado por taxas e direitos alfandegários inadequados, ou então pela insolência autorizada dos funcionários da receita, frequentemente mais penosa do que todos os impostos que eles coletam. É possível, ainda, que os bens necessários à vida tenham sido sobretaxados, de modo a elevar seus preços e tornar a subsistência mais difícil – e, consequentemente, jogar o preço da mão de obra para muito acima do seu natural, muito além do nível a que a opulência da sociedade por si mesma o teria elevado. Se nenhum erro desse tipo for cometido, é certo que, assim como entre os indivíduos um mercador ou fabricante rico pode oferecer melhores preços do que um mais pobre, assim também entre grandes sociedades, no que se refere ao comércio e às manufaturas, uma nação rica sempre terá melhores condições de competição do que uma nação mais pobre.

O imenso aumento da quantidade de trabalho realizado em consequência da divisão do trabalho deve-se a três diferentes circunstâncias. Primeiro, ao aumento da destreza de cada trabalhador em particular; em segundo lugar, à economia do tempo que se perde ao passar de uma espécie de trabalho para outra; e, finalmente, à invenção de inúmeras máquinas que facilitam

Ensaios filosóficos

o trabalho [*labour*] e permitem que um trabalhador realize a função de muitos.[2]

O aprimoramento da destreza dos trabalhadores aumenta em muito a quantidade de trabalho executado; e a divisão do trabalho, ao reduzir as tarefas que cada homem tem de executar a uma operação muito simples, e ao fazer que essa seja a única atividade de sua vida, necessariamente causa o máximo aprimoramento na destreza do trabalhador. Um ferreiro costuma utilizar seu martelo em uma centena de maneiras que não parecem muito diversas das necessárias para a produção de pregos; no entanto, segundo me informam, se ele raramente ou jamais tiver tido a oportunidade de fabricá-los, dificilmente conseguirá produzir mais do que duas ou três centenas de pregos por dia, e de muito má qualidade, mesmo com seu máximo esforço. Já um ferreiro de interior, que ferra cavalos, conserta fechaduras e dobradiças, fabrica e conserta pás, enxadas e todos os demais instrumentos da agricultura, normalmente emprega seu tempo na fabricação de pregos toda vez que não tem qualquer outra encomenda a cumprir. Tal pessoa pode, com empenho, fabricar cerca de um milheiro de pregos por dia, e de muito boa qualidade. Pois vi um garoto de dezenove anos que não fazia outra coisa da vida que não fabricar pregos, e em doze horas ele era capaz de produzir 2.300 pregos, isto é, cerca de oito vezes mais do que o primeiro, e mais que o dobro do último. Todavia, a fabricação de um prego não é de modo algum uma das mais simples operações. A mesma pessoa mantém a

---

2 Os cinco parágrafos seguintes, bastante longos, correspondem bem de perto aos parágrafos iniciais do cap.I e, em seguida, ao cap.II de *A riqueza das nações*. (N. T.)

brasa, sopra os foles, aquece o ferro, forja cada parte do prego, e, para forjar sua cabeça, é obrigado a mudar de ferramentas, o que ocasiona considerável perda de tempo; não obstante tudo isso, um bom trabalhador fabricará quase quatro pregos por minuto. As diferentes operações em que se subdivide a fabricação de um alfinete ou de um botão de metal são todas muito mais simples, e a destreza adquirida por uma pessoa que só tem essa atividade na vida é, de longe, muito maior, e fora de qualquer proporção com a daqueles outros trabalhadores. A rapidez com que as mãos humanas podem executar algumas das operações dessas manufaturas excede em muito o que uma pessoa que nunca as observou poderia esperar.

Do mesmo modo, a vantagem obtida ao se poupar o tempo normalmente perdido na passagem de uma espécie de tarefa para outra é bastante considerável, e muito maior do que à primeira vista se poderia imaginar. É impossível passar-se muito rapidamente de certas atividades para outras, quando os locais em que se realizam são muito distantes entre si, e as ferramentas, muito diversas. No interior, um tecelão que, além de exercer esse ofício, cultiva um pequeno roçado, deve perder bastante tempo ao passar de seu tear para o campo, e deste para aquele. Quando as duas atividades podem realizar-se no mesmo local de trabalho, a perda de tempo sem dúvida é muito menor. Mesmo assim, permanece grande. O homem normalmente se dispersa um pouco quando suas mãos mudam de um tipo de emprego para outro muito diferente. Ao iniciar a nova tarefa, dificilmente terá muita animação ou vigor. Sua mente não o acompanha, e por algum tempo ele mais se distrai do que se aplica ao seu propósito. Um homem de grande disposição e força, quando fortemente pressionado por alguma necessidade particular, passará com a maior rapidez de um tipo de tarefa para outro nas mais diversas atividades. Mesmo um homem assim, contudo, deve sofrer grande pressão para ser capaz de fazê-lo. No andamento ordinário das atividades, ele se distrairá e dispersará ao passar de uma coisa para outra, da mesma maneira, embora, sem dúvida, não no mesmo grau, que um colega desleixado. O hábito da dispersão e da aplicação indolente e descuidada que naturalmente – ou antes, necessariamente –, todo trabalhador interiorano adquire, por ser obrigado a mudar de trabalho e de ferramentas a cada meia hora, e a aplicar suas mãos de vinte diferentes maneiras quase todos os dias de sua vida, torna-o quase sempre lento e preguiçoso, incapaz, mesmo nas ocasiões de maior urgência, de qualquer aplicação vigorosa. Independentemente, portanto, de não possuir a mais perfeita destreza, essa causa, por si só, deve fazer que a quantidade de trabalho que ele executa seja sempre extremamente pequena.

É sabido de todos o quanto a utilização de maquinaria apropriada abrevia e facilita o trabalho. O arado permite que dois homens, com o auxílio de três cavalos, cultivem uma extensão maior de solo do que vinte homens o fariam com o uso de enxadas. Um moleiro e seu serviçal são capazes de triturar mais grãos com o emprego de um moinho d'água ou de vento do que oito homens conseguiriam com moinhos manuais. Triturar grãos com moinhos manuais era normalmente o mais severo dos trabalhos a que os antigos submetiam seus escravos, e somente os condenavam a isso quando eram culpados de falta gravíssima. E, no entanto, um moinho manual é uma máquina bastante engenhosa, que facilita em larga medida o trabalho. Com ele, pode-se produzir muito mais do que quando os grãos são socados em um pilão ou friccionados à mão, sem o auxílio de qualquer máquina, entre duas pedras até virar pó, como ainda se faz não apenas na totalidade das nações bárbaras, mas também em algumas províncias remotas deste país. Foi provavelmente a divisão do trabalho que propiciou o invento da maior parte das máquinas que tanto facilitam e abreviam o trabalho. Quando toda a força da mente é dirigida a um objetivo em particular, como deve ocorrer em consequência da divisão do trabalho, é mais provável que a mente descubra os métodos mais fáceis de alcançar aquele objetivo do que quando sua atenção se dissipa entre uma grande variedade de coisas. Foi provavelmente um lavrador quem inventou a primeira forma, ainda rudimentar, do arado. Seus posteriores aprimoramentos deveram-se, presumivelmente, por vezes ao engenho do projetista do arado, uma vez que essa atividade tenha se tornado uma ocupação específica, e por vezes ao do lavrador. Poucos, se é que algum, desses aprimoramentos foram tão complexos a ponto de exceder o que se possa esperar da capacidade deste último. O arado laminar, o mais engenhoso de todos, foi invenção de um lavrador. Algum infeliz escravo, condenado a triturar grãos entre duas pedras meramente com a força de seus braços, de maneira muito semelhante àquela como hoje os pintores pulverizam os corantes de suas tintas, foi provavelmente o primeiro a pensar em prender a pedra superior a um fuso e girá-lo por meio de uma manivela ou maçaneta que se movia horizontalmente, como parece ter sido a forma primeira, rudimentar dos moinhos manuais. Mas quem primeiro pensou em trespassar o fuso pela pedra inferior, que permanece imóvel, bem no meio; em uni-la à outra por uma carretilha; e em girar a carretilha por meio de uma cremalheira, a qual, por

Ensaios filosóficos

sua vez, era ela mesma girada por uma manivela ou maçaneta, tal como atualmente se apresentam os moinhos manuais, foi provavelmente um projetista de moinhos, ou uma pessoa cuja principal ou única atividade, em consequência de uma divisão ainda maior do trabalho, era montar aquela máquina original, rudimentar, para cuja invenção não fora necessária uma capacidade maior do que a de um escravo comum. Com esse aprimoramento, obtiveram-se muitas vantagens, uma vez que toda a maquinaria foi então posta debaixo da pedra inferior, deixando, assim, o topo da pedra superior livre para as conveniências do funil, do alimentador e da sapata, e a manivela ou maçaneta, que girava a cremalheira, passou a mover-se em um círculo perpendicular ao horizonte, de modo que a força do corpo humano pudesse empregar-se sobre ela com muito mais vantagem do que sobre uma manivela que girasse horizontalmente. Esses diferentes aprimoramentos não foram, provavelmente, invenções de um único homem, mas descobertas sucessivas do tempo, da experiência e do engenho de diversos artesãos. Algumas das mais simples delas, como o alimentador e a sapata, podem ter sido concebidas pelo moleiro. Mas as mais complexas, como a carretilha e a cremalheira, foram inventadas provavelmente pelo projetista. Elas mostram as marcas mais evidentes da engenhosidade de um artesão muito inteligente. Quem primeiro pensou em substituir a manivela ou maçaneta por uma engrenagem externa, a ser girada por um fluxo de água, e, mais ainda, quem primeiro pensou em se utilizar do vento para esse fim, não foi provavelmente nenhum tipo de trabalhador, mas um filósofo ou homem dedicado apenas à especulação; uma dessas pessoas cuja atividade não consiste em fazer coisa alguma, mas tudo observar, pelo que são

Adam Smith

capazes de conjugar os poderes dos mais opostos e distantes objetos. Aplicar da maneira mais vantajosa poderes que já são conhecidos e já foram utilizados para determinado propósito não está acima das capacidades de um artesão engenhoso. Mas conceber a aplicação de novos poderes, inteiramente desconhecidos e jamais utilizados para qualquer propósito semelhante, é algo que só está nas possibilidades dos que possuem um pensamento de maior abrangência e uma visão mais ampla das coisas do que naturalmente um mero artesão possui. Quando um artesão faz uma descoberta assim, revela-se não um mero artesão, mas verdadeiro filósofo, seja qual for o nome de seu ofício. Somente um verdadeiro filósofo poderia inventar a máquina a vapor, de modo a formar pela primeira vez a ideia de produzir tão grande efeito por meio de um poder na natureza no qual jamais se havia pensado antes. Posteriormente, muitos artesãos inferiores, empregados na fabricação dessa máquina maravilhosa, poderão descobrir métodos mais felizes de aplicação desse poder do que aqueles de que se utilizou seu ilustre inventor. Do mesmo modo, deve ter sido um filósofo quem primeiro inventou essas máquinas, hoje comuns, e por isso menosprezadas, dos moinhos de vento e de água. Posteriormente, muitos artesãos inferiores podem tê-los aprimorado. A filosofia ou especulação, tal como ocorre com qualquer outro emprego, torna-se, ao longo do progresso da sociedade, a única ocupação de uma classe particular de cidadãos. Como qualquer outra atividade, ela se subdivide em ramos, daí haver filósofos mecânicos, químicos, astrônomos, físicos, metafísicos, morais, políticos, comerciais e críticos. Em filosofia, assim como em qualquer outra ocupação, essa subdivisão de aplicações aumenta a destreza e poupa tempo. Cada indivíduo

Ensaios filosóficos

se torna mais perito no ramo específico a que se dedica. No conjunto, realiza-se mais trabalho, e a quantidade de ciência se expande consideravelmente.

A divisão do trabalho, de que tantas vantagens resultam, não é originalmente o efeito de nenhuma sabedoria humana, que teria previsto e intencionado a opulência geral que ocasiona. É a consequência necessária, embora muito lenta e gradual, de certo princípio ou propensão da natureza humana, a qual não tem em vista tão extensa utilidade. Trata-se de uma propensão comum a todos os homens, e que não se encontra em nenhuma outra raça de animais: uma propensão a cambiar, permutar e trocar uma coisa por outra. Que essa propensão é comum a todos os homens é suficientemente óbvio. E igualmente o é o fato de que ela não se encontra em nenhuma outra raça de animais, que não parecem conhecer nem esta nem nenhuma outra espécie de contrato. Dois *greyhounds*, ao perseguirem uma lebre, por vezes parecem agir segundo algum tipo de acordo. Cada um conduz a caça na direção de seu companheiro, ou procura interceptá-la quando seu companheiro o faz. Isso, no entanto, não é o efeito de qualquer contrato, mas ocorre meramente por suas paixões naquele momento concorrerem para o mesmo objetivo. Jamais se viu dois cães fazerem uma troca justa e deliberada de um osso por outro. Jamais se viu um animal, por seus gestos e ruídos naturais, significar a outro: "Isto é meu, aquilo é teu. Desejo dar isto por aquilo". Quando um animal quer obter algo de um homem ou de outro animal, ele não tem outro meio de persuasão a não ser conquistar a gentileza e o favor daqueles de cujos serviços necessita. Um filhote sacode a cauda para sua mãe, e um *spaniel* tenta por mil modos atrair a atenção de seu dono durante o jantar, para que este o alimente.

Adam Smith

Por vezes, o homem também usa desses mesmos artifícios com seus semelhantes, e, quando não tem outro meio de fazer que ajam de acordo com seus desejos, procura com todo tipo de gracinhas atrair sua boa vontade. Contudo, ele não tem tempo para fazer isso em todas as ocasiões. Tão precária é sua situação natural que ele necessita todo o tempo da cooperação e da assistência de grandes multidões, ao passo que sua vida inteira mal é suficiente para ganhar a amizade de algumas poucas pessoas. Em todas as demais raças de animais, cada indivíduo é quase inteiramente independente, e em seu estado ordinário ou natural tem pouca necessidade da assistência de qualquer outra criatura viva. Quando algum infortúnio extraordinário o acomete, seus ganidos aflitivos e comoventes por vezes fazem que seus semelhantes o ajudem, e há momentos em que conseguem mesmo que o homem venha em seu socorro. Se tal assistência, no entanto, vier a tornar-se uma necessidade permanente da criatura, isso geralmente lhe custará perecer por falta dela. Porém, no curso natural das coisas, essas ocasiões só ocorrem raramente, e a natureza, com sua usual economia, não considerou apropriado fazer qualquer provisão especial para elas, não mais do que o fez para o alívio de quem sofra um naufrágio no meio do oceano. Seu grande propósito, a continuidade e a propagação de cada espécie, julgou ela que não seria posto em risco por tão incomuns e extraordinários acidentes. Mas, embora o animal, uma vez chegado à maturidade, raramente necessite do auxílio de seus semelhantes, o homem precisa quase constantemente da ajuda de seus irmãos, e em vão esperará obtê-la apenas de sua benevolência. Suas chances de êxito serão muito maiores se puder interessar o amor-próprio deles em seu favor e mostrar que será vantajoso para eles próprios

Ensaios filosóficos

fazerem o que lhes pede. Quem oferece a alguém uma barganha qualquer propõe exatamente isto: "Dá-me aquilo que quero e terás isto que queres", eis o claro significado de toda oferta desse gênero. É dessa maneira que obtemos uns dos outros a maior e a mais importante parcela dos bons ofícios de que necessitamos. Não é da benevolência do açougueiro, do cervejeiro e do padeiro que esperamos nosso jantar, mas de sua atenção a seus próprios interesses. Dirigimo-nos não à sua humanidade, mas a seu amor-próprio, e nunca lhes falamos de nossas próprias necessidades, mas das vantagens para eles. Ninguém, a não ser um pedinte, escolhe depender principalmente da benevolência de seus concidadãos. Mesmo um pedinte não depende inteiramente dela. Se dependesse, pereceria em uma semana. A caridade das pessoas de boa disposição talvez possa, de fato, suprir-lhe com todo o fundo de sua subsistência. Mas, embora esse princípio no fim das contas o proveja com todos os bens necessários à vida, ele não o faz, nem poderia fazê-lo, exatamente quando ele necessita. A maior parte de suas necessidades ocasionais é suprida da mesma maneira que a de todas as outras pessoas, por acordo, por troca e por compra. Com o dinheiro que alguém lhe dá ele compra alimentos. As roupas velhas que outro lhe doa, ele troca por outra roupa velha que lhe sirva melhor, ou por abrigo, ou por comida, ou por dinheiro, com o qual, por seu turno, ele pode comprar alimentos, roupas ou abrigo conforme necessite.

Assim como é por câmbio ou permuta que obtemos uns dos outros a maior parte dos bons serviços de que mutuamente necessitamos, assim também é essa mesma propensão ou tendência a trocar que originalmente gera a divisão do trabalho. Em uma nação de caçadores ou pastores, por exemplo, observa-se que um determinado nativo faz arcos e flechas com mais rapidez e destreza do que qualquer outra pessoa. Às vezes ele os troca com seus companheiros por carne de caça ou por reses, e pouco a pouco observa que pode assim obter mais carne de caça ou reses do que se ele próprio fosse ao campo caçá-los. Em vista de seu próprio interesse, portanto, fazer arcos e flechas passa a ser sua principal ocupação; e, dessa maneira, ele se torna uma espécie de armeiro. Outro tem habilidade superior para fazer armações e coberturas para suas choupanas ou tendas. Ele está acostumado a ser útil desse modo à sua tribo, que da mesma maneira o recompensa com carne de caça ou reses, até que, com o tempo, ele observa ser de seu interesse dedicar-se inteiramente a essa atividade, e passa a ser uma espécie de carpinteiro. Da mesma maneira, um terceiro se torna ferreiro, um quarto, curtidor ou preparador de couros e peles – que são a principal parte das vestes dos selvagens; assim, a certeza de poder trocar toda a parcela do produto de seu trabalho de que ele próprio não necessita por parcelas dos produtos dos trabalhos de outros homens conforme necessite acaba por possibilitar que cada homem se dedique inteiramente a uma ocupação específica, de modo a cultivar e aperfeiçoar qualquer gênio ou talento natural que ele possua para aquela espécie particular de atividade.

Na realidade, a diferença de talentos naturais entre diferentes homens talvez seja muito menor do que pensamos, e a grande diferença de gênios que parece distinguir homens de diferentes profissões em sua idade madura talvez não seja tanto a causa, mas o efeito da divisão do trabalho. Que diferença de gênios pode ser maior do que a existente entre um filósofo e um simples transportador? Essa diferença, contudo, não parece dever-se tanto à natureza, mas antes ao hábito,

Ensaios filosóficos

ao costume e à educação. Quando vieram ao mundo, e pelos primeiros cinco ou seis anos de sua existência, os dois talvez fossem muito parecidos, e nem seus pais nem seus colegas de brincadeiras poderiam observar qualquer distinção notável. Por volta dessa idade ou pouco depois, eles passam a empregar-se em ocupações muito diversas. É então que notamos o que chamamos de diferença de gênios, a qual se alarga gradualmente, até que, por fim, a vaidade do filósofo reluta em reconhecer qualquer semelhança entre ele e o transportador. Mas, sem a disposição a cambiar, permutar e trocar, cada homem teria necessariamente de prover-se de tudo de que necessitasse para sobreviver. Cada qual se empregaria em tudo. Todos teriam o mesmo trabalho a fazer e os mesmos deveres a cumprir, e não haveria uma tal diferença de empregos que pudesse por si só originar tamanha diferença de caráter. É por isso que se observará muito maior uniformidade de caráter entre selvagens do que em nações civilizadas. Entre os primeiros quase não há divisão do trabalho, e consequentemente não há qualquer diferença notável de empregos; ao passo que nas últimas há uma variedade quase infinita de ocupações, cujos respectivos deveres não têm quase nenhuma semelhança entre si. Que perfeita unidade de caráter encontramos em todos os heróis descritos por Ossian! E que variedade de maneiras entre os que são celebrados por Homero! Ossian claramente descreve as aventuras de uma nação de caçadores, enquanto Homero pinta duas nações que, embora longe de ser perfeitamente civilizadas, haviam, no entanto, ultrapassado em muito os tempos pastoris; que cultivavam terras, construíam cidades, e nas quais ele menciona existirem vários comércios e ocupações, como pedreiros, carpinteiros, ferreiros, mercadores, videntes, sacerdotes, médicos. É essa disposição a cambiar, permutar e trocar que não apenas dá origem à diferença de gênios e talentos que tanto se nota entre homens de diferentes profissões, mas também torna essas diferenças úteis. Há muitos grupos de animais que pertencem explicitamente à mesma espécie e nos quais a natureza parece ter imprimido distinções de gênio e disposição muito mais notáveis do que as que ocorrem entre os homens, excluindo-se os efeitos do costume e da educação. Por natureza, um filósofo não é nem de longe tão diferente de um transportador em gênio e disposição quanto um *mastiff* o é de um *greyhound*, ou este o é de um *spaniel*, ou o último o é de um cão pastor inglês. Essas diferentes raças, no entanto, não são de quase nenhuma utilidade umas para as outras, embora pertençam à mesma espécie. A força do *mastiff* não é em nada apoiada pela rapidez do *greyhound*, ou pela sagacidade do *spaniel*, ou pela docilidade do cão pastor inglês. Em virtude da falta do poder ou da disposição para permutar e trocar, os efeitos desses diferentes gênios e talentos não podem ser agregados a um patrimônio comum, e em nada contribuem para a melhor acomodação da espécie. Cada animal continua obrigado a sustentar-se e defender-se separada e independentemente, e não deriva qualquer tipo de vantagem da variedade de talentos com que a natureza distinguiu os seus semelhantes. Entre os homens, ao contrário, os mais diversos gênios são úteis uns aos outros, pois os diferentes produtos de seus variados talentos são, por assim dizer, agregados a um patrimônio comum pela disposição geral a cambiar, permutar e trocar. Um transportador é útil a um filósofo, não apenas por carregar um peso para ele, mas por facilitar quase todo comércio e manufatura cujas produções podem servir ao filósofo. Tudo o que compra-

Ensaios filosóficos

mos em uma loja ou armazém chega-nos mais barato devido a esses pobres e menosprezados trabalhadores, que em todas as grandes cidades se estabeleceram nessa ocupação particular, a de transportar bens de um lugar a outro e empacotá-los e desempacotá-los, em virtude do que adquiriram extraordinária força, destreza e rapidez nesse gênero de atividade. Todas as coisas seriam mais caras se antes de serem postas à venda tivessem de ser transportadas, empacotadas e desempacotadas por mãos menos hábeis e de menor destreza, que precisariam de mais tempo para realizar igual quantidade de trabalho e, consequentemente, requereriam maior paga, a qual recairia sobre o preço das mercadorias. O filósofo, por outro lado, é útil ao transportador não só por ser um cliente ocasional, como qualquer outro homem que não seja transportador, mas em vários outros aspectos. Qualquer um que se utilize do carvão pode obtê-lo mais barato por causa do inventor da máquina a vapor. Qualquer um que coma pão usufrui em muito maior grau do mesmo tipo de vantagem graças aos inventores e aperfeiçoadores dos moinhos a vento e a água. Mesmo as especulações dos que não inventam nem aperfeiçoam nada não são de todo inúteis. Elas servem ao menos para manter vivos e transmitir à posteridade as invenções e aperfeiçoamentos feitos antes. Elas explicam os fundamentos e razões em que se apoiaram essas descobertas e não permitem que a quantidade de conhecimento útil diminua. Em sociedades ricas e comerciais, além disso, pensar ou raciocinar passou a ser, como todos os demais empregos, uma atividade específica, realizada por um grupo muito pequeno de pessoas, as quais suprem o público de todo o pensamento e razão que possuem as vastas multidões que trabalham. Qualquer pessoa comum que submeta a

Adam Smith

exame justo o conhecimento que possui sobre qualquer tema que não seja objeto de sua profissão verificará que quase tudo o que sabe é de segunda mão, foi extraído de livros, da instrução literária que porventura recebeu em sua juventude ou das conversações ocasionais que tenha tido com homens cultos. Apenas uma pequena parcela de seu conhecimento proveio de suas próprias observações e reflexões. Tudo o mais foi comprado, assim como os seus sapatos e meias, daqueles cuja atividade é produzir e preparar para o mercado essa espécie particular de bens. Foi dessa forma que essa pessoa adquiriu todas as suas ideias gerais acerca dos grandes temas da religião, da moral e do governo, acerca de sua própria felicidade ou da de seu país. Todo o seu sistema a respeito de cada um desses importantes objetos quase sempre se verificará ter sido originalmente o produto da indústria de outras pessoas, de quem ela própria ou os que se incumbiram de sua educação o adquiriram da mesma maneira que qualquer outra mercadoria, por permuta ou troca por alguma parcela do produto de seu próprio trabalho.[3]

Conteúdos dos próximos capítulos

Cap. 3º Da regra de troca, ou das circunstâncias que regulam os preços das mercadorias.

Trata de:

I[mo] O preço necessário para estimular o trabalhador [*labourer*] a aplicar-se a qualquer espécie particular de atividade

---

3 A partir deste ponto, o autor apresenta os planos dos capítulos seguintes, com breves comentários. É notável que a escrita passa a ser frequentemente na forma de apontamentos para o próprio autor, ainda não elaborada para a apresentação. (N. T.)

[*industry*], o qual deve ser suficiente para: 1º mantê-lo; 2º indenizá-lo pelas despesas de sua educação naquele ramo específico; 3º compensá-lo pelo risco tanto de não viver o suficiente para receber essa indenização quanto de não ter êxito no ramo, por mais longevo que seja. Preço do trabalho no campo. Do trabalho artesanal. Das artes engenhosas. Das profissões liberais. Lucros das minas de prata.

2do O preço que é fixado pelo mercado, e que é regulado: 1º pela necessidade ou demanda por qualquer mercadoria específica; 2º pela abundância ou escassez da mercadoria em proporção àquela necessidade ou demanda; e 3º, pela riqueza ou pobreza dos demandantes.

3tio A conexão entre esses dois preços: o preço de mercado jamais pode permanecer por qualquer período considerável nem acima nem abaixo do preço suficiente para incentivar o trabalhador, a não ser que haja algum grande erro na política pública tal que impeça a concorrência do trabalho quando o preço é muito elevado, ou force a uma concorrência maior do que a natural quando o preço é muito baixo.

4to Uma vez que a opulência nacional ou pública consiste nos baixos preços das mercadorias em proporção aos salários do trabalho, o que quer que tenda a aumentar tais preços acima do que é precisamente necessário para incentivar o trabalhador tende a diminuir a opulência nacional ou pública. Dos impostos sobre a produção e outros que recaem sobre a indústria. Dos monopólios.

5to Em todo país existe o que se pode chamar de um equilíbrio natural da indústria, ou uma disposição das pessoas a aplicar-se a cada espécie de trabalho precisamente em proporção à demanda por esse trabalho. O que quer que quebre esse equilíbrio tende a prejudicar a opulência pública ou nacional, não importa se por meio de desincentivos ou incentivos extraordinários a certos tipos de indústria. Do édito dos reis de França contra o plantio de novos vinhedos, e de outras leis igualmente absurdas de outras nações. Das subvenções à exportação ou produção de certos bens: que tendem, de fato, a torná-los mais baratos, pois o público[4] paga parte do preço, mas todos os demais se tornam mais caros, sendo o resultado, no conjunto, o aumento do preço das mercadorias. Da subvenção aos cereais. Ela derruba o preço destes, e assim tende a baixar a renda das lavouras de cereais. Ao diminuir o número ("de lavouras de pastagem"),[5] tende a aumentar sua renda ("a renda de tais lavouras"),[6] a aumentar o preço da carne, o preço do feno, a despesa para a manutenção de cavalos e, consequentemente, o preço do transporte terrestre, o que, por seu turno, deve estorvar todo o comércio interno do país.

Cap. 4º Do dinheiro, sua natureza, origem e história, considerado, primeiro, como medida de valor e, em segundo lugar, como instrumento de comércio.

Sobre o primeiro item, pouco tenho a dizer de muito novo ou especial, exceto algo sobre a história geral das moedas em França, Inglaterra e Escócia; as diferentes mudanças pelas quais passaram; suas causas e efeitos. E exceto, também, algumas

---

4 Por "público", na *Riqueza das nações*, muitas vezes Smith quer dizer o conjunto da sociedade. (N. T.)

5 Trecho apagado por Smith. (N. T.)

6 Trecho apagado por Smith e substituído pelas duas palavras anteriores. (N. T.)

Ensaios filosóficos

observações sobre o que se pode chamar de preços em dinheiro das mercadorias. Que, uma vez que a todo tempo a indústria humana se emprega igualmente para multiplicar tanto as mercadorias quanto a prata, e dado que está mais sob o seu poder multiplicar as mercadorias do que a prata, seria natural esperar-se que a quantidade daquelas aumentasse muito mais do que proporcionalmente à desta e, consequentemente, os preços em dinheiro das mercadorias deveriam estar todo o tempo continuamente em queda. No entanto, as coisas não correspondem exatamente a essa expectativa. Em tempos de grande barbárie e ignorância, os preços em dinheiro das mercadorias então disponíveis são sempre extremamente baixos; explicar por que razão. Que eles sobem gradualmente até que a sociedade alcance certo grau de civilidade e aprimoramento; e em seu posterior progresso desse estado para outro de opulência e aprimoramento ainda maiores, pouco a pouco os preços tornam a cair. Que em geral os preços em dinheiro das mercadorias na Inglaterra têm caído há cerca de um século, e teriam caído muito mais, não houvessem sido artificialmente mantidos altos devido a vários impostos sobre a produção, dentre outros, além de alguns monopólios injustos. Que os baixos preços das mercadorias na China e no império da Mongólia são o efeito necessário da imensa opulência desses países, a despeito de sua grande abundância em ouro e prata.

Sobre o segundo item, após explicar o uso e a necessidade de um instrumento geral de comércio, ou meio de troca, e o modo como os metais preciosos vêm naturalmente a ser utilizados como tal, procuro mostrar:

I^{mo} Que, como o único uso do dinheiro é fazer circularem as mercadorias, isto é, alimentos, roupas e conveniências de acomodação ou comodidades domésticas, e como o dinheiro em si mesmo não consiste nem em alimentos, nem em roupas, nem em acomodações, quanto maior a proporção entre a parcela dos recursos nacionais convertida em dinheiro e o total desses recursos, menor será a disponibilidade de alimentos, roupas e acomodações nessa nação, que, portanto, estará proporcionalmente mais mal alimentada, vestida e acomodada, e, consequentemente, tanto mais pobre e menos poderosa. Que o dinheiro, servindo apenas para fazer circularem as mercadorias, é em larga medida um recurso morto, que nada produz, e pode muito bem ser comparado a uma grande estrada, que, embora ajude na circulação de todo o produto em forragem e trigo no país, e assim contribua indiretamente para o aumento de ambos, não produz por si mesma nem forragem nem trigo.

2do Que qualquer instrumento que permita a uma nação fazer circular o produto de sua indústria com uma menor quantidade de dinheiro do que de outro modo seria necessário deve ser extremamente vantajoso, pois a quantidade de dinheiro não utilizado pode ser trocada no exterior por mercadorias que servirão para que um maior número de pessoas possa ser alimentado, vestido, abrigado, mantido e empregado, e o lucro sobre a indústria dessas pessoas aumentará ainda mais a opulência pública. Bancos e notas bancárias são instrumentos desse tipo. Eles nos permitem, por assim dizer, alargar nossas estradas, ao proporcionar-nos uma espécie de comunicação através do ar, por meio da qual fazemos nossos negócios igualmente bem. Portanto, limitá-los por meio de monopólios ou quaisquer outras restrições, exceto as que sejam necessárias para prevenir fraudes e abusos, deve obstruir o progresso da

Ensaios filosóficos

opulência pública. Introduzir a história da atividade bancária, tanto antiga quanto moderna.

3[tio] Que a opulência nacional, ou o seu efeito, tanto no âmbito doméstico como no estrangeiro, não consiste na quantidade de dinheiro, nem mesmo na de ouro e prata que esteja no país, e tampouco dela depende; e não se deve de modo algum privilegiar essa espécie de bens em detrimento de quaisquer outros. Mostrar os maus efeitos da opinião contrária tanto na especulação quanto na prática.

No âmbito da especulação, ela ocasionou os sistemas de Mun e Gee,[7] de Mandeville,[8] que neles se alicerçou, e do sr. Hume, que procurou refutá-los.

Na prática, ocasionou:

1mo A proibição vigente em alguns países da exportação de moedas ou barras.[9] Proibição esta que, mui felizmente, sempre é em larga medida ineficaz; e que, quando é eficaz, tende necessariamente a empobrecer o país. Primeiro, porque o quanto houver em qualquer país de ouro e prata acima do suficiente para a circulação do produto de sua indústria será na mesma medida recurso morto, sem uso algum; ao passo que, caso se permita que ele flua para o estrangeiro, será naturalmente trocado pelo que alimentará, vestirá, manterá e empregará um

---

7 Thomas Mun (1571-1641) e Joshua Gee (1648-1748), ambos autores mercantilistas, que, de modo geral, consideravam que a riqueza de uma nação correspondia à quantidade de ouro, prata ou dinheiro por ela acumulada em virtude de contínuos saldos positivos na balança comercial com outros países. (N. T.)

8 Bernard de Mandeville (1670-1715), autor de *A fábula das abelhas; ou, vícios privados, benefícios públicos*. (N. T.)

9 De ouro e prata. (N. T.)

maior número de pessoas, cuja indústria aumentará a verdadeira opulência nacional, ao multiplicar os bens necessários e convenientes à vida. Em segundo lugar, porque essa acumulação desnecessária de ouro e prata torna esses metais baratos em relação a outras mercadorias, e, consequentemente, eleva todos os preços em dinheiro. Isso faz que toda a indústria pare, pois então os camponeses, operários de manufaturas e comerciantes do país são vencidos tanto no âmbito doméstico quanto no estrangeiro pela concorrência dos comerciantes dos outros países em que o preço monetário das coisas é mais baixo. A miséria de Espanha e Portugal deve-se em parte, dentre muitas outras causas concorrentes, a essa proibição.

2do As restrições desarrazoadas impostas a certos ramos do comércio, e incentivos igualmente desarrazoados dados a outros, sob o pretexto de que os primeiros drenam nosso dinheiro ao enviá-lo para o exterior em troca apenas de bens que consumimos, ao passo que os últimos enriquecem-nos, pois enviamos apenas mercadorias para o exterior e recebemos em troca dinheiro vivo. Ambas as concepções não passam de mesquinharia, vulgaridade e loucura. Isso porque, em primeiro lugar, todo ramo de comércio que possa se exercer regularmente entre uma nação e outra é, e não pode deixar de ser, vantajoso para ambas, visto que cada uma troca aquilo de que necessita menos por algo de que necessita mais, isto é, cada uma dá o que é de menor valor para si em troca do que lhe é de maior valor, de modo que, consequentemente, cada qual aumenta sua verdadeira opulência, e, por conseguinte, seu próprio poder de alimentar, vestir, manter e empregar pessoas. Em segundo lugar, porque tudo o que restringe a liberdade de se trocar uma coisa por outra tende a desestimular a indústria e obstruir a

Ensaios filosóficos

divisão do trabalho, o fundamento da opulência da sociedade. Admite-se que todas as proibições à exportação desestimulam a indústria; mas a proibição à importação deve ter o mesmo efeito, uma vez que é a mesma coisa proibir-me de vender meus produtos onde a venda pode ser mais vantajosa e proibir-me de trocá-los por mercadorias que me sejam mais vantajosas. Se proibis a importação de clarete francês, por exemplo, desestimulais toda a indústria cujo produto se trocaria por aquele vinho. Não importa se essa indústria serviria para confeccionar peças de pano rústico ou trazer ouro das minas brasileiras, isso é indiferente para a opulência nacional. Se a quantidade daquele pano é maior do que o consumo interno requer, ele deve ir para o exterior; e se a quantidade de ouro é superior ao que o canal de circulação interna requer ou pode receber, o que vem a ser o mesmo, o ouro deve igualmente ir para o exterior e ser trocado por algo destinado ao consumo interno — e por que não trocá-lo por um bom clarete? Em terceiro lugar, destaco que o produto de todas as espécies de indústria, contanto que não seja destruído por algum infortúnio ou tomado de nós por algum inimigo, é, deve e deveria ser consumido internamente, seja em substância, seja na forma daquilo pelo que é trocado em uma, duas, três ou trezentas transações; e isso está tão longe de eliminar ou diminuir o lucro nacional com a indústria que, na verdade, é a própria circunstância que a torna lucrativa para a nação, visto que é apenas por meio desse consumo interno que mais pessoas podem ser mantidas e empregadas, ou que as já mantidas e empregadas podem sê-lo em condições mais agradáveis, ou, ainda, que a nação pode melhorar em qualquer aspecto suas circunstâncias. Em quarto lugar, nenhuma nação jamais se arruinou pela balança de comércio desfavorável, como se diz, mas sim pelo excesso de seu consumo anual em relação ao produto anual de sua indústria, o que necessariamente arruinaria qualquer nação, mesmo que ela absolutamente não exercesse o comércio exterior. Em quinto lugar, nenhuma nação cuja indústria e opulência estejam ilesas podem permanecer muito tempo com falta de dinheiro, uma vez que as mercadorias comandam dinheiro mais necessariamente até do que o dinheiro comanda mercadorias. Em sexto lugar, todo incentivo extraordinário dado a qualquer ramo de comércio rompe o balanço natural da indústria, tanto no comércio quanto nas manufaturas, e, consequentemente, obstrui o progresso da opulência. Do comércio britânico com a França e com Portugal. O livre comércio com a França tenderia a enriquecer infinitamente mais a Grã-Bretanha do que o livre comércio com Portugal, pois a França tem mais a dar por conta de sua superior opulência, e por isso compraria mais de nós, e, ao realizar trocas de valor muito maior e de modos muito mais variados, tanto mais incentivaria a indústria na Grã-Bretanha, dando ocasião para maiores subdivisões do trabalho; e apenas as paixões e os preconceitos nacionais poderiam fazer que se pensasse o contrário. O mercador britânico.

3[tio] A noção de que a opulência nacional consiste em dinheiro ocasionou a perniciosa opinião, ainda em voga, de que nunca podemos sofrer danos por qualquer despesa feita internamente, pois o dinheiro que é todo despendido entre nós não sai do país, e, portanto, o que um perde, outro ganha. Que a diferença no que respeita à redução da opulência pública é extremamente insignificante se um estoque de bens convenientes ou necessários à vida é desperdiçado inutilmente no âmbito interno ou se estes ou o dinheiro que os compra são enviados ao exterior

Ensaios filosóficos

para serem desperdiçados da mesma maneira. Guerras marítimas inúteis são quase inteiramente tão destrutivas à opulência pública quanto guerras terrestres inúteis.

4to A noção de que a opulência nacional consistia em dinheiro ou dele dependia, reunida a outra noção falsa, segundo a qual o valor posto nos metais preciosos era questão de instituição ou acordo, originou o famoso sistema do senhor Law.[10] Esse cavalheiro imaginou que, com medidas adequadas, podia-se gradualmente induzir os habitantes de determinado país a fixar a ideia de certo valor em certa moeda em papel, da mesma maneira que atualmente o fazem quanto a certa soma em dinheiro, de modo que chegassem até mesmo a preferir o papel ao dinheiro; e se isso fosse implementado com razoabilidade, o governo, a quem caberia a emissão desse papel, poderia incentivar qualquer indústria, formar e pagar quaisquer exércitos e constituir quaisquer frotas que julgasse apropriadas sem ter qualquer outra despesa, a não ser a de construir uma fábrica de papel. Sobre a leviandade de ambas essas coisas imaginadas, juntamente com a história e análise das principais operações desse sistema. O esquema dos Mares do Sul.[11]

A pobreza e ignorância originais do gênero humano como impedimentos naturais para o progresso da opulência. Que é mais fácil para uma nação, assim como para um indivíduo, avançar de um grau moderado de riqueza para a mais elevada opulência do que adquirir esse grau moderado de riqueza, uma

---

10 John Law (1671-1729). (N. T.)

11 Escândalo financeiro que teve como pivô a Companhia dos Mares do Sul, erguida em Londres com um montante extraordinário de capital, tanto de origem pública como privada. (N. T.)

vez que o dinheiro, conforme ao provérbio, atrai dinheiro, isso tanto entre as nações quanto entre os indivíduos. Da extrema dificuldade de iniciar essa acumulação, e dos muitos acidentes a que ela se expõe. Da lentidão e dificuldade com que as coisas que agora parecem as mais simples invenções foram originalmente descobertas. Que uma nação nem sempre está em condições de imitar ou copiar as invenções e aprimoramentos de suas vizinhas mais ricas, uma vez que sua aplicação frequentemente requer recursos de que ela não dispõe.

Os governos opressivos e insensatos a que o gênero humano quase sempre se encontra submetido, mas mais especialmente nos rudes primórdios da sociedade, intensificam em larga medida esses impedimentos naturais, que por si sós já são de difícil resolução. A opressão e os erros afetam igualmente: 1mo a agricultura; 2do as artes e o comércio.

1mo Da grande importância da agricultura e do quanto o valor de seu produto anual excede ao de qualquer outra arte. Que o cultivo da terra depende da proporção dos recursos dos que a cultivam em relação à quantidade de terra a ser cultivada. Que, consequentemente, tudo o que tenda a impedir a acumulação de recursos nas mãos dos cultivadores ou a desestimulá-los a prosseguir nessa espécie de indústria depois de terem dessa maneira acumulado algum estoque de recursos, deve necessariamente retardar o progresso da agricultura.

Que os chefes de uma nação independente, constituída em qualquer país, por conquista ou de outro modo, tão logo se introduza a ideia de propriedade privada da terra jamais deixam qualquer parcela desta livre, mas, ao contrário, em virtude dessa ganância que é natural ao homem, concentram para si extensões muito maiores do que suas forças ou recursos são capazes de cultivar. Devido à mesma ganância e rapacidade, indispostos a dividir os lucros dessa terra com qualquer homem livre, tudo aquilo que não podem ou não querem cultivar por suas próprias forças procuram cultivar pela força de escravos, a quem conquistam na guerra ou compram de algum outro modo, e em cujas mãos nenhum estoque jamais pode se acumular.

Do cultivo por escravos

Que a terra cultivada por escravos jamais pode sê-lo da maneira mais vantajosa, pois o trabalho realizado por escravos sempre acaba por ser mais caro do que o realizado por homens livres. Do escasso produto e da grande despesa do cultivo escravo entre os antigos gregos e romanos. Da vilanagem tal como ocorreu entre nossos ancestrais saxões e normandos; dos *adscripti glebae*[12] da Alemanha e da Polônia, e dos *rustici*[13] da Rússia, e dos que trabalham na mineração de sal e carvão na Escócia. Que o extenso cultivo de Barbados e de algumas outras colônias açucareiras e fumageiras, apesar de o trabalho ser quase inteiramente realizado por escravos, deve-se a essa circunstância, que o cultivo de tabaco e de açúcar é dominado, o primeiro quase inteiramente pelos ingleses, e o último, pelos ingleses e franceses, que assim, por desfrutar de uma espécie de monopólio contra o resto do mundo, indenizam-se com a exorbitância de seus lucros pelo caráter dispendioso e negligente de seu método de

---

12 Expressão latina cuja tradução literal é "adscritos à gleba", isto é, anexados ou sujeitos à terra. (N. T.)

13 Do latim, plural de *rusticus*, rústico. Servo russo. (N. T.)

cultivo. O grande dispêndio do cultivo escravo nas plantações de açúcar. Os ainda mais exorbitantes lucros dos plantadores.[14] Que os plantadores das colônias mais ao norte, que cultivam principalmente trigo e milho, pelos quais não podem esperar retornos tão exorbitantes, não consideram vantajoso empregar muitos escravos, e, ainda assim, Pensilvânia, Jersey e algumas das províncias da Nova Inglaterra são muito mais ricas e populosas do que a Virgínia, não obstante o cultivo do tabaco ser mais lucrativo, em virtude de seu preço ordinariamente alto.

Do cultivo dos antigos meeiros ou arrendatários[15]

Uma vez que em todo este minúsculo canto do mundo em que a escravidão, em virtude da concorrência de diversas causas, foi abolida, o que natural e quase necessariamente sucedeu o cultivo por escravos foi o realizado pelos antigos meeiros ou arrendatários. A estes o senhor das terras entregava no início do arrendamento um certo número de reses, a serem devolvidas em igual número e qualidade na data de expiração. Com tais reses, o arrendatário deveria cultivar a terra, e ele e o senhorio deveriam dividir o produto entre si, cada qual escolhendo um feixe de cereais por vez quando estes houvessem sido colhidos e dispostos dessa forma no terreiro. O cultivo da terra jamais poderia ser aprimorado do modo mais vantajoso por tais arrendatários, pois: 1º estes jamais poderiam, sem muitas difi-

---

14 No original em inglês: *planters*, proprietários das *plantations*. (N. T.)
15 Os termos utilizados originalmente por Smith são *metayer* e *tenants by steelbow*. (N. T.)

culdades, acumular um estoque de recursos em suas mãos; $2^{\underline{o}}$ porque, se o acumulassem, jamais poderiam utilizá-lo para o aprimoramento da terra, visto que o senhorio, que nada havia aplicado, dividiria os lucros com eles. A maior parte das terras nas regiões ocidentais da Europa, o único canto do mundo em todos os tempos a ter a escravidão abolida, ainda são cultivadas por arrendatários desse tipo, e na França, particularmente, isso ocorre em cerca de cinco sextos das terras.

Do cultivo por fazendeiros propriamente ditos

A esse tipo de arrendatários ou meeiros sucederam-se em alguns poucos lugares os arrendatários propriamente ditos, ou lavradores com um contrato vitalício ou plurianual de arrendamento das terras, em troca de uma renda determinada, a princípio paga em produtos e, posteriormente, em dinheiro. Que esses arrendatários parecem ter sido originalmente meeiros em cujas mãos, a despeito de toda a opressão, havia se acumulado alguma propriedade, que assim os capacitou a estocar seus próprios recursos agrícolas, e, consequentemente, a oferecer um contrato desse tipo a seus senhorios. Que tais lavradores, por possuir algum pequeno patrimônio, e não sendo obrigados a aumentar imediatamente a renda a ser paga de modo proporcional, deviam ser tanto capazes quanto desejosos de realizar tais aprimoramentos. Que eles, no entanto, ainda enfrentavam muitas barreiras e desestímulos. Dado que o arrendamento das terras era uma transação firmada por contrato, original e naturalmente produzia apenas um direito pessoal para o arrendatário, que era válido contra o arrendador e seus herdeiros, mas não contra um comprador. Portanto, se um arrendatário promovesse melhorias tais nas terras que aumentassem em muito seu valor, podia estar certo de ter seu arrendamento anulado por um comprador, fosse verdadeiro ou de aparência. Dos estatutos da Inglaterra e da Escócia que, pela primeira vez, asseguraram os contratos de arrendamento contra compradores, e que tal medida é praticamente peculiar à Grã-Bretanha. Dos muitos outros desestímulos que os arrendatários enfrentavam. Das desvantagens de uma renda paga em espécie, e das dificuldades que inicialmente acompanharam a introdução da renda em dinheiro. Dos contratos anuais ou facultativos. Dos serviços arbitrários com que foram sobrecarregados ao longo dos tempos todos os tipos de arrendatários em toda a Europa, de acordo com o capricho dos senhores de terras. Das leis que restringiram ou aboliram tais práticas em alguns países, das razões políticas para essas leis, e até que ponto esses serviços ainda são obrigatórios em muitos países. Das requisições. Das talhas arbitrárias e exorbitantes a que estavam obrigados todos os tipos de arrendatários, e até que ponto elas ainda subsistem em muitos países. Da *taille* em França e seus efeitos sobre a agricultura. Da vantagem que na Inglaterra a agricultura deriva da lei que assegura a certos detentores de contratos de arrendamento o direito de votar para os membros do Parlamento, que assim estabelece uma mútua dependência entre o senhor de terras e o arrendatário, e faz que o primeiro seja muito cauteloso, caso dedique qualquer atenção a seu interesse no condado, nas tentativas de aumentar o valor das rendas, ou de fazer quaisquer outras exigências opressivas. A superior liberdade dos ingleses em comparação com os escoceses.

Que a concentração original das terras pelos chefes das nações da Europa tem se perpetuado em virtude de três diferentes

Ensaios filosóficos

causas. Primeiramente, pelas obstruções dos antigos governos feudais à alienação da terra, as quais, a despeito da quase completa extinção desses governos, remanescem em toda parte na forma de embaraços impostos por muitas formalidades desnecessárias, que não são requeridas para a transferência de nenhuma outra propriedade, por mais valiosa que seja. Em segundo lugar, por fideicomissos e outras perpetuidades. Em terceiro lugar, pelo direito de primogenitura. As razões do rápido progresso da opulência nas colônias em que a concentração de terras foi em alguma medida evitada, e em que a maior parte das terras é cultivada não por arrendatários, mas por proprietários. Das colônias britânicas norte-americanas.

De outros desestímulos ao cultivo das terras. Dos dízimos. Da proibição à exportação de cereais de acordo com a antiga política vigente em quase toda a Europa. Que algum tempo após a plena consolidação do poder dos romanos, uma proibição desse tipo, juntamente com a distribuição anual, por parte do governo, de cereais a preço muito baixo para a população, estes oriundos da Sicília, do Egito e da África – o que deve ter tido o mesmo efeito de desestímulo à produção interna que uma subvenção às importações – ocasionaram o despovoamento da antiga Itália e estas palavras do velho Catão: "Qui cuidam querente quid máxime podesset in re familiar? Bene pascere, respondit. Quid proximum? Satis bene pascere. Quid tertium? Male pascere. Quid quartum? Arare" (Cícero, *De Officiis*, Livro 2º, ao fim.)[16]

---

16 "Que, quando perguntado quanto a qual era a atividade mais rentável para o possuidor de terra, replicou: 'Uma boa criação de gado'. 'E depois?' 'Uma criação sofrível de gado.' 'E o que vem em terceiro lugar?' 'Uma má criação de gado.' 'E em quarto lugar?' 'O plantio.'" Cícero, *De Officiis*, II.89. (N. T.)

Adam Smith

Primeiro fragmento sobre
a divisão do trabalho

[...] que precisariam de mais tempo para realizar igual quantidade de trabalho e, consequentemente, requereriam maior paga, a qual recairia sobre o preço das mercadorias. O filósofo, por outro lado, é útil ao transportador não só por ser um cliente ocasional, como qualquer outro homem que não seja transportador, mas em vários outros aspectos. Se as especulações do filósofo se voltam para o aprimoramento das artes mecânicas, seu benefício evidentemente pode alcançar as camadas mais inferiores do povo. Qualquer um que se utilize do carvão pode obtê-lo mais barato por causa do inventor da máquina a vapor. Qualquer um que coma pão recebe um benefício do mesmo tipo em muito maior grau por causa dos inventores e aperfeiçoadores dos moinhos de vento e água. Mesmo as especulações dos que não inventam nem aperfeiçoam nada não são de todo inúteis. Elas servem, no mínimo, para manter vivos e transmitir à posteridade as invenções e aperfeiçoamentos feitos antes. Elas explicam os fundamentos e razões em que se apoiaram essas descobertas, e não permitem que a quantidade de conhecimento útil diminua.

Assim como é o poder de trocar que ocasiona a divisão do trabalho, assim também a extensão desta será sempre proporcional à extensão daquele poder. Qualquer espécie de indústria será tanto mais ou menos perfeitamente conduzida, isto é, será tanto mais ou menos acuradamente subdividida entre os diferentes ramos nos quais é capaz de repartir-se, quanto maior ou menor for a extensão do mercado, o que, evidentemente, é a mesma coisa que o poder de trocar. Quando o mercado é muito pequeno, é inteiramente impossível que haja a mesma separação

Ensaios filosóficos

entre um emprego e outro que naturalmente ocorre quando o mercado é maior. Em um vilarejo de interior, por exemplo, é inteiramente impossível que exista uma atividade como a de transportador. Tudo aquilo que em tais circunstâncias poderia ser transportado de uma casa para outra não seria capaz de empregar completamente um homem por mais de uma semana ao ano. Nem mesmo em um centro comercial de considerável importância tal negócio pode ser perfeitamente separado de todos os demais. Pela mesma razão, em todos os vilarejos muito distantes de qualquer centro comercial, cada família deve assar seu próprio pão e fermentar sua própria cerveja, e com grande despesa e inconveniência em virtude da interrupção que por causa disso se faz em seus respectivos empregos e, por conseguinte, da necessidade de manter um maior número de serviçais. Em regiões montanhosas e desertas, como é o caso, em sua maior parte, das *Highlands* escocesas, não podemos encontrar sequer um ferreiro, um carpinteiro ou um pedreiro a uma distância menor do que vinte ou trinta milhas de outro. Espalhadas, as famílias que vivem a dez ou quinze milhas de distância de qualquer um desses três tipos de artesãos devem aprender a realizar elas mesmas um grande número de pequenos trabalhos para os quais, em regiões mais populosas, recorreriam a um ou outro deles, mas, em sua situação, não podem arcar com uma encomenda a tamanha distância, a não ser em ocasiões muito extraordinárias.

Numa tribo selvagem da América do Norte, cujos membros geralmente são caçadores, o maior número deles que juntos podem subsistir com facilidade raramente ultrapassa uma centena ou uma centena e meia de pessoas. As aldeias são tão distantes umas das outras, e as travessias são tão perigosas que quase não há intercâmbio entre elas, nem as de uma mesma nação, a não ser naquilo que a guerra e a defesa mútua tornam necessário. Em uma região assim é impossível que qualquer emprego seja inteiramente separado dos demais. Um homem etc. [*sic*]: Um homem pode ser melhor que todos os seus companheiros em algum tipo particular de destreza, mas é impossível que se empregue inteiramente nisso, por falta de um mercado para o qual levar e trocar por outras mercadorias a maior parte dos bens que nesse caso necessariamente produziria. Daí a pobreza em que necessariamente vive uma tal sociedade. Numa tribo de tártaros ou de árabes incivilizados, que geralmente são pastores, um maior número de pessoas pode viver convenientemente em um mesmo lugar. Eles não dependem das condições precárias e acidentais da caça para subsistir, mas do leite e da carne de seus rebanhos ou manadas, que pastam nos campos adjacentes à aldeia. Os hotentotes, que vivem nas proximidades do Cabo da Boa Esperança, são a mais bárbara nação de pastores conhecida no mundo. Em uma de suas aldeias ou *kraals*, no entanto, dizem comumente que vivem mais de quinhentas pessoas. Em uma horda de tártaros frequentemente há cinco, seis ou até dez vezes mais pessoas. Entre essas nações, portanto, embora praticamente não haja comércio exterior, o mercado doméstico é um tanto mais extenso, por isso podemos esperar encontrar algo como o início da divisão do trabalho. Com efeito, mesmo nas aldeias hotentotes, segundo o sr. Kolben,[17] há atividades como as de ferreiro, de alfaiate, e até de médico, e as pessoas que as exercem sustentam-se principalmente, embora

---

17 Peter Kolben (1675-1726). Smith se refere a seu livro, publicado em 1719, em Nuremberg, traduzido e publicado para o inglês em 1731, intitulado *Caput Bonae Spei Hodiernum, The Presente State of the Cape of Good Hope*.

Ensaios filosóficos

não inteiramente, de seus respectivos empregos, pelos quais também se distinguem fortemente do restante de seus concidadãos. Entre os tártaros e os árabes encontramos em estado incipiente uma variedade ainda maior de empregos. Os hotentotes, portanto, podem ser considerados uma nação mais rica que os norte-americanos, e os tártaros e árabes, mais ricos dos que os hotentotes. A completa divisão do trabalho, contudo, é posterior mesmo à invenção da agricultura. Por meio da agricultura, a mesma quantidade de terra não só produz cereais, como também se torna capaz de sustentar uma quantidade de reses muito maior do que antes. Um número muito maior de pessoas pode, portanto, subsistir facilmente no mesmo lugar. O mercado interno, consequentemente, expande-se muito mais. O ferreiro, o pedreiro, o carpinteiro, o tecelão e o alfaiate logo percebem ser de seu interesse não se sobrecarregarem com o cultivo do solo, mas trocar com o lavrador os produtos de seus diversos empregos pelos cereais e a carne de que necessitam. O mesmo ocorre com o lavrador, que muito rapidamente percebe que também é de seu interesse não interromper sua própria atividade para fazer roupas para a sua família, construir ou reparar sua própria casa, consertar ou fabricar os diferentes instrumentos de seu negócio ou as diferentes peças de seu mobiliário, mas recorrer à assistência de outro trabalhador para cada um desses propósitos e recompensá-lo com cereais e carne.

Segundo fragmento sobre
A divisão do trabalho

ou dez homens, navegando a partir do porto de Leith, frequentemente transportarão em três dias, geralmente em seis,

Adam Smith

para o mesmo mercado, duzentas toneladas de mercadorias. Oito ou dez homens, portanto, com a ajuda do transporte aquático, podem levar em muito menos tempo uma quantidade maior de bens de Edimburgo para Londres do que 66 carruagens de rodas estreitas, puxadas por 396 cavalos e com 132 homens; ou quarenta carruagens de rodas largas, puxadas por 320 cavalos e com oitenta homens. Sobre as duzentas toneladas de mercadorias levadas pelo tipo mais barato de transporte terrestre deve recair, portanto, o custo da manutenção de oitenta homens por três semanas, e da manutenção e desgaste – o qual, embora não custe o mesmo, envolve, no entanto, um valor bastante considerável – de 320 cavalos, bem como de quarenta carruagens. Já quando as mesmas duzentas toneladas são transportadas entre os mesmos mercados por via marítima, recai-lhes apenas o custo da manutenção de oito ou dez homens por cerca de quinze dias e o desgaste de uma embarcação adequada para essa carga. Se, portanto, não houvesse outra comunicação entre Edimburgo e Londres, a não ser por terra, de modo que somente poderiam ser transportadas de uma cidade para a outra as mercadorias cujo preço fosse bastante alto em proporção ao peso, não poderia haver nem um centésimo do comércio que atualmente se faz entre elas, e, consequentemente, não haveria nem um centésimo do mútuo incentivo que essas cidades dão à sua indústria. Muito pouco comércio poderia haver entre as partes distantes do mundo. Quantas mercadorias seriam tão preciosas a ponto de compensar o transporte terrestre entre Londres e Cantão, na China? Entre essas cidades, no entanto, hoje realiza-se vasto comércio e, consequentemente, o incentivo mútuo à indústria de cada uma é igualmente importante. Os primeiros aprimoramentos

Ensaios filosóficos

das artes e da indústria, portanto, ocorrem sempre onde há a conveniência do transporte aquático, que proporciona o maior mercado para o produto de toda sorte de trabalho. Nas nossas colônias norte-americanas, as plantações seguem constantemente a costa marítima ou as margens dos rios navegáveis, e quase nenhuma se estende a qualquer distância considerável de ambos. O que Jaime VI da Escócia disse do condado de Fife — cujas localidades interioranas à época passavam muito mal, enquanto a costa marítima era extremamente bem cultivada —, que era como um capote grosseiro de lã bordejado por um fio de ouro, poderia muito bem dizer-se da maior parte de nossas colônias norte-americanas. Os primeiros países do mundo a civilizar-se parecem ter sido os que estão nas imediações da costa do Mediterrâneo. Esse, que é o maior mar interior conhecido no mundo, por não ter marés nem, consequentemente, ondas, exceto as causadas apenas pelo vento, foi, pela brandura de sua superfície, bem como pela multiplicidade de suas ilhas e pela proximidade de suas costas, extremamente favorável à infância da navegação no mundo, quando, pela falta de bússola, os homens temiam afastar-se da costa, e, pela imperfeição da arte da construção naval, temiam abandonar-se às ondas violentas do oceano. O Egito, de todos os países na costa do Mediterrâneo, parece ter sido o primeiro em que tanto a agricultura como as manufaturas foram cultivadas ou aprimoradas em um grau considerável. O Alto Egito mal se estende a cinco ou seis milhas de distância do Nilo; e no Baixo Egito esse grande rio se divide numa enorme diversidade de canais, que, com a assistência de um pouco de arte, proporcionaram, tal como na Holanda atualmente, uma comunicação por transporte fluvial não só entre as grandes cidades, mas entre todas as aldeias consideráveis e quase entre todos os armazéns nas terras cultivadas do país. A grandeza e a facilidade de sua navegação e comércio internos parecem ter sido, portanto, as causas do tão antigo aprimoramento do Egito. A agricultura e as manufaturas também parecem ser de grande antiguidade em algumas das províncias marítimas da China e na província de Bengala, nas Índias Orientais. Esses países são de natureza muito semelhante à do Egito, cortados por inúmeros canais que lhes possibilitam uma imensa navegação interna.

Nota bibliográfica

Os estudos publicados sobre Adam Smith filósofo são escassos, e, em língua portuguesa, restringem-se a artigos e a teses defendidas recentemente. Um bom começo é o livro de Christopher Berry, *Adam Smith: A Very Short Introduction* (Oxford: Oxford University Press, 2018), que chama a atenção para os ensaios filosóficos no conjunto da obra de Smith. Um volume em francês intitulado *Essais esthétiques* traz iluminadora introdução de Didier Deleule (Paris: Vrin, 2000). O magistral estudo biográfico *Adam Smith. An Enlightened Life*, de Nicholas Phillipson, destaca a importância da linguagem para a constituição do sistema de Smith (Londres: Penguin, 2010). A ideia de sistema nesse filósofo é tematizada por Michael Bizou, *Adam Smith et l'origine du libéralisme* (Paris: PUF, 1998). Charles Griswold foi provavelmente o responsável pela recente recuperação de Smith como filósofo (*Adam Smith and the Virtues of Enlightenment*. Cambridge: Cambridge University Press, 1999). Em português, recomendam-se, de Hugo Cerqueira Gama (UFMG), "A mão invisível de Júpiter e o método newtoniano de Smith", *Estudos Econômicos* (São Paulo), 36(4), p.667-97, 2006, e "Adam

Adam Smith

Smith e seu contexto: o Iluminismo escocês", *Economia e Sociedade* (Unicamp, impresso), v.26, p.1-28, 2006. Por fim, três teses: o trabalho pioneiro de Leonardo Paes Müller (*A filosofia de Adam Smith: imaginação e especulação*, Universidade de São Paulo, 2016), sucedido pelos de Alexandre Amaral Rodrigues (*Ambição e prudência: os sistemas econômicos de Adam Smith*, Universidade de São Paulo, 2017) e Julia Marchevsky (*Progresso e ordem na obra de Adam Smith*, Universidade de São Paulo, 2018), trabalhos de pesquisadores rigorosos, interessados em Adam Smith como um filósofo de seu tempo e para a nossa época.

Pedro Paulo Pimenta

SOBRE O LIVRO

Formato: 14 x 21 cm
Mancha: 23 x 44 paicas
Tipologia: Venetian 301 12,5/16
Papel: Off-white 80 g/m² (miolo)
Cartão Supremo 250 g/m² (capa)

1ª edição Editora Unesp: 2019

EQUIPE DE REALIZAÇÃO

Edição de texto
Tulio Kawata (Copidesque)
Tomoe Moroizumi (Revisão)

Capa
Vicente Pimenta

Editoração eletrônica
Eduardo Seiji Seki

Assistência editorial
Alberto Bononi